太鼓・皮革の町

浪速部落の300年

「浪速部落の歴史」編纂委員会 編

解放出版社

発刊にあたって

近世に渡辺村と呼ばれていた浪速部落が、現在の地に移転して今年で三〇〇年をむかえました。「摂津役人村」とも呼ばれていた渡辺村は、一七〇一年（元禄一四）からおよそ五年をかけて移転して以降、さまざまな役負担をになってきました。大坂市中の火消人足から堀や牢屋の掃除、さらには行刑にかかわる下働きなどさまざまでした。

この移転の経過や役負担の数々が、ときの権力による被差別部落への強制であることは明らかでしたが、渡辺村はけっして「被差別」の立場だけに甘んじていたわけではありませんでした。それは、西日本一帯から集まってくる原皮を加工する皮なめしの技術や、太鼓づくり、太鼓の張り替えなど、渡辺村の生活を支える技術の蓄積と発達がなによりも雄弁に物語っています。そして、その技や誇りはいまも脈々と受け継がれ、皮革の町、太鼓づくりの町として、全国に名を馳せているのです。書名を『太鼓・皮革の町』としたのは、こうした理由によっています。

本書は、一九九七年に刊行され、多方面から好評を得ている『渡辺・西浜・浪速―浪速部落の歴史』の続編にあたるものです。とはいっても、前書がいわゆる通史的な叙述となっているのに対して、本書は、一〇編の個別の論文で構成されています。前書が刊行されて以降、「浪速部落の歴史」編纂委員会の趣旨に賛同するたくさんの方々によって新たに発掘された資料を、できうるかぎり活用して、通史とはひと味違った浪速部落の歴史の姿を描いたのが本書なのです。古地図や寺院関係など近世の浪速部落の様子がつぶさに判明する資料の発掘、近代の皮革関連資料や水平運動などの新資料は、とくに浪速部落の社会構造がどのようになっていたのかを知るうえで、必要不可欠な重要資料として、いままさに注目されています。

その意味で、本書は、前書とお互いに補い合う性格をもっているといえます。のみならず、渡辺村、西浜町、浪速部落と連綿と続いている居住や景観、生業や信仰、産業や労働など生きた姿が、各編にわたって事細かに描写されています。時代に翻弄されるだけではない、動態的な部落の様子を読者のみなさんには読みとっていただけることでしょう。と同時に、過去の歴史ばかりではなく、浪速部落の現在の、そして未来像をも視野に入れた歴史の叙述となっていることも感じていただけると思います。

渡辺村移転三〇〇年の、西浜水平社創立八〇周年の今年、まさに浪速部落の歴史にあらたな局面を切り開く本書を刊行できることは、慶びにたえません。本書が前書と同様に、多くの方々に読んでいただき、浪速部落の歴史のみならず、部落の歴史と部落問題の解決への一助となれば、これにまさるものはないと考えています。

本書の刊行に際して、ご協力、ご尽力いただきましたすべての方々に、あらためまして感謝の意を表したいと存じます。

「浪速部落の歴史」編纂委員会

委員長　萬　田　雄　康

太鼓・皮革の町——浪速部落の300年／目次

発刊にあたって

第Ⅰ部　近世編・渡辺

第Ⅱ部　近代編・西浜

第Ⅲ部　現代編・浪速

装丁・
章扉デザイン／森本良成
表紙／五雲亭貞秀「大坂名所一覧」
裏表紙／太鼓集団「怒」の演奏

第I部　近世編

渡辺

第1章

摂津国西成郡下難波村時代の渡辺村と木津村への移転

寺木伸明
Teraki Nobuaki

一　渡辺村の下難波村への移転

摂津役人村とも称される渡辺村は、元来、大川（淀川）の南岸にあった座摩《ざま》神社のキヨメの集団として清掃や斃牛馬処理・皮革加工などの仕事をしていた人々が核となって形成されてきたと考えられている。その発祥の地は、従来、大川の北岸（今の天満橋の北詰）のあたりと考えられてきた。ところが、最近、中尾健次さんの考証によって南岸の南渡辺のあたりにあった可能性の強いことがわかってきた（中尾 二〇〇一）。

豊臣秀吉が、天正一一年（一五八三）から、かつての石山本願寺の跡地に大坂城を築き始めたとき、広大な内堀・外堀が作られることとなり、大川のすぐ南側にあった座摩神社が、天正一一年（一五八三）に現在地（大阪市東区南久太郎町五丁目）に移転させられた。それに伴い、渡辺村の人々も、新しい座摩神社の近くの「渡辺」に移動させられたようである。「役人村由来書」（『摂津役人村文書』）によると、天正年中の頃（一五七三〜九二）には、天満・福島・渡辺・博労・三ッ寺の五カ所に分かれて居住していたとある。

その「由来書」によれば、元和年中の頃（一六一五〜二四）に五カ所の者が「道頓堀川下　幸《さいわい》町壱丁目・弐丁目裏尻《うらじり》難波村領」（つまり摂津国西成郡下難波村。天領。元禄一三年〈一七〇〇〉より難波村と改称）に所替えを命じられ一村にて居住するようになったとある。ただし、この「由来書」は、文久二年（一八六二）に書き上げられたものの写しなので、そのまま信用するわけにはいかない。

ところで、慶長一〇年（一六〇五）の『摂津国絵図』（西宮市立郷土資料館蔵）には、道頓堀南側に「下難波ノ皮多」と記されている。この絵図は、幕府へ提出されたものの控えであって、約四〇年後の正保の国絵図をもとに加筆していると思われる部分もあるとされているので、必ずしも慶長一〇年の様子を描いたものとは言えないようである。確かに同図には、寛永三年（一六二六）に完成した大坂・立売堀《いたちぼり》川も描かれている。ただし、寛永七年（一六三〇）完成の薩摩堀川は描かれていない。したがって、大坂およびその近郊については、寛永三年から七年までの状況も含めて描かれている可能性がある。

今のところ下難波村との関係が明確にわかるのは、元和五年（一六一九）である。同年、下難波村内にあった「かわた屋敷」七反三畝二四歩（二二一四坪・八石一斗一升八合）が、他の地所とともに「大坂町屋敷」として「長堀」に渡ったとある（『古来ゟ新建家目論見一件』）。したがって、遅くとも元和五年の時点には、下難波村内の一画に後の渡辺村に関係する「かわた屋敷」があったことになる。その場所は道頓堀川の南側ではなく、北側にあったようである。

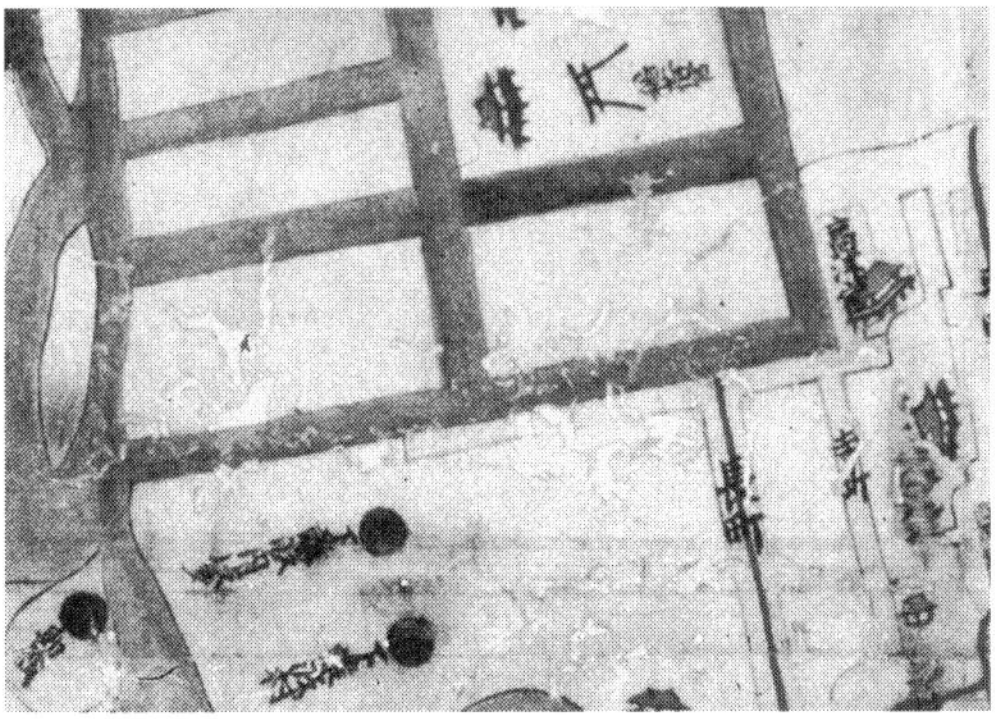
『摂津国絵図』にみえる「下難波内ノ皮多」。
すぐ北側を西流するのが道頓堀川
（西宮市立郷土資料館蔵）

ところが、元和七年（一六二一）には、下難波村内の一画に「かわた村屋敷」が設定されたことがわかる。面積にして九反三畝一八歩（二八〇八坪・一一石五斗一升二合）であった（前掲史料）。この屋敷が、道頓堀川南側の地をさすものと判断される。元和五年から同七年の間に下難波村内に「かわた村」が成立したと考えられる。すなわちのちの「渡辺村」の成立である。

寛永四年（一六二七）には、下難波村内に「かわた村屋敷」として、さらに五反九畝一三歩（一七八三坪・六石八斗四升九合）が加えられた。両者を合計すると、一町五反三畝一歩（四五九一坪・一八石三斗六升一合）となる。先の「由来書」では、七五五〇坪が赦免地（無年貢地）となったとある。差し引き三九五九坪ほど足りないので、その後、赦免地となる寛永一一年（一六三四）までに、下難波村内で合計七五五〇坪の土地が与えられたものと考えられる。

「由来書」によれば、村方の人数も増えてきて狭くなってきたので、明暦二年（一六五六）に増地《ましち》を願い出て許されたとある。その広さは五六八〇坪である。この地は年貢地であった。

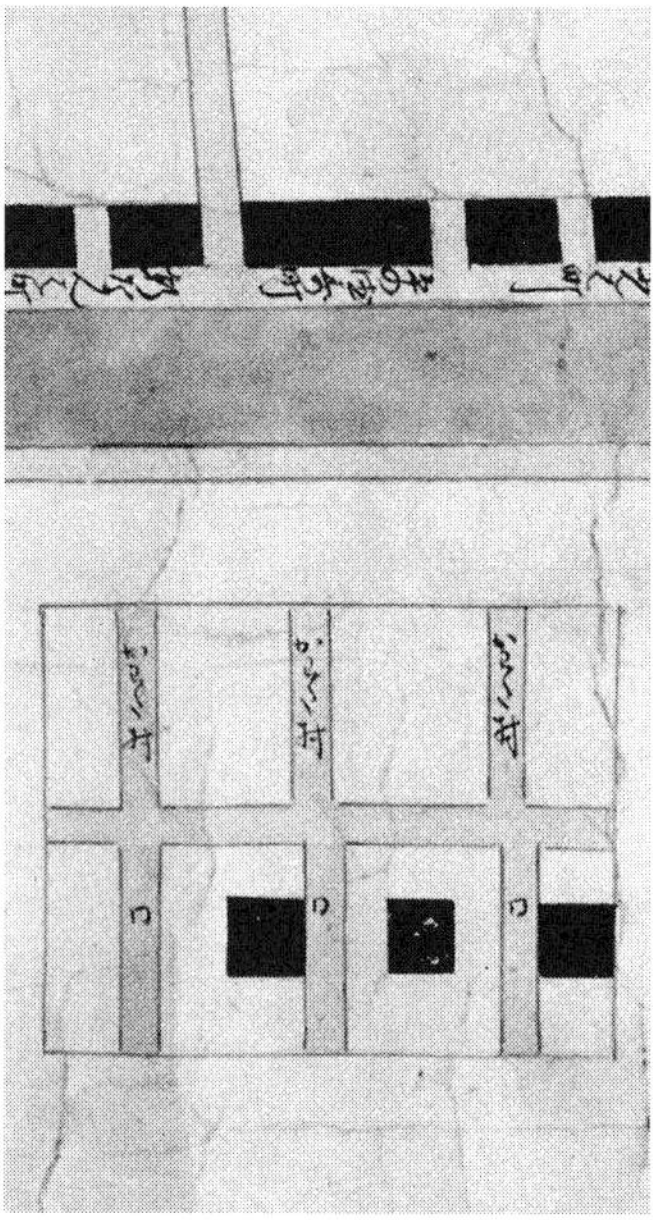

『大坂三郷町絵図』。北側の黒い部分（実際は水色）が道頓堀川（大阪歴史博物館蔵）

二　下難波村時代の渡辺村の様子

下難波村時代の渡辺村の町割は、絵図によってみると、右図のとおりである。この『大坂三郷町絵図』の製作年代は、慶安元年～万治元年（一六四八～五八）とみられている。町割の様子からみて明暦二年（一六五六）の増地以降のものと推測される。

先の「由来書」には、町名などについては次のように記されている。

南北に通り候町を八軒町と唱え候。東西竪町《たてまち》三筋これあり。南を南之町と唱え、中の筋を中之町と唱え、北を北之町と唱え候。……右四町地面続き、南之町西へ続き拾軒町、北之町に続き新屋敷町、都合六町に相成り候。

先にも述べたように、この「由来書」は幕末に書き上げられたものの写しであるので、そのまま信用することはできない。たとえば『筑前国革座記録』下巻には、「御時太鞁《おんときたいこ》」の三尺分の張り替えの際、その太鞁の胴の中に「天和三亥六月摂州大坂渡辺西ノ町　何（河）内屋吉兵衛」と書かれていたという記載があることから、当時は北之町・中之町・南之町と南北に並んでいたのではなく、東之町・中之町・西之町と、東西に並んでいたと考える方が合理的である。後述のように、摂津国西成郡木津村へ移転してから、地形の関係で北之町・南之町ができたことに引きずられて、「由来書」が間違えて書いた可能性が強いと思われる。

図1　下難波村時代の渡辺村町割図（推定）

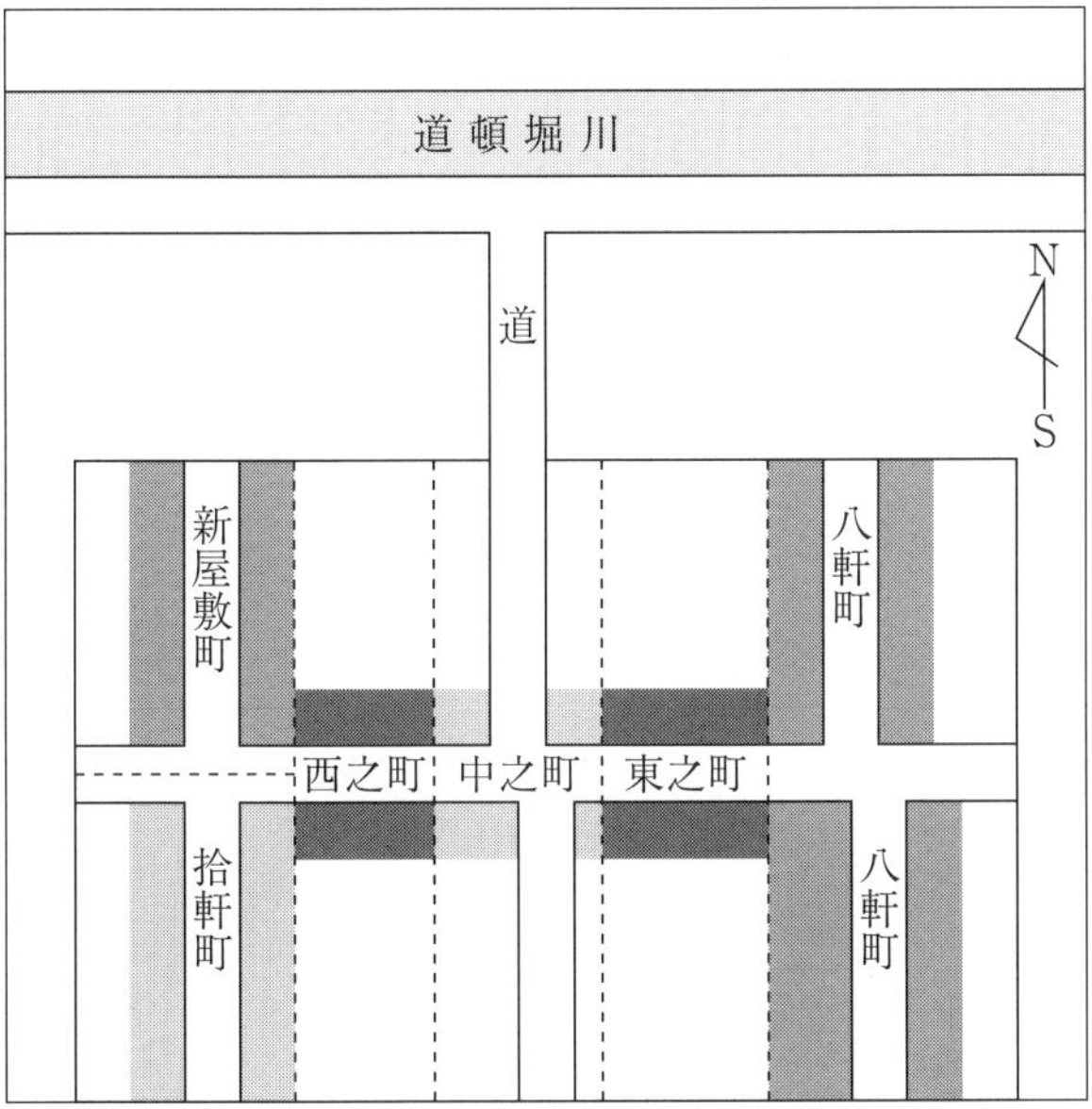

　そのことを考慮して、「由来書」を参考にしながら当時の町割を推定すると図1のようになる。

　西之町の河内屋吉兵衛は、のちにみるように渡辺村の有力者で、木津村移転後は北之町に居住したから、西之町が移転後に北之町に、東之町が南之町になったと考えられる。

　なお、この渡辺村の周囲は、明暦三年（一六五七）の『新板大坂之絵図』（大阪歴史博物館蔵）によれば、樹木で囲まれていて、道頓堀へ向かう一本道だけが町の出口のとこ

『新板大坂之絵図』（大阪歴史博物館蔵）

ろに木戸と思われるものが設けられている。同絵図には、北の方に曽根崎村・上福島村・下福島村、南の方に平野村なども描かれている。それらをみると、いずれの村にも樹木が描かれている。ただし、それらの樹木が村をきっちり囲んでいるのは渡辺村のみである。村の出口に木戸を描いているのも、渡辺村だけである。もしこれらの描写が事実に基づいているものとすれば、渡辺村は景観上においても、社会から隔離されたムラとして存在せしめられていたと言えるだろう。

　この下難波村では、延宝五年（一六七七）に新しく検地が行われた。そのとき作成された検地帳が残っている（成舞家文書）。その検地帳は一番から四番までの四冊からなっている。そのうち三番の検地帳に渡辺村村民の屋敷地の記載がみられる。それをみると、下難波村百姓の屋敷地の後に、徳浄寺以下六三筆、計一町六反三畝一八歩、高にして二四石五斗九升分が列記されている。それには「かわた」や「穢多」などの肩書きはない。一軒で複数筆の屋敷を所持している場合もある。寺を含めて四七軒である。それらを屋敷地の多い順に整理すると表1のようになる。

　これらの検地帳記載の分は、年貢地の分である。前述のように渡辺村は年貢地五六八〇坪を所持していたので、一町六反三畝一八歩つまり四九〇八坪は、年貢地全体の八六％を占める。残る約一四％の屋敷地七七二坪については不明である。ともあれここに出ている屋敷地は年貢地であるから、町名で言うと、新屋敷町と拾軒町に所属

表1　延宝5年摂津国西成郡下難波村内渡辺村住民の屋敷地(年貢地分)一覧

	屋号・名前	面積	石高	
1	豊後屋　喜左衛門	1反2畝22歩 (4筆)	1石9斗1升0合	*①
2	岸部屋　三右衛門	1 0 28 (5筆)	1 6 4 0	*②
3	吹田屋　九兵衛	8 29 (3筆)	1 3 9 0	
4	播磨屋　弥兵衛	8 7 (3筆)	1 2 3 5	*③
5	徳浄寺	7 28	1 1 9 0	
6	池田屋　次郎右衛門	7 25 (3筆)	1 1 7 5	*④
7	河内屋　三郎兵衛	6 21 (2筆)	1 0 0 5	
8	大和屋　四郎右衛門	6 21	1 0 0 5	
9	河内屋　吉兵衛	5 23 (2筆)	8 6 5	*⑤
10	井筒屋　惣兵衛	4 14 (2筆)	6 7 0	
11	太鼓屋　太郎兵衛	3 18	5 4 0	
12	八幡屋　三郎兵衛	3 18	5 4 0	
13	讃岐屋　重兵衛	3 5	4 7 5	
14	池田屋　又兵衛	2 28	4 4 0	
15	奈良屋　七兵衛	2 25	4 2 5	
16	出雲屋　太郎右衛門	2 24	4 2 0	
17	池田屋　さつ	2 23	4 1 5	
18	備中屋　吉右衛門	2 18	3 9 0	
19	池田屋　市助	2 17	3 8 5	
20	住吉屋　新兵衛	2 14	3 7 0	
21	備中屋　吉左衛門	2 14	3 7 0	
22	大和屋　九兵衛	2 13	3 6 5	
23	住吉屋　宇兵衛	2 11	3 5 5	
24	はりまや　五郎左衛門	2 11	3 5 5	
25	池田屋　弥三右衛門	2 11	3 5 5	
26	岸部屋　庄兵衛	2 10	3 5 0	*⑥
27	和泉屋　弥右衛門	2 9	3 4 5	
28	難波屋　惣吉	2 8	3 4 0	
29	明石屋　九郎兵衛	2 7	3 3 5	
30	ゑびすや　次郎	2 6	3 3 0	
31	日向屋　喜兵衛	2 6	3 3 0	
32	楳屋　半兵衛	2 5	3 2 5	
33	住吉屋　伝左衛門	2 5	3 2 5	
34	たいこや　七	2 4	3 2 0	
35	住吉屋　七郎右衛門	2 4	3 2 0	
36	伊丹屋　新太郎	2 2	3 1 0	
37	住吉屋　与三兵衛	2 2	3 1 0	
38	和泉屋　伊兵衛	2 0	3 0 0	*⑦
39	岸部屋　伊左衛門	1 25	2 7 5	
40	岸部屋　茂右衛門	1 24	2 7 0	
41	菱屋　平十郎	1 24	2 7 0	
42	井筒屋　庄兵衛	1 14	2 2 0	
43	奈良や　源兵衛	1 12	2 1 0	
44	備中屋　長兵衛	1 11	2 0 5	
45	岸部屋　小左衛門	1 11	2 0 5	
46	生駒屋　久兵衛	1 11	2 0 5	
47	明石屋　助右衛門	1 10	2 0 0	
計		1町6反3畝18歩	24石5斗8升5合	

(注)成舞家文書の「延宝五年六月　摂州西成郡下難波村検地帳」(三番)による。
*①　内生玉領1筆4畝13歩・6斗6升5合　*②　内生玉領1筆2畝13歩・3斗6升5合
*③　内生玉領1筆3畝18歩・5斗4升　*④　内生玉領1筆2畝27歩・4斗3升5合
*⑤　内生玉領1筆2畝25歩・4斗2升5合　*⑥　生玉領　*⑦　生玉領

するものである。

したがって、ここに出てくる四七軒が、当時の渡辺村屋敷所持者の総数を示しているわけではない。けれども、この二町に属した渡辺村屋敷持ちの屋号・名前および屋敷地面積がわかるので、その意味で興味深いものがある。トップの豊後屋喜左衛門は、四筆で一反二畝二三歩（一石九斗一升）も所持していた。坪数にして三八二坪だから、相当大きな屋敷地であったことがわかる。豊後屋喜左衛門は、一八世紀には渡辺村年寄を勤めた有力者だった。二番目の岸辺屋三右衛門は、五筆で一反二八歩（三二八坪・一石六斗四升）である。同家は、和漢革問屋一二軒のうちの一軒に数えられている。三番目は、吹田屋九兵衛で、三筆・八畝二九歩（二六九坪）、四位は播磨屋弥兵衛で三筆・八畝七歩（二四七坪）とつづく。

九番目が、河内屋吉兵衛で二筆・五畝二三歩（一七三坪）を持っていた。先にみたように、彼は、五年後の天和三年（一六八二）に「渡辺西ノ町」で太鼓業も営んでいたことがわかっているので、こちらの年貢地の屋敷地は別宅であるか、誰かに貸していたものであろうと推測される。この河内屋吉兵衛家も、和漢革問屋一二軒のうちの一軒にあげられている。

一八番目の備中屋吉右《（左）》衛門、四七番目の明石屋助右衛門も、ともに和漢革問屋に数えられている。

同検地帳の屋敷地以外の箇所を見ると、表2のように河内屋吉兵衛が二八筆の畑、合わせて二町五反七畝一〇歩（七七二〇坪）、岸辺屋三右衛門が一筆の田畑、合わせて二反二七歩（六二七坪）、豊後屋喜左衛門が畑一筆一反五畝一六歩（四六六坪）、河内屋三郎兵衛が畑一筆三畝一六歩（一〇六坪）を所持していたことがわかる。四軒合わせると、二町九反七畝九歩（八九一九坪）となる。木津村移転後から幕末に至るまでに、渡辺村は屋敷地の他にかなり広い「細工場」と「皮干場」を確保するにいたることから（明治二年「渡辺村近傍絵図」）、これらの田畑は耕作のためではなく皮鞣しや皮細工のために使用されていたものと思われる。

表2 摂津国西成郡下難波村内の渡辺村住民の田畑所持(1677〈延宝5〉年)

		反	畝	歩	石	斗	升	合	
河内屋吉兵衛	上畑北河原		4	10		6	5	0	
	中畑　〃		4	10		5	6	3	
	中畑南通北側		5	18		7	2	8	
	上畑壱丁田		5	19		8	4	5	生玉領
	中畑　〃		6	09		8	1	9	
	中畑そとほ	1	1	01	1	4	3	4	生玉領
	中々畑　〃		9	12	1	2	2	2	
	下々畑おい通		9	20		8	7	0	
	下畑北ノ側通	1	0	19	1	1	7	0	
	下畑北側通上	1	0	08	1	1	2	9	
	下畑　〃		9	27	1	0	8	9	
	下畑西側通	1	5	05	1	6	6	8	
	下畑米田北通		9	21	1	0	6	7	
	下畑　〃		9	16	1	0	4	9	
	下々畑堤そへ	1	1	29	1	0	7	7	
	下々畑米田南通		5	28		5	3	4	
	下々畑　〃		5	06		4	6	8	
	下々畑　〃		5	06		4	6	8	
	下々畑弐拾反物北通	1	0	03		9	0	9	
	下々畑　〃	2	1	00	1	8	9	0	
	〃　〃		9	24		8	8	2	
	〃　〃		4	10		3	9	0	
	〃　弐拾反物南通	1	0	00		9	0	0	
	〃　〃	1	0	00		9	0	0	
	〃　〃	1	0	06		9	1	8	
	〃　〃	1	0	19		9	5	7	
	〃　西側通	1	0	16		9	4	8	
	〃　さんたち場通	1	0	28		9	8	4	
小　計	28筆	2町5反7畝10歩			26石5斗2升8合				
河内屋三郎兵衛	中畑そとほ		3	16		4	5	9	生玉領
豊後屋喜左衛門	中畑南通北側	1	5	16	2	0	1	9	
岸部屋三石衛門	中畑そとほ		9	25	1	2	7	8	
	中畑　〃	1	1	02	2	7	3	9	生玉領
小　計	2筆	2反0畝27歩			4石0斗1升7合				
4　軒　合　計		2町9反7畝09歩			33石0斗2升3合				
	内訳 御料地　2町6反6畝01歩　27石5斗4升6合 生玉領　3反1畝08歩　5石4斗7升7合								

〈出典〉延宝5年「摂州西成郡下難波村検地帳」

三　渡辺村の木津村への移転

道頓堀川南側、下難波村内にあった渡辺村は、元禄一一年（一六九八）の末ごろ、木津村字七反嶋のあたりに所替えを命じられた。元和五年（一六一九）から同七年（一六二一）の間に下難波村内に移り住んで八〇年近くの歳月が流れていた。

今回の所替えの理由は、以下のようなものであった。それは、渡辺村の一部も含めて下難波村内、道頓堀川の南側を整備して町にするため、御用地として召し上げられることになったからである。その町とは、のちの幸町一丁目から五丁目のことである。御用地として召し上げるための傍示が領主側から立てられたのは、元禄一一年（一六九八）の一一月二八日のことで、下難波村にとっても、にわかなことで百姓たちも驚いた、とある（「大坂道頓堀南側幸町新地之覚」『古来ゟ新建家目論見一件』）。

ところで、渡辺村屋敷地のうちの年貢地（新屋敷町・拾軒町）で、実際、御用地として召し上げられたのは、四反三畝二一歩だけであった。渡辺村屋敷の年貢地は、一町六反三畝一八歩あったので、召し上げられたのは、その二六・七％にすぎなかった（元禄一二年九月「御用地代り穢多跡屋敷割方帳（写）」成舞家文書）。

このことから推量すると、渡辺村屋敷地全体（無年貢地分と年貢地分）の北側四分の一程度が、召し上げられることになったと考えられる。それを図示すると、図2のようになる。したがって、その四分の一ほどの代替地を、その南側にでも地続きで確保すればよいわけで、全面移転の必要はなかったのである。おそらく領主側としては、渡辺村のあったあたりの市街地化を考慮に入れて、そこに渡辺村が位置することをよしとせず、差別的に一挙に木津村（天領）への全面移転を決めたものと推測される。

図２　渡辺村跡地の様子（推定）

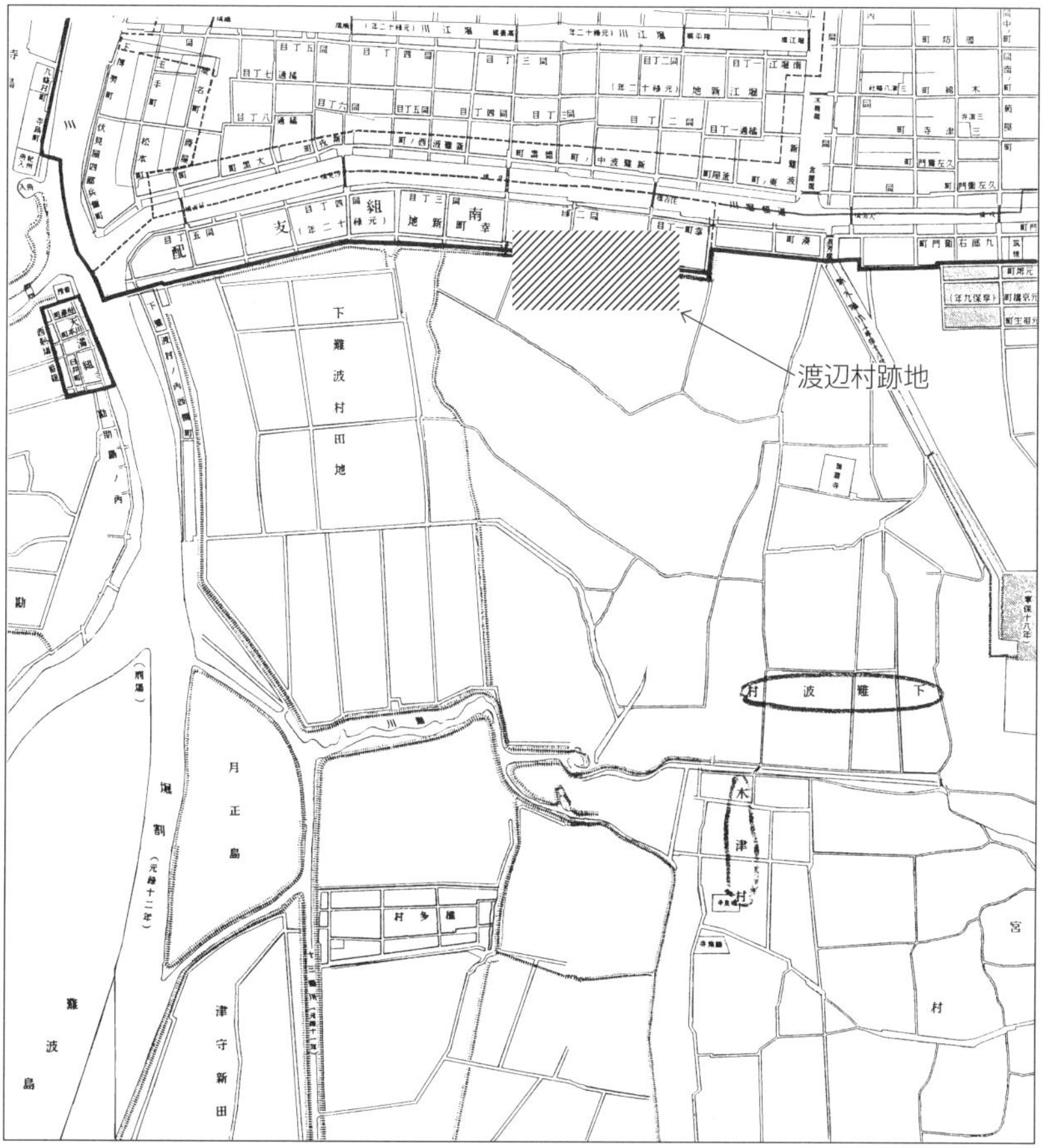

元禄16年「大坂図」(『大阪市史』附図)をもとに作成。
南の方に木津村での再移転後(現住地)の渡辺村が描かれている。

なお、木津村へ移転したあと、渡辺村跡地のうち幸町に組み入れられなかった年貢地分の残りの四分の三（生《いく》玉社《たましゃ》領は除く）ほどについては、「屋敷跡」として下難波村内で召し上げられた各人所持地の二三・八％の割合で配分された。「屋敷跡」はすべて上畑《じょうばた》扱いとなった。このとき、渡辺村の河内屋吉兵衛が一反四畝一六歩（二石一斗八升）を、河内屋三郎兵衛が一畝二〇歩（二斗五升）を、それぞれ割り付けられている。生玉社領分の「屋敷跡」四畝二七歩は、下難波村の「村中惣作《むらじゅうそうさく》」とされた。

さて、渡辺村が最初に命じられた移転先は、木津村字七反嶋のあたりであった。木津村の南端あたりである。延宝五年（一六七七）の「摂州西成郡木津村検地帳」（大阪人権博物館蔵）四冊のうち三番のものに小字名七反嶋が出ている。当地はすべて下畑であった。全部で一二筆、面積にして二町一反五畝二六歩（六四七六坪）であった。前述のように渡辺村は旧地において免租地七五五〇坪、年貢地五六八〇坪、計一万三二三〇坪を所持していたから、六七五四坪足りない。おそらく七反嶋に与えられた屋敷地は免租地七五五〇坪に相当する部分と考えられる。というのは、宝暦四年（一七五四）一〇月の「寺・道場持高并去酉取米納訳書上帳」（大阪市史編纂所蔵）によると、木津村内の下畑二町一反九畝（六五七〇坪）が「穢多役人村」の「居屋敷」のために御用地として召し上げられた、と記されているからである。

足らない部分の六七五四坪余は、年貢地の屋敷地として七反嶋の周辺に与えられたものと考えられる。元禄一二年からここへ引っ越しを始めた、と記録に書かれている（天保一五年「当村差出明細帳」大阪人権博物館蔵）。ところが、この七反嶋のあたりは、水害にあいやすい低湿地であったようで、渡辺村の大家の者たちは、なお旧地に残り、再び所替えを願い出たようである。ただし、幸町に組み入れられることとなった旧渡辺村の北四分の一ほどは、直ちに幸町の町づくり工事が行われたようなので、そこに屋敷を構えていた住人たちは、否応なしに木津村七反嶋のあたりに移住せざるをえなかったものと思われる。

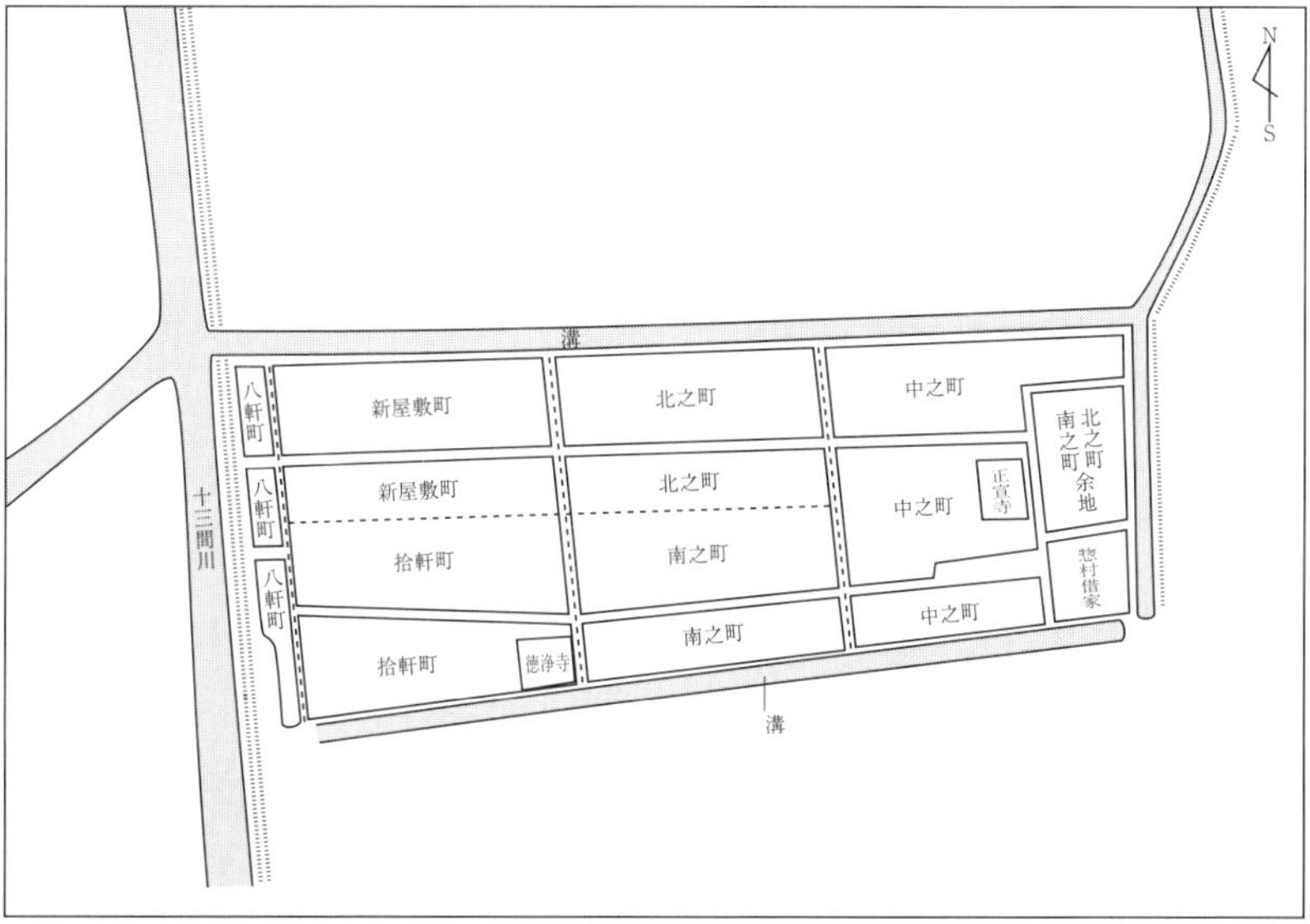

図３　木津村移転後の渡辺村の町割と町名

先の「由来書」によると、再移転の歎願が認められて元禄一四年（一七〇一）五月に、同じ木津村内の字《あざ》堂面《どうめん》に古来のとおり一万三二三〇坪を与えられ、引っ越しを始めた、とある。現在では、他の史料によって、この記述が正確であることが認められている。

元禄一四年五月の「穢多所替屋敷地反畝分米員数帳」（大阪市史編纂所蔵）によると、渡辺村屋敷地全体で八五筆三町八反八畝一四歩（一万一六五四坪）のうち七〇筆三町二反七畝八歩（九八一八坪）が字堂面にあった。全体の八四％を占める。残りの一五筆六反一畝六歩（一八三六坪）が字大樋口《あざおおひぐち》にあった。大樋口は、渡辺村西側を南流する十三間川に面する側、つまり渡辺村西部にあたるところの字名であると考えられる。寛政八年（一七九六）一二月五日付「絵図面控」（大阪人権博物館蔵）に、同村北側の月正島《がっしょうじま》の対岸あたりに樋の印が付されている。おそらく、その樋にちなんで付けられた字名であろう。

新しい渡辺村の町割は、前掲の元禄一六年「大坂図」にあるとおりである（絵図の南側に「穢多村」とあるところ）。この図をもとに「天保期渡辺村町割略図」（西本願寺所蔵の絵図をもとに、のびしょうじさんが作成したもの）を参考にして町名を入れると、図3のようになる。

下難波村時代の渡辺村と比べて大きく変化しているのは、東西の道路が一筋増えて二筋になっているところである。そこで、この東西二道の両側町として町が編成された。そのため、かつての西之町が北之町に、同じく東之町が南之町に町名変更せざるをえなくなったのではないだろうか。その両町の間には、中之町が入る余地はなかったので、東側にもってこざるをえなかったのであろう。かつて東側に南北の通りに面して両側町としてあった八軒町を十三間川側、つまり村の西側に配置したものと思われる。この地に移転してからも、従来どおり旧四町は無年貢地、新二町（新屋敷町と拾軒町）は年貢地となった。

渡辺村住民が、すべてこの地に移住を済ませたのは、「由来書」によると宝永三年（一七〇六）八月とあるから、この地に移転が決まってから実に五年後のことであった。「由来書」には、「宝永三年、家屋移転ヲ終リ、各家ノ普請モナリ、各人安堵ノ思ヲナセリ」とある。

ところで、元禄五年（一六九二）の渡辺村人口は、八四〇人であった（『大阪市史』第一）。かりに家族数を五人とすると（同時期の堺近郊舳松《へのまつ》部落は、平均家族数は四・六人）、一六八軒ほどになる。それ以降も、人口・家数は増加傾向にあったから、少なくとも一七〇軒ほどの集団移住（しかも檀那寺の徳浄寺・正宣寺も含んでいた）であったから、当時の渡辺村の人々の苦労がしのばれる。幸いにして、その後は強制移転はなかったので、木津村内のこの地が渡辺村住民の永住の地となったのであった。

[参考文献]

大阪市史編纂所編「古来ゟ新建家目論見一件」『大阪市史史料』第一〇輯、大阪市史料調査会、一九八三年七月。

塚田孝『近世の都市社会史―大坂を中心に』青木書店、一九九六年。

寺木伸明「摂津役人村の木津村への移転時期と移転先の状況について」『部落解放研究』第一一八号、一九九七年一〇月。

同　「元禄十一年の渡辺村移転前後の屋敷地の状況」『大阪の部落史通信』第一六号、一九九八年一二月。

以上、二つの拙稿は、拙著『近世身分と被差別民の諸相―〈部落史の見直し〉の途上から』（解放出版社、二〇〇〇年）に収録。

中尾健次「渡辺村の拡大について―「木津村文書」の分析から」『部落解放研究』第一一八号、一九九七年一〇月。

同　「古地図から見た渡辺村の変遷」大阪人権博物館編『絵図の世界と被差別民』大阪人権博物館、二〇〇一年。

「浪速部落の歴史」編纂委員会編『渡辺・西浜・浪速―浪速部落の歴史』解放出版社、一九九七年。

のびしょうじ「大坂渡辺村の空間構成　上」『部落解放研究』第一一八号、一九九七年一〇月。

盛田嘉徳解説『摂津役人村文書』大阪市同和問題研究室、一九五六年。同続、一九五七年。のち正続あわせて『摂津役人村文書』（大阪市浪速同和教育推進協議会、一九七〇年）として公刊。これらの史料は、『日本庶民生活史料集成』第一四巻（三一書房、一九七一年）に収録されている。

第2章

古地図から見た渡辺村の変遷

中尾健次
Nakao Kenji

一　渡辺の里から渡辺町へ

1　南渡辺と〝渡辺村〟

「渡辺村」の呼称は、近世以降に使われるようになった呼び名である。しかし、その〝核〟となった地域は、すでに中世末に存在している。戦国時代、大川の北岸に「渡辺」と呼ばれる地があった。ここは古くから軍事・交通の要衝として知られ、座摩神社や天満宮の神官でもあった渡辺氏を中心に、「渡辺党」と呼ばれる武士団が形成されていた。

推測の域を出るものではないが、ここには座摩神社の〝キヨメ〟として清掃や斃牛馬処理・皮革加工などにたずさわる職人がおり、こうした〝キヨメ集団〟が、のちの「渡辺村」の核になったと考えられている。ただ、「渡辺」の里のどのあたりに、のちの「渡辺」村につながる地があったのかについては、はっきりしていなかった。

わたしの手元にある古地図で、最も古い時代の「渡辺」を写したものに、『摂津国難波古地図』（国立公文書館蔵）がある。宝暦三年（一七五三）森謹斎幸安珍重著と記されているが、描かれている内容は古代のものである。大友国府・高津都の北に「座摩社」があって、その地が「南渡辺」となっている。さらに、「渡辺橋一名大江橋」と記された橋を越えると、北側に「北渡辺」の名が見える。

つまり「渡辺」は、大川を隔てて「南渡辺」と「北渡辺」の二つに分かれ、渡辺橋（大江橋とも称する）でつながっていた。「南渡辺」には座摩神社がある。また、「北渡辺」には天満宮があって、渡辺党の拠点となっていた。

当時の〝渡辺村〟は、どちらにあったのだろうか。これについて、『大阪西浜町ノ来歴』という記録がある。

これは、幕末の記録を明治時代になってから筆写したものだから、戦国時代の状況を説明するには、かなり注意を要する。ただ、そこには「渡辺村の称は、今の天満川崎の辺り、当時渡辺橋の北にありしを以て村称とせり」と記されていて、この記事を根拠に、多くの学者が、〝渡辺村〟は「北渡辺」にあったと主張してきた。ところが、古地図を調べてみると、この説はかなりあやしくなってくる。

　大阪城天守閣が所蔵する『石山合戦配陣図』は、元亀元年（一五七〇）から天正八年（一五八〇）にかけての石山合戦を写したものだが、これによると、「北渡辺」のところに「織田方てつ炮そなへ」（織田方鉄砲備え）とあって、渡辺橋を越えた「北渡辺」が、早くから織田の軍門に下っていたようすもうかがえる。ここには、「渡辺橋　川ハ、二百六十間」の記述もあり、川幅が約五〇〇メートルにも達していたことが記されている。なお、この『石山合戦配陣図』には、現在の大阪港の入江に「エタカサキ砦」の記載があって、これを〝渡辺村〟と見なす研究者もいるが、細かいことはわかっていない。

　ところが、『大坂分町地図』（国立公文書館蔵）には、「泥溜」の南に「渡辺村　天正年中渡辺橋の南□此に遷穢多村也」の記載がある。つまり、「渡辺村」は、天正年中（一五七三〜九二）には〝渡辺橋の南〟（南渡辺）にあったが、それ以後「泥溜」の南の地に移ったというのである。「泥溜《どろため》」とは、のちの道頓堀のことと思われる。この地図には、慶長一七年（一六一二）にこの図をあらわしたとも記されているが、「渡辺村」が道頓堀の南に移るのはもう少しあとだから、この年代は、あまり信頼できない。

　もう一つ、同じく慶長一七年に描かれたとされる『摂州大坂旧地図』（国立公文書館蔵）には、「泥溜堀」（「道頓堀」）の南に「穢田邑」とあり、その説明として、「もと渡辺橋の南にあり　その地はすなわち渡辺なり　豊太閤ここに遷す　旧地の名によりて渡辺邑という」と記されている。つまり、慶長一七年当時、道頓堀の南に位置する「エタ村」は、もとは〝渡辺橋の南〟にあったが、豊臣秀吉がこれを移動させ、もとの地名にちなんで〝渡辺

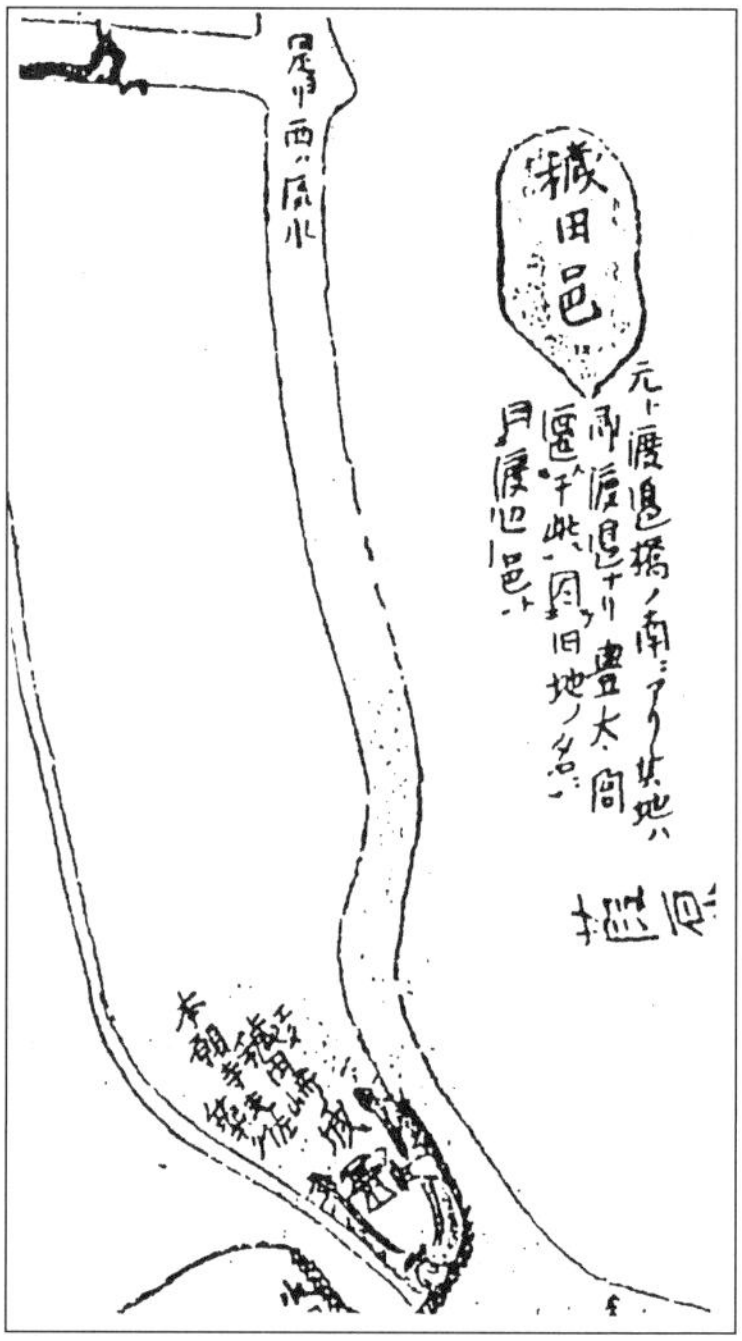

『摂州大坂旧地図』(国立公文書館蔵)

村〟を称したというわけである。

いずれにせよ、この二枚の地図を見るかぎり〝渡辺村〟は、少なくとも天正年間までは、「北渡辺」ではなく「南渡辺」の地にあったことになる。つまり、座摩神社と同じところにあったというのだから、〝渡辺村〟と座摩神社の関係は、予想以上に深いと考えられる。

なお、この『摂州大坂旧地図』には、「穢田邑」の向かい側に「穢田崎の城　本願寺光佐築く」との記載があって、先の『石山合戦配陣図』にあった「エタカサキ砦」が、この地図でも確認できる。ただ、〝渡辺村〟との関連は、この地図からも読みとることはできない。

2　座摩神社とともに

ところで、大坂築城に伴う座摩神社の移動は、天正一二年（一五八四）のこととわかっているから、おそらく〝渡辺村〟も、同じ時期に移動したものだろう。

文久二年（一八六二）の「役人村由来書」（盛田嘉徳編著『摂津役人村文書』に収録）には、「天正年中之頃、役人村之儀、天満・福嶋・渡辺・博労・三ツ寺五ケ所に別れ住居罷在候」と記されているし、前掲の『大阪西浜町ノ来歴』には、「慶長年中、大坂船場・渡辺・博労より南方にて六ケ所に住せしもの、相集りて一村落となり、渡辺村と云ふ」とあって、時期と分散した数は微妙に異なるが、どちらの史料も、移動に際し何カ所かに分かれて住まわせられたと記している。

　これについて興味深い内容を提供してくれるのが、関西大学図書館が所蔵する『浪速古絵図　伍』である。ここには、「渡辺橋　川幅二百六十間」の記載があり、橋の南に「南渡辺」と記されている。注目されるのがその横に記された説明文で、そこには、「後世　御城築に付、座摩宮は天正中円江之南之地に遷　渡辺町と号す　御旧地は鎮座石在（のちの大坂城築城に伴い、座摩神社は、天正年中に円江の南の地へ移り、ここを渡辺町と名付けた。また、元の場所には鎮座石がのこされている）」「右に付南北之渡辺里も円江に引（そのため、南北の渡辺の里も円江に移った）」「円江之穢多を難波島にうつす　後世西木津引うつる（円江のエタを難波島に移し、さらに後世には西木津へ移った）」とあり、「船場」の西に「エタ村なり　後世なんは島に在　其時のほこら津村町にのこる　津村之神　今世御霊と云（エタ村　のち難波島に移るが、当時のホコラは津村町にのこっている。津村の神、今は「御霊」と呼んでいる）」とも記されている。「円江《つぶらえ》」とは〝円形になった入江〟の意と推定され、この『浪速古絵図　伍』には、たしかにそのような形状の入江が描かれている。これが「津村」の地名の由来と考えられる。

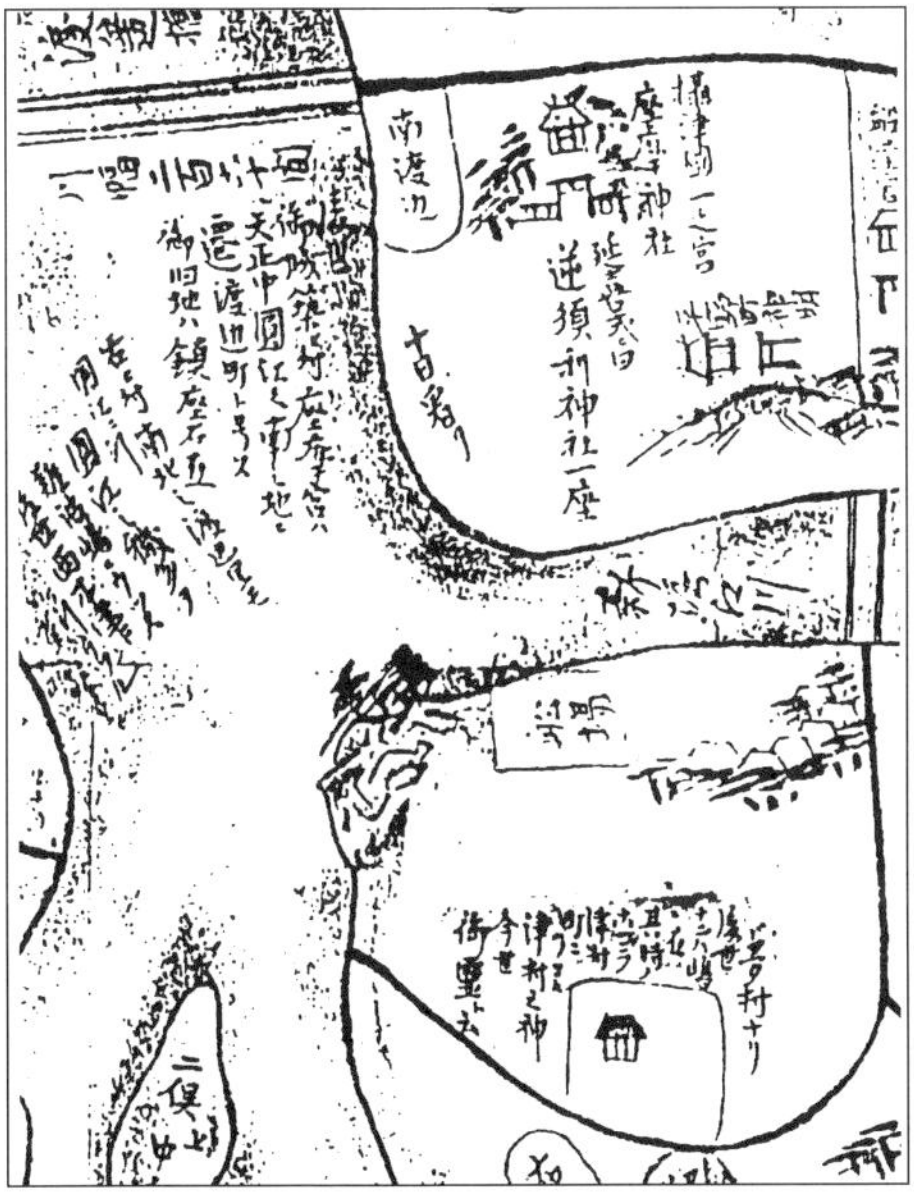

『浪速古絵図　伍』（関西大学図書館蔵）

　さて、以上のような記述からもわかるように、この『浪速古絵図　伍』には、〝渡辺村〟のその後の移動が、地図上の説明文の形でくわしく記されていることがわかる。すなわち、次のような内容になるだろうか。

大坂城の築城に伴って、天正一二年（一五八四）、座摩神社は円江の南の地に移り、渡辺町と称したが、もとの地には鎮座石が残っている。座摩神社の移動と同時に、南北の渡辺の里も円江へ引っ越した。エタ村は、円江の「船場」の西に移っていたが、のちには難波島へ移り、さらに西木津へ引っ越した。また、エタ村のホコラは、津村町に残っている。大体、このような内容になるだろうか。

先に紹介したように、「役人村由来書」には「天満・福嶋・渡辺・博労・三ツ寺五ケ所に別れ」とあり、また、『大阪西浜町ノ来歴』には「大坂船場・渡辺・博労より南方にて六ケ所」とあった。「船場」も「渡辺」も、さらに「博労」もすべて近隣にあり、どちらも「円江」内部の地名と考えられる。はたして何カ所かに分かれていたものか、一カ所だったのを別の地名で呼んだものかはっきりしない。しかし、少なくとも〝渡辺村〟が、天正一二年以降、座摩神社ともに移動し、移動後も神社のすぐ側にあったことだけは確認できるように思われる。

ところで、〝渡辺村〟がこれ以降、難波島へ移り、さらに西木津へ引っ越したことは、他の古地図によっても確認できるが、これについては、章を改めて紹介することにしたい。

二　難波村へ

1　渡辺「村」となる

寛文一〇年（一六七〇）当時の大坂を写したと思われる『寛文年中大坂絵図』（関西大学蔵）には、「なんバ橋」の南に「わたなへ」の記述がある。また、近世はじめの大坂を、元文二年（一七三七）に模写した『中旧大坂三郷地図』（国立公文書館蔵）にも、道頓堀の南に「渡辺村」があり、その南に「旧の河内川の跡　鼬川と云」と記

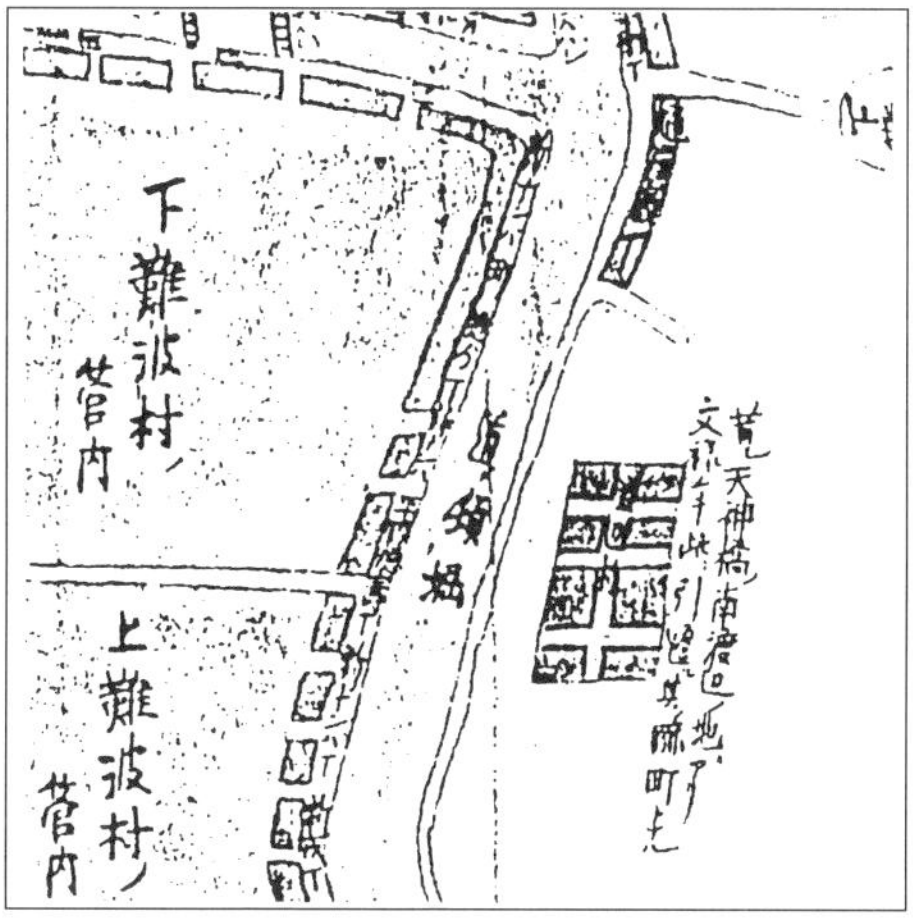

『中旧大坂三郷地図』（国立公文書館蔵）

されている。鼬川（いたち川）は、難波村と木津村の境界を流れる川で、西へ流れて木津川へ注いでいる。渡辺村は、この段階では道頓堀と鼬川にはさまれた地、すなわち難波村領内に移されたことがわかる。

道頓堀は、大坂城の外堀に当たっており、難波村は、さらにその外側に位置している。すなわち〝農村〟として位置づけられていたところである。おそらく、この難波村へ移った段階で、「渡辺村」と称するようになったのだろう。別の史料によれば、渡辺村は、この時点で七五五〇坪の土地を確保しており、すべて除地（「免租地」「御赦免地」とも記される）となっていた。

なお、この『中旧大坂三郷地図』には、説明として「むかし天神橋の南渡辺の地にあり、文禄年ここに引遷る」との記載があり、ここでも、かつての〝渡辺村〟が天神橋の南側、いわゆる南渡辺にあったことが確認できる。また、文禄のころに難波村に移ったとも記されている。文禄年中といえば一五九二〜九六年だが、この点は他の史料と合わず、信頼できない。

前掲『大阪西浜町ノ来歴』では、「徳川氏の始め、すなわち元和の頃には、道頓堀幸《さいわい》町裏側に所替を命ぜらる」とあり、難波村領内の「道頓堀幸町裏側」とあって、移転先の記述がややくわしくなっている。また「役人村由来書」では、「元和年中の頃、前断右五ケ所のもの、道頓堀川下幸町壱丁目・弐丁目裏尻《うらじり》難波村領へ所替」と、さらにくわしく記されている。そして、移転の時期については、どちらも元和年間（一六一五〜二四）とされていて、『中旧大坂三郷地図』の記述と比べ、二〇年以上のズレがある。ただ、この二つの史料も、のちの時代にかかれたものだから、慎重にあつかう必要がある。

これについて、元和七年（一六二一）の「かわた村しらが山座町屋敷之事」という史料がある（「古来ゟ新建家目論見一件」大阪市史編纂所編『大阪市史史料』第一〇輯）。「白髪山座町」は、現在、大阪市西区の市立中央図書館の近くで、道頓堀のすぐ北にあり、堀を越えた対岸には、渡辺村が移ったとされる「幸町」がある。この地域の「かわた村」は渡辺村以外になく、しかも、かわた「村」と表現されていることから、この「かわた村」が道頓堀の外側にあったこともわかる。したがって、少なくとも元和七年の時点で、すでに渡辺村は、難波村へ移っていたと推定される。わたし自身は、この史料が作成されたこと自体を考慮すれば、渡辺村の難波村への移動は、元和七年に特定してもいいと思っている。

2　渡辺村の町並みについて

ところで、この難波村へ移ったあたりから、渡辺村の町並みが、やや大雑把ながら地図に描かれるようになってくる。たとえば、先に紹介した『中旧大坂三郷地図』では、渡辺村全体が四角く囲まれ（ただし、周囲が道なのか堀なのか、はっきりしない）、東西に長い長方形で記されている。村の中を南北に縦三本、東西に横一本の道があり、したがって、北に四区画、南に四区画あるように見える。

また、寛文から天和（一六六一〜八四）にかけての内容と推定される『官上近世大坂地図』（国立公文書館蔵）には、道頓堀の南、難波村本村の北西に「穢多村」があり、北に四区画、南に三区画の、計七区画が描かれ、中央東西に大きな道路が通っている。また、南側三区画の、それぞれの東端に三つの寺院が記されている。この寺院の記載は、あとで触れるようにあまり信用できない。

これについて、前掲「役人村由来書」には、「南北に通り候町を八軒町と唱候、東西竪町三筋有之、南を南之

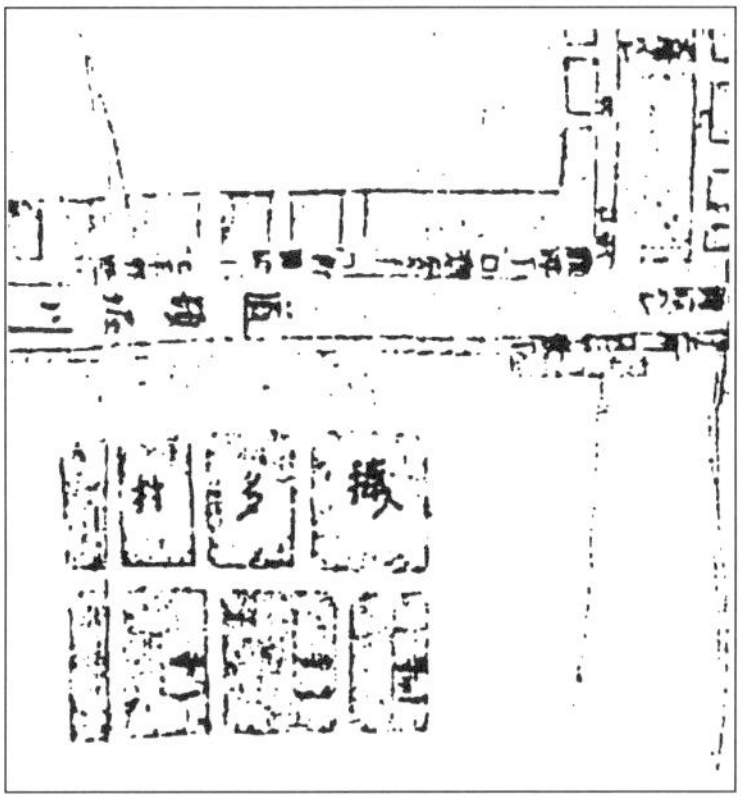

『官上近世大坂地図』（国立公文書館蔵）

町と唱、中之筋を中之町と唱、北を北之町と唱候、四町にて住居罷在候」の記事がある。これをもとに、のびしょうじさんは、難波村領内にあった時期の、渡辺村の町割予想図を再現している（のび 一九九七）。のびさんが指摘するように、「古図と由来書では町並みの方向が九〇度違っている」が、何点かある古図はすべて東西に長いことから、おそらく古図の方が正しいと思われる。また、のびさんが作成した予想図から、南北にそれぞれ四区画あり、八軒町・北之町・中之町・南之町の四町が描かれていたことが確認できる（つまり、『官上近世大坂地図』に描かれた南の三区画は不正確で、四区画が正しい）。

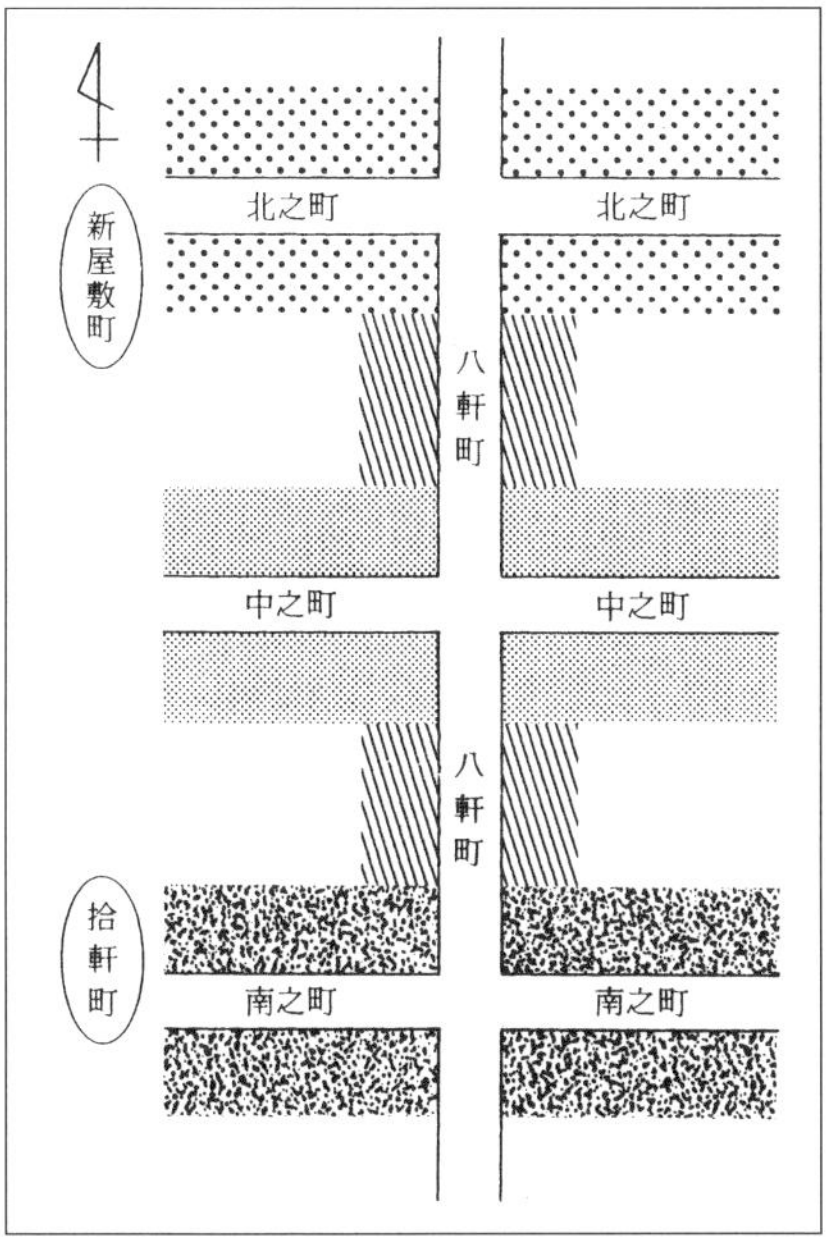

難波村時の渡辺村町割予想図

なお渡辺村は、難波村領内に移動した時点で七五五〇坪の土地が与えられ、その後、戸数・人口とも増加したため、明暦二年（一六五六）六月、年貢地五六八〇坪の増地が認められ、計一万三二三〇坪となっている。のびさんは前掲論文で、この増地分五六八〇坪が新屋敷町と十軒町になったと指摘しているが、当時の地図からは、そうした増地のようすを読み取ることはできない。

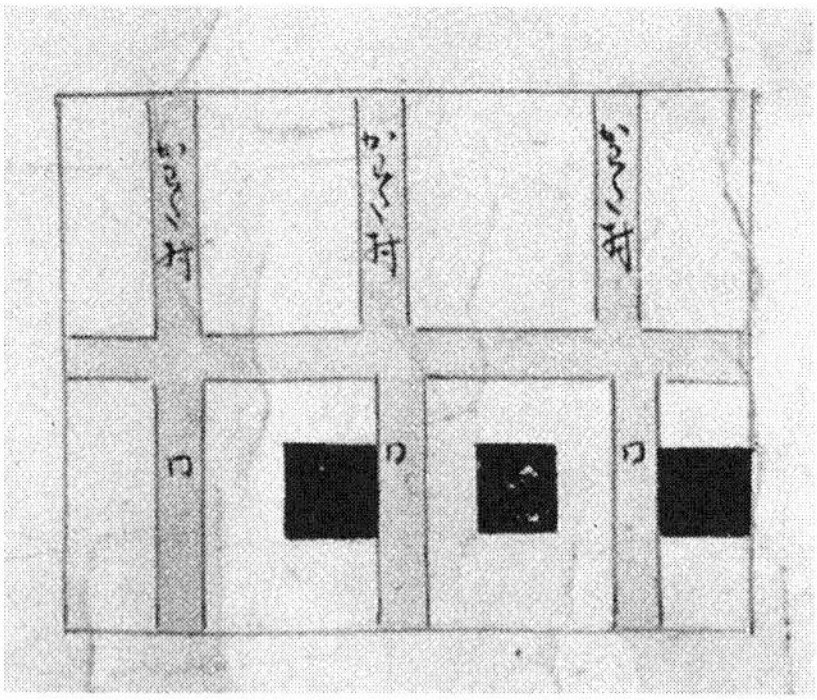

『大坂三郷町絵図』（大阪歴史博物館蔵）

3　寺院の記載ミスについて

ところで、古地図の記載には、いろいろなまちがいがあって、それらを知ることも古地図の分析には必要である。たとえば前掲『官上近世大坂地図』には、南側の区画のそれぞれ東端に三つの寺院が記されていた。これがあてにならないのである。

しかし参考までに、渡辺村の寺院についてもここで紹介しておく。

『大阪西浜町ノ来歴』には、「同年中（慶長年中）村の内北の町河内屋吉兵衛居宅の内百六拾坪を以て道場地とす、是即当今の徳浄寺の始原なり」（慶長年中、渡辺村・北之町の河内屋吉兵衛の宅地から一六〇坪を寄進して道場の地としたが、これが徳浄寺の起源である）とあり、『官上近世大坂地図』に描かれた寺院が正確ならば、一番西に描かれているのが、慶長年中（一五九六〜一六一五）に道場として成立した徳浄寺ということになるだろうか。徳浄寺は、大阪市南区寺院明細帳によれば、慶長四年（一五九九）の開基と伝えられている。

また『摂津役人村文書』には、「役人村中之町正宣寺」といった文言があり、中之町ならば、真ん中に描かれた寺院が正宣寺に当たるのだろうか。正宣寺は、寺院明細帳によれば慶長八年（一六〇三）一〇月の創立と伝えられている。

ところが、『官上近世大坂地図』では、もう一カ寺が描かれている。これがおかしいのである。渡辺村では、幕末になって阿弥陀寺・順照寺が創建され、合計四カ寺となるが、まだ難波村領内にあった時期に、第三の寺院があったとは確認できない。そこで、地図の記載ミスという可能性が浮上してくるわけである。

ここに、もう一枚の地図がある。大阪歴史博物館が所蔵している『大坂三郷町絵図』がそれである。この地図は、慶安元年から万治元年（一六四八〜五八）ごろに成立したと推定されているが、その渡辺村の町並みに三カ所の赤く四角い印が付されている。それはちょうど、『官上近世大坂地図』の寺院と同じ場所に描かれている。ただし、『大坂三郷町絵図』の注釈には「町役御年貢両役之分」とあって、少し狭いように思うが、どうやら年貢地を記したもののようである。

『官上近世大坂地図』が『大坂三郷町絵図』より後に書かれたことはまちがいないから、前者が後者を参考にしたことは十分に考えられる。その際、注釈をよく見ないで、地図に描かれた赤い三つの印にだけ注目し、勝手な判断で「寺」と記載したのではないだろうか。

こうした地図は、実際に各地を歩いて作成されたものばかりではない。むしろ、実地に歩いて作られた地図の方が圧倒的に少ないともいえる。古い地図を参照したり、さまざまな伝聞も加味したり、時には創作が加わっている場合もある。いずれにせよ、古地図の記載内容には、まちがいも少なくない。こうした点も考慮しながら、調査・分析を続けていきたいものである。

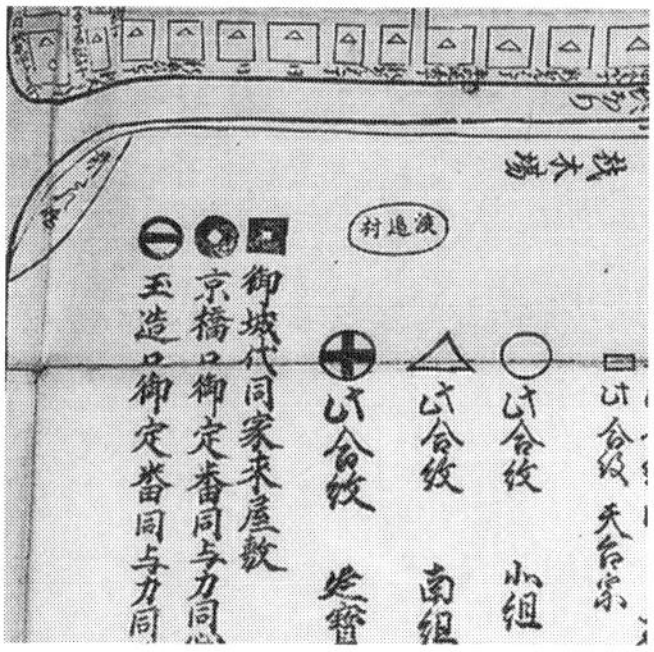

『貞享大坂図』（神戸市立博物館蔵）

なお、この時期から古地図もしだいに増えていく。たとえば天和三年（一六八三）の『近旧大坂地図』（国立公文書館蔵）には、道頓堀の南に「穢多渡辺邑」の記載があり、貞享年間（一六八四〜八八）の『貞享大坂図』（神戸市立博物館蔵）には、道頓堀の南に「材木場」があって、その南西に「渡辺村」と記されている。また、年不詳の『新地入増補大坂図』（神戸市立博物館蔵）にも、道頓堀の南に「ゑたむら」、その南東に「下なんはむら」、その南に「きつ村」が記されている。いずれも、渡辺村が難波村領内にあった時期の状況を示したものだが、今後は、こうした地図の情報に加えて、古文書なども照合しつつ、当時の渡辺村を再現していきたい。

三　木津村への移動

1　移動の時期について

まず、渡辺村が、木津村の領内へ移転するにいたる経緯を整理しておきたい。

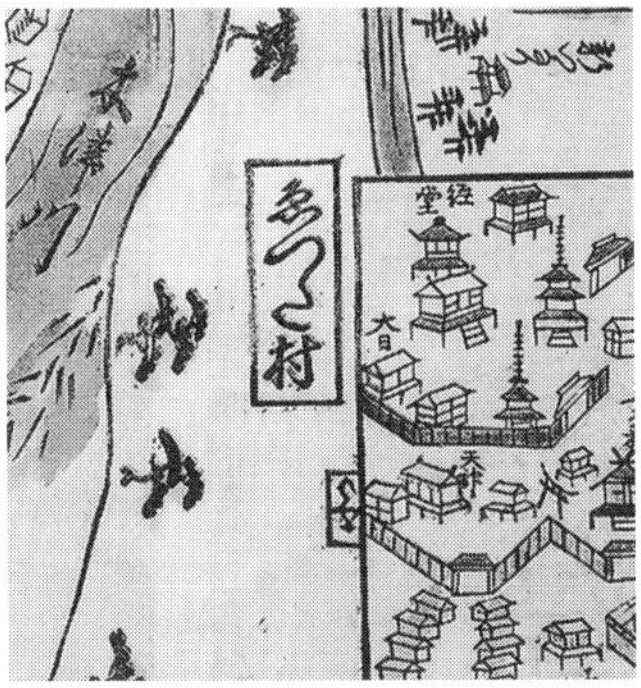

『摂津大坂図鑑綱目大成』
（神戸市立博物館蔵）

元禄一一年（一六九八）、大坂各地で川普請が実施され、その際、難波村領内にあった渡辺村も、御用地として召し上げられることになった。同年一〇月二二日に、その替地として野江の地（現在の京阪電鉄野江駅周辺）が与えられたが、湿地帯であったため、再度替地を嘆願した。その結果、同年暮れに、西成郡七反島の上人川の南へ替地が命ぜられることになった。「七反島」は、木津村の南端にある字の名で、上人川も、木津村の南にあった灌漑用の小川と推定されている。

翌元禄一二年（一六九九）には、この七反島への移転がはじまり、一部は移転したが、この地も湿地帯であったため、居住に適さず、多くの住民は元の難波村に残ったままだった。渡辺村では再度嘆願書を提出し、今度は七反島と同じ木津村領内字堂面《どうめん》への替地が決定された。そして元禄一四年（一七〇一）五月から、この堂面への移転が開始される。ただし、町ぐるみの移動であったため、住宅建設や引っ越しにかなりの時間を要し、五年後の宝永三年（一七〇六）にようやく移動が完了した。

渡辺村は、難波村領内に移動した時、すでに七五五〇坪の土地が与えられていたが、これは大坂三郷に準じて除地とされていた。その後、戸数・人口とも増加したため、明暦二年（一六五六）六月、年貢地五六八〇坪の増地が認められ、計一万三二三〇坪となったが、この広さが、木津村へ移る際にも既得権として認められ、木津村領内においても一万三二三〇坪の土地が確保されていた。

2 「ゑつた」と「かへ地ゑつた」の関係

ところで、こうした渡辺村の、木津村領内への移転は、古地図の上でも確認できる。たとえば宝永四年（一七〇七）の『摂津大坂図鑑綱目大成』（神戸市立博物館蔵）には、木津川の東に「ゑつた村」の記載があり、移転完了直後の渡辺村が描かれている。

ところが、ほぼ同じころ描かれた他の地図には、別の興味深い記載がなされているのである。

『新板摂津大坂東西南北町嶋之図』（神戸市立博物館蔵）は、宝永年中（一七〇四〜一一）のもので、やはり渡辺村が移動した直後のようすを描いた地図だが、木津村の東に「ゑつた」とあって、すでに木津村領内に移っていることが確認できる。ところが、その南に「かへ地ゑつた」の記載があって、これが前者の倍ほどのおおきさで描かれている。

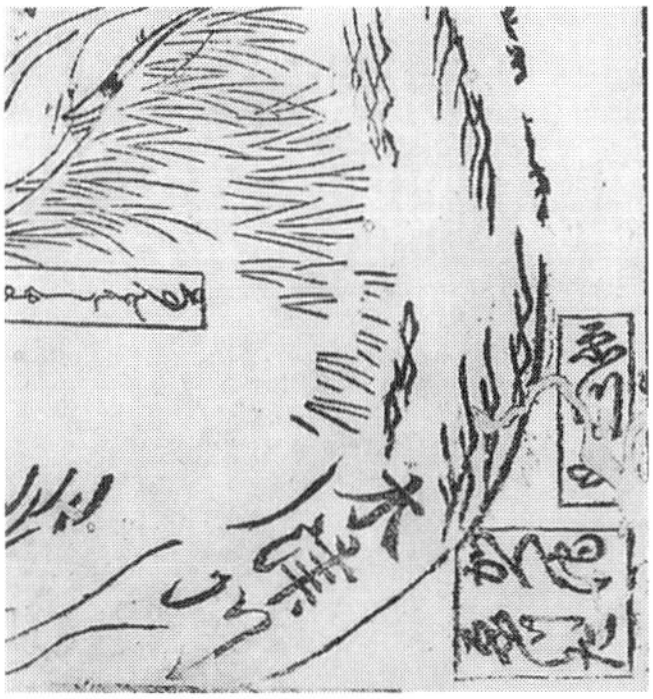
『新板摂津大坂東西南町嶋之図』（神戸市立博物館蔵）

同様の記載は、年不詳の『摂州大坂大絵図』（神戸市立博物館蔵）にもある。前掲『新板摂津大坂東西南北町嶋之図』の写である可能性が高いが、やはり木津川の東に「ゑつた」、その南に「かへ地ゑつた」とある。

この両者は、どのような関係にあるのだろうか。推定の域を出るものではないが、二つの可能性があるように思う。一つは、「かへ地ゑつた」が「ゑつた」のほぼ倍の大きさに描かれていることから、「かへ地ゑつた」

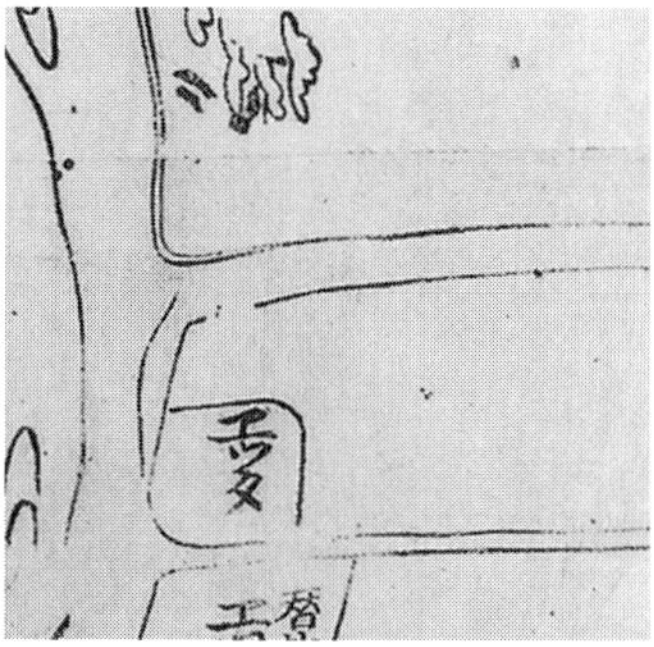
『新撰増補大坂大絵図』
（神戸市立博物館蔵）

は難波村へ移った時点から認められていた除地の七五五〇坪分、「ゑつた」が、明暦二年（一六五六）六月に認められた増地の五六八〇坪分である可能性である。

もう一つは、「かへ地ゑつた」が南にあり、「ゑつた」が北にあることから、前者が最初の元禄一一年（一六九八）に移動を命ぜられた「七反島」、後者が、元禄一四年（一七〇一）に再度移動を命ぜられた「堂面」ではないかということである。結論から言えば、やはりこちらの方が有力であろう。つまり、七反島（「かへ地ゑつた」）と堂面（「ゑつた」）を区別したものと考える方が妥当というわけである。

おそらく、これらの地図が作成された段階では、いったん移った七反島にまだ居住地が残っているなど、「替地」としての形態が残っていたことを示しているのではないだろうか。移転直後に作成されたと推定される地図に限定して、こうした二つの記載が見られることからも、こちらの可能性が高いように思われる。

なお年不詳だが、神戸市博が所蔵する『新撰増補大坂大絵図』にも、木津川の東に「エッタ」、その南に細い川を挟んで「替地エッタ」の記載がある。後者が前者よりおおきく描かれているのは同じで、道頓堀の南に「渡辺村あと」とあることから、木津村への移転直後に作成されたものと推定される。

同じく神戸市博が所蔵する『摂州大坂旧地図』にも、道頓堀の南に「渡辺村あと」とあって、木津川の東の「えつた」、その南に川を挟んで「ゑた村」の記載がなされている。解説などその他の記述も、前掲『新撰増補大坂大絵図』によく似ている。この二点の地図には、両地域の間に細い川が描かれているが、これが「役人村由来書」に記載のある上人川かもしれない。

ただ、これらの分析も推測の域を出るものではない。断定をさし控えて、今後の研究を待ちたい。

四　定着後の渡辺村

1　木津村移転後の町割について

今度は、木津村領内へ移転後の、渡辺村の町割について見ていきたい。

すでに紹介したように、渡辺村が難波村領内にあった時には、東西に長い長方形の町並みで、中央東西に大きな道路が一本、南北に三本の道路が走り、北に四区画、南に四区画で四町が成立し、その南に、年貢地として二町が成立していた。

木津村への移転後、町割を記した地図で比較的古いものは、宝暦二年（一七五二）以前と推定される『大坂地図』（国立公文書館蔵）で、木津村の西に「穢多」とあって、南北縦に四本、東の端に堀とも道とも判断しがたい半月形の境界があり、東西横に走る道（堀？）とつながっている。東西横に四本の道（二本の道と二本の堀？）があり、一四の区画プラスαに分かれている。「プラスα」というのは、北東の一区画が極端に小さく描かれているからで、独立した区画とは決めがたいためである。

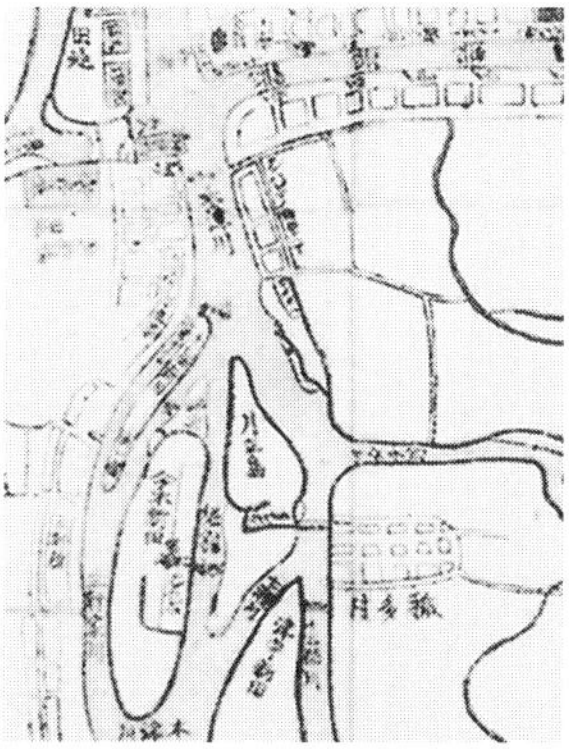
『改正摂津大坂図』
（神戸市立博物館蔵）

寛政元年（一七八九）の『改正摂津大坂図』（神戸市立博物館蔵）もほぼ同じだが、木津川が十三間川と七瀬川に分かれる分岐点に月正島と津守新田があり、そこから東へまっすぐ「いたち川」が流れている。「いたち川」が難波村と木津村の境界を流れる川であることは、すでに触れた。その「いたち川」が西へ流れて木津川に注ぐあたりで、木津川は十三間川となって、渡辺村のすぐ横を南下している。この地図では、「いたち川」の南に「穢多村」の記載がある。町割は、南北縦に四本、半月形の道（堀）が一本、東西横に四本の道（堀?）が描かれ、その道（堀?）に囲まれた、これまた一四の区画プラスαが記されている。「穢多村」の南の端から東へまっすぐに道路が描かれ、これが「木津村」につながっている。道路の名は記されていないが、これが、のちの地図にも登場する「渡辺道」（「渡辺村道」の記載もある）だろう。

文化三年（一八〇六）の『増修改正摂州大阪地図』（大阪人権博物館蔵）は、非常に細密に描かれており、まず「月正島」に「穢多新地」の記載が見られるが、これについては後でくわしく述べたい。そこから橋のごときものが描かれ（その南に橋が描かれているが、それとはやや趣が異なる）、「穢多村」につながっている。「穢多村」の内側は、南北縦に五本の道路（堀?）が描かれ、東端の道（堀）が極端に細くなっている。そこから二本目の、南北に走る道路は、北の端の手前で東に折れていて、東西横に走る四本の道路（堀?）はそのままだが、区画は一四に分かれている。一番東の端が、二区画しかないためである。そして、「穢多村」の南の端から東へまっすぐ道が描かれていて、これが「木津村」とつながり、ここには「渡辺村道」と記されている。

この『増修改正摂州大阪地図』以降の地図は、天保八年（一八三七）の『天保新改摂州大坂全図』（神戸市立博物館蔵）、天保一五年（一八四四）の『増修改正摂州大坂地図』（神戸市立博物館蔵）、文久三年（一八六三）の『改正増補国宝大坂全図』（神戸市立博物館蔵）も、同様に一四の区画を描いている。

以下、これについて、少し分析を深めてみたい。

まず難波村領内にあった時と比べ、格段に町の数が増えている。明暦二年（一六五六）段階で増地となった新屋敷町・十軒町をカウントしても、さらに増えていることになる。事実、渡辺村の人口増加は著しく、木津村へ移転する直前の元禄五年（一六九二）に八四〇人だった人口が、移転完了直後の正徳三年（一七一三）には、二

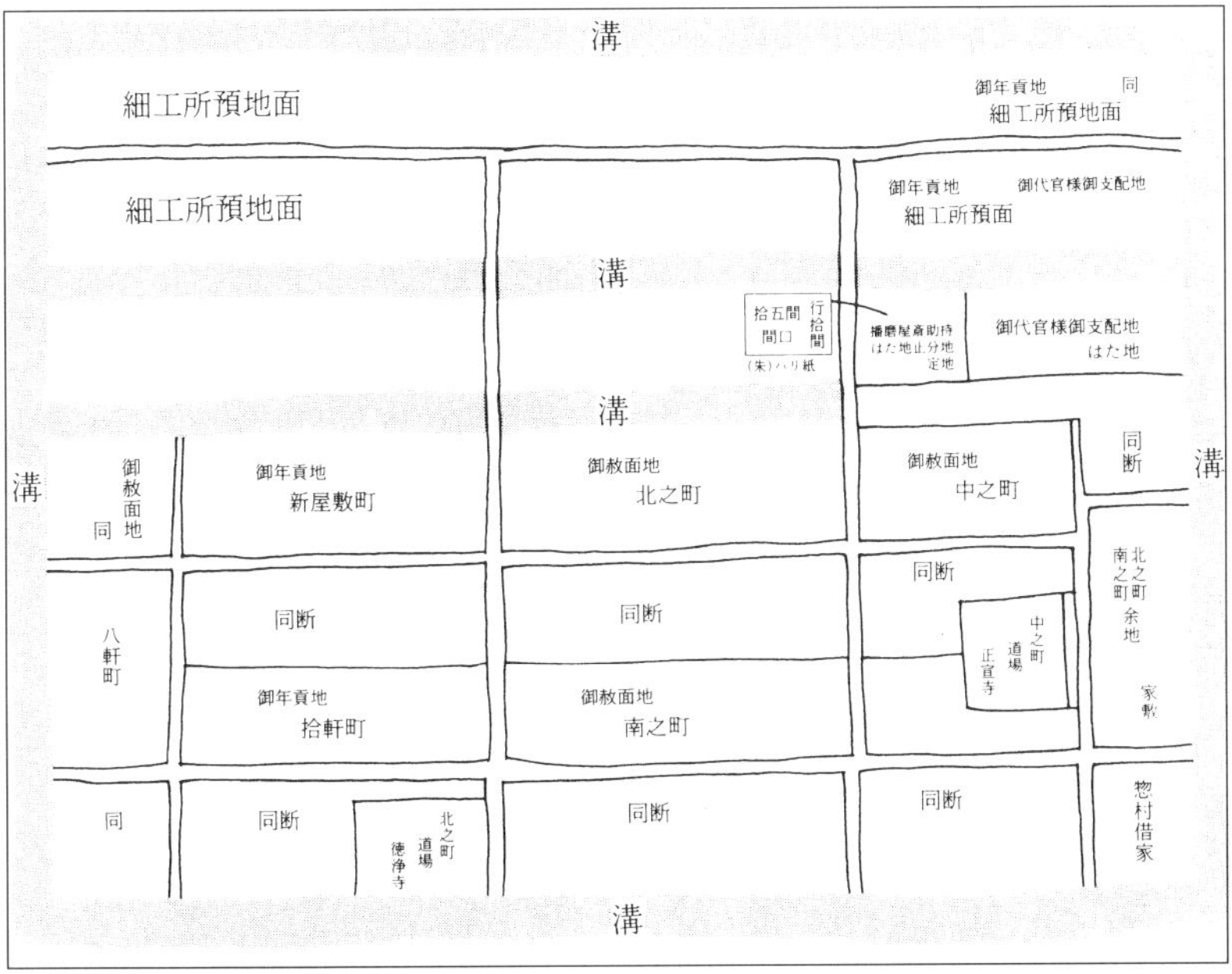

天保期渡辺村町割略図

三四一人に増えている。町並みが変化した背景には、こうした人口増加もあったものと考えられる。

ちなみに渡辺村の人口は、その後、寛延三年（一七五〇）に三〇〇〇人を超え、寛政四年（一七九二）には四〇〇〇人を超える。こうした恒常的な人口増加が、慢性的な住宅不足を生じ、周辺地域への進出によって、これを克服することになる。

ところで、この木津村領内での渡辺村の町割についても、のびしょうじさんの前掲論文（のび 一九九七）が細かく分析しており、天保期の町割略図を紹介している。

これによると、村の周囲を「溝」（井路）が囲み、その中を東西横に三本の道路が走っている。しかも、村内にも「溝」があって、東西に走っている。地図で東西横に走る四本の道のように見えた内の何本かは、「溝」（井路）であったようである。しかし、一番北の「細工所預地面」と、その南の一本の道、さらにその南の「溝」一本を除き、次の「溝」から南側の区画を数えると、確かに一四区

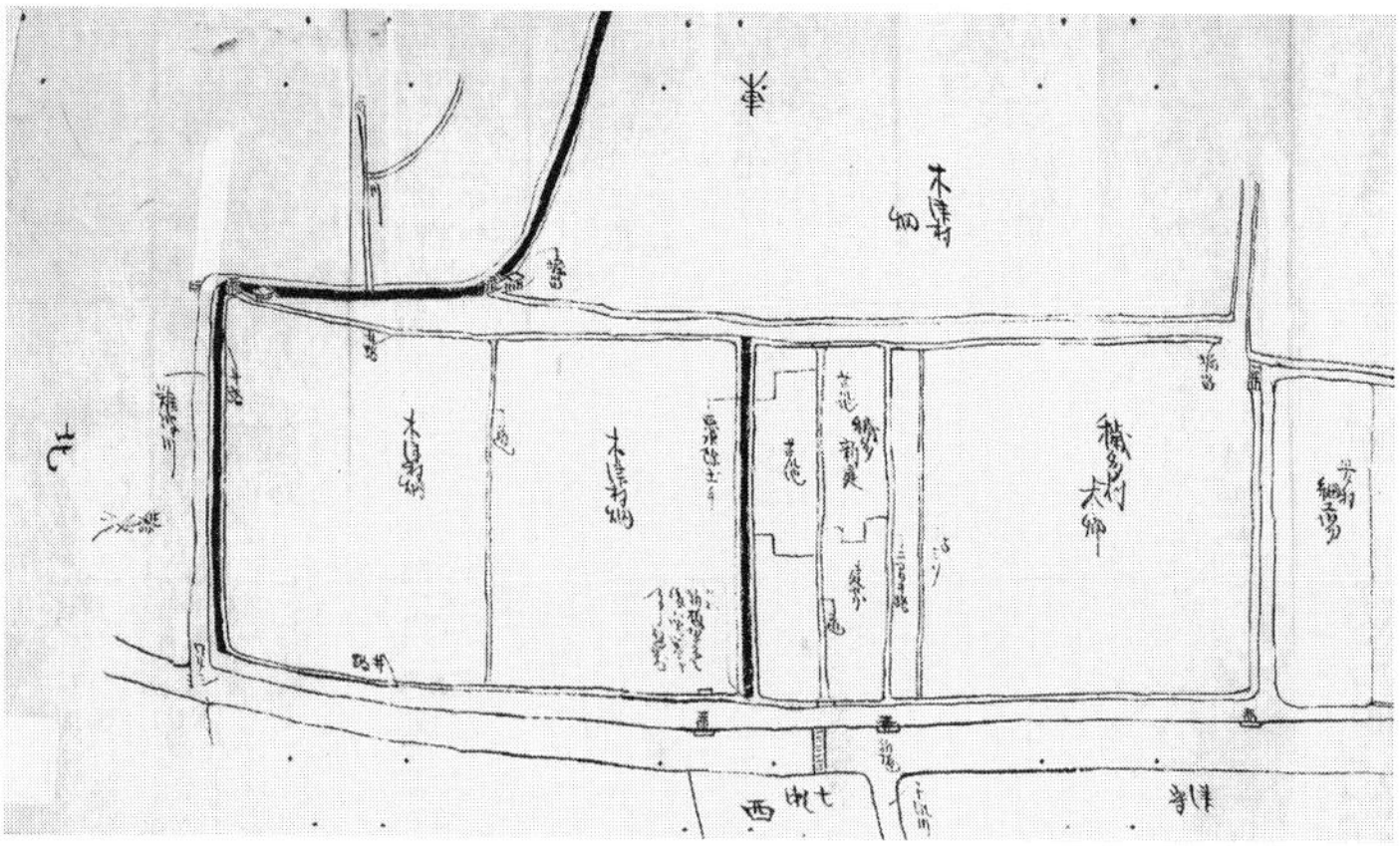

『渡辺村伏樋差図』(白山殖産株式会社蔵)

画に分かれている。

この区域の中央には北之町・南之町があり、東に中之町が位置している。また、かつて町の最も中央にあった八軒町は一番西の端にある。おそらく八軒町には皮革問屋が多いため、船の荷下ろしに便利な、十三間川に面した西の端に位置したものだろう。以上の四町は「御赦免地（除地）」で、旧来の既得権が維持されている。そして、明暦二年に増地として新たにできた新屋敷町と十軒町が、これらの町に挟まれて中央西側に位置している。ここまでが、木津村領内へ移転してきた当時の、基本的な町並みと考えていいだろう。この範囲での区画を数えてみると、確かに一四区画ある。これまで見た地図に記されていたのは、この範囲ではないだろうか。

また、この「旧渡辺村」の北端の「井路」は、新屋敷町・北之町を通って、中之町の手前で切れている。のびさんは、この「井路」の幅を二〜三間（三・六〜五・四メートル）と推定しているが、かなり大きな船が行き来できる幅といえよう。わたし自身は、「井路」そのものは〝悪水〞を処理するためのものだろうが、物資を運ぶ舟の運行に利用された可能性も捨てきれないと考えていた。また、もし十三間川とこの「井路」がつながっておれば、十三間川を航行してきた船が、この「井路」へ入港し、皮革などの物資を下ろすこともあったのではないかと考えていたのである。

しかし、新たな事実が明らかになった。文政一〇年（一八二七）に作成された『渡辺村伏樋差図』（白山殖産株式会社蔵）がそれである。これを見ると、渡辺村の周囲を取り巻いているのは「井路」で、十三間川へ悪水を流す樋は三カ所あるが、十三間川と井路とは直接つながっていない。しかも、「井路」には、南東に掘留があって、船で村内を循環することは不可能である。したがって、瀬戸内海航路を経て、十三間川へ入った船は、十三間川に横付けされて、そこで物資を下ろしたようである。

ところで、この『渡辺村伏樋差図』には、渡辺村内部のようすも、かなりくわしく描かれている。まず中央に「穢多村本郷」とあり、これがさきに紹介した十四区画に当たる地域と思われる。そして、北へ行って「古みぞ」と「二間井路」を越えると、西に「建家」、東に「荒地　穢多新建」とある。この表現のちがいから考えて、西側にまず家が建ち、その後、東側に家が建つようになったことがわかるし、しかも、東側が「荒地」とあり、しかも「穢多新建」とも記されていることから考えて、この差図が作成された文政一〇年（一八二七）には、家が建ちはじめていたか、少なくとも建設の予定があったことを示している。おそらく、この前後から家が建ちだしたものと考えていいだろう。

さて、「穢多村本郷」を南に下ると、「エタ村細工場」とあるが、文化年間（一八〇四〜一八）にはこのあたりに宅地のあったことが確認できているから、実際にはすでに住宅が拡大していたと推定されている。大阪人権博物館が所蔵する『木津村文書』の中には、明治二年（一八六九）の絵図もあり、これ以降の状況が表現されている。この絵図に描かれた「穢多村除地并屋敷地」の部分が、「穢多村本郷」（一四区画）に当たると考えられる。それを挟んで北と南に「木津村耕地穢多皮干場」があるが、これが拡大していった地域と推定される。「穢多皮干場」とはいいながら、実際には住宅が立ち並んでいたものだろう。

これよりさらに北には「穢多細工場」があるが、これも実際は住宅が建ち並んでいたものと思われる。ただ、

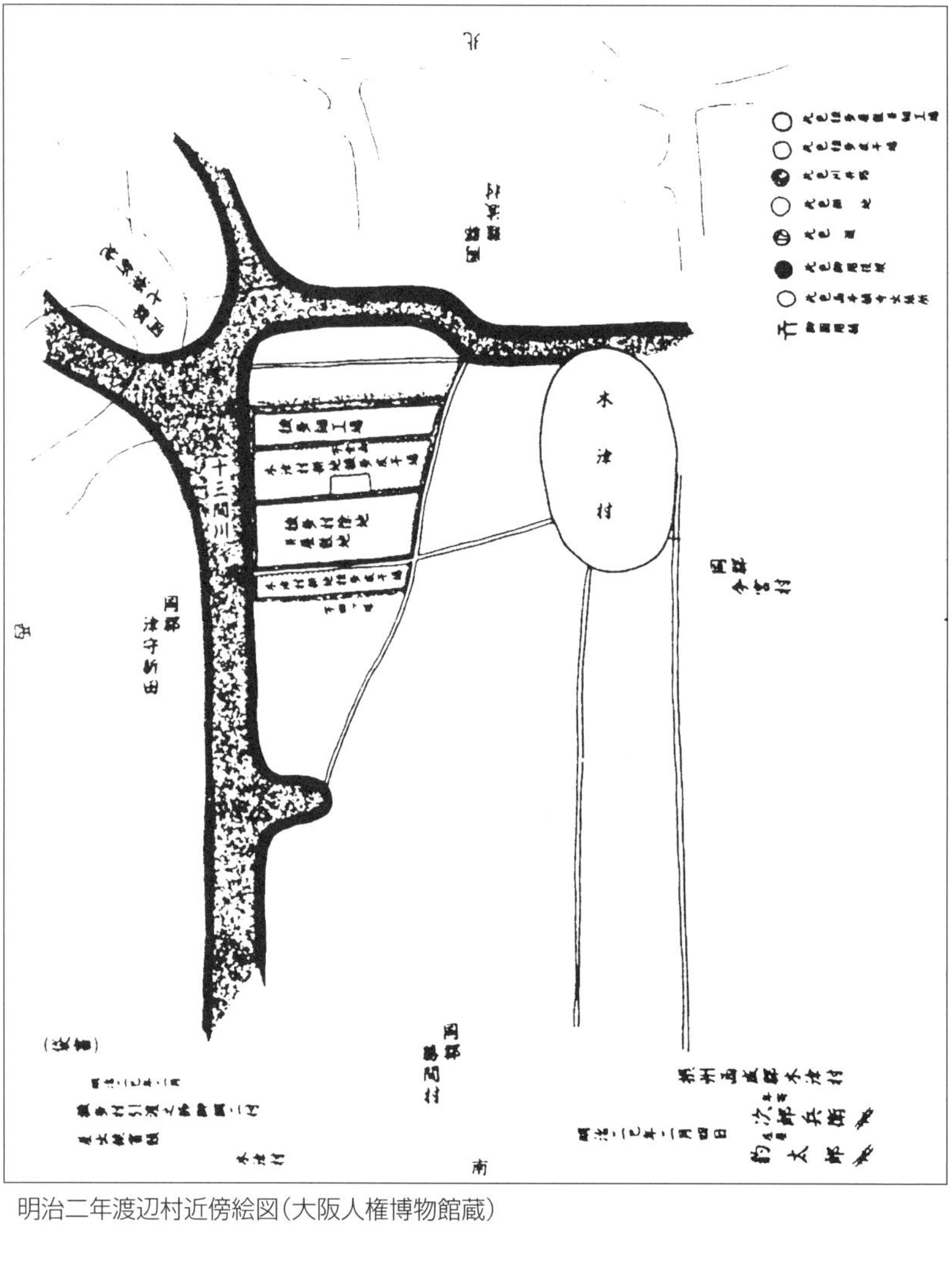

明治二年渡辺村近傍絵図（大阪人権博物館蔵）

こうした一連の流れから考えて、渡辺村はまず北へ伸び、ついで南へ伸びていったものと推定することはできる。

2　周辺地域への進出

今度は、さらに周辺の地域へ進出していったようすを、地図の上から探ってみたい。

宝暦二年（一七五二）以前と推定される『大坂地図』（国立公文書館蔵）には、「月正島」の名が見え、二つの島に分かれて、西の島の南端に「難波島」の記載がある以外、とくに目立った記載はない。

ここに登場する月正島《がっしょうじま》は、かつては難波島の一部であったと伝えられ、元禄一二年（一六九九）、河村瑞軒がここを開いて木津川を通し、月正島と難波島に分けたものといわれている。『大坂地図』では、そのようすも表れている。

つづいて、宝暦三年（一七五三）の年号が記されている『摂州住吉東成西成三郡地図』（大阪府立中之島図書館蔵）にも、木津の西に「穢多村」があり、その北に「いたち川」が描かれ、その「いたち川」が木津川に注ぐ真っ正面に「月正嶋」がある。

こういった木津川の分岐点に開墾された島のようすは、寛政元年（一七八九）の『改正摂津大坂図』（神戸市立博物館蔵）が比較的くわしく描いている。それによると、木津川が南下して、月正島のところで左右に分かれている。東側が十三間川で、渡辺村のすぐ横を流れている。渡辺村を過ぎるあたりの対岸に津守新田があり、ここで川筋はまた二つに分かれる。西側が七瀬川である。

この『改正摂津大坂図』では、月正島と渡辺村とを結ぶ橋のようなものが描かれており、両者になんらかの地域的関係の生まれていることがわかる。この図からは橋か渡しか判別しがたいが、『大阪市史』附図の明治二年（一八六九）「四大組町組編成図」によれば、「橋」であることが確認できる。

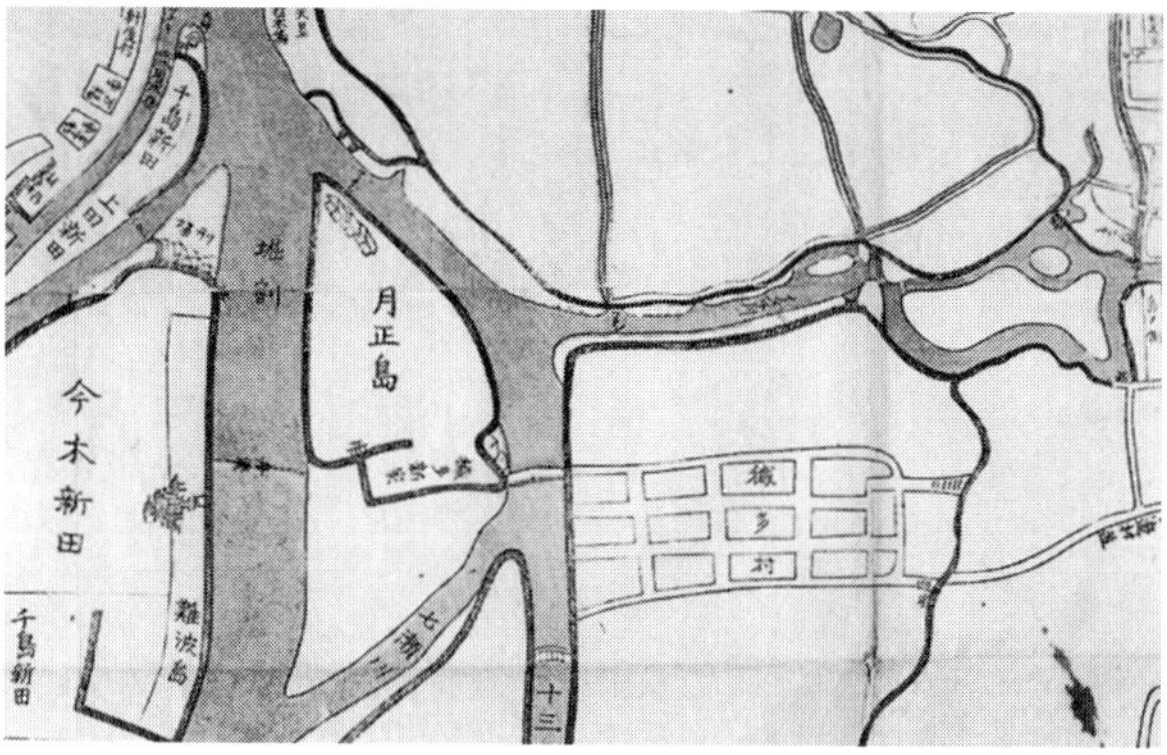

『増修改正摂州大阪地図』（大阪人権博物館蔵）

文化三年（一八〇六）の『増修改正摂州大阪地図』（大阪人権博物館蔵）になると、「月正島」に「穢多新地」の記載が登場してくる。この「穢多新地」は、前掲『改正摂津大坂図』と同じく、そこから橋で「穢多村」とつながっている。この「新地」がいつごろ生まれたものか、また、いかなる用途に利用されたものか、現時点ではわからない。ただ、開発の時期は、寛政元年（一七八九）の『改正摂津大坂図』で、すでに両地域を結ぶ橋が描かれているから、少なくともこれ以前にさかのぼることはまちがいない。

「七瀬新田」そのものは、月正島の南にあり、宝永三年（一七〇六）には成立していて、渡辺村が木津村領内へ移転した時期とも重なっている。そんなこともあってか、七瀬新田は、近世においては渡辺村の附属地とされ、明治六年（一八七三）に「七瀬町」となって、旧渡辺村の一町を形成することになる。

さて、これ以降の地図は、さらに記載がくわしくなる。天保三年（一八三二）の『改正摂津大坂図』（神戸市立博物館蔵）でも月正島に「エタシンケ」の記載があるが、「月正島」そのものの地名はなく、該当の島には、北から順番に「材木置場」「エタシンケ」「七瀬新田」と記されている。そして、「エタシンケ」から橋を越えて「穢多村」に至っている。

これで見るかぎり、「エタシンケ」と「七瀬新田」は、少なくともこの時点では別の地名であったと推定される。あるいは、「エタシンケ」が渡辺村の屋敷地で、「七瀬新田」が渡辺村の耕地であった可能性も捨て切れない。これについて、盛田嘉徳さんは、次のように説明している。

「古老の話によれば、渡辺村の本村から七瀬新田へ入った角、北側に、十三間川にそって、村年寄播磨屋善兵衛の居宅があって、そこに白州や牢屋が設けられており、罪人は十三間川を舟で送り迎えされるように、川に面した出入口が出来ていた由である。それが播磨屋の居宅に設けられていたとすれば、播磨屋が村年寄に就任した後のことであろうから、天明五年(一七八五)一〇月以降に出来たもので云々」(『摂津役人村文書』)

この記述が正しければ、「エタシンケ」には町年寄播磨屋善兵衛の居宅があったことになり、単なる〝人口増加に伴う増地〟だけでは、この新地の入手を説明できないことになる。たとえば、役負担とも関連した、より重要な性格が加味されるかもしれない。

以上、まだまだわからないことは多いのだが、課題を上げながら、手元の古地図から近世における渡辺村の変化を追ってきた。今後は、木津村文書の分析と難波村に関する史料の分析によって、さらに研究を深めていく必要があるだろう。しかし、ここでは、今後の課題を列挙することで、とりあえずの締めくくりにしたいと思う。

[参考文献]

のびしょうじ「大坂渡辺村の空間構成」『部落解放研究』第一一八号、一九九七年一〇月。

第3章

渡辺村と葬送・墓地

村上紀夫
Murakami Norio

はじめに

死は誰しも避けられないものである。これまで、人の死や葬儀に関する研究は主に民俗学の研究分野であったが、近年では、歴史学でも次第に研究がされるようになってきた（細川 二〇〇一など）。都市の問題や身分の問題を考える上で、墓地や葬送について考えることは避けられないからである。しかしながら、従来の葬送と身分にかかわってなされる議論の多くは三昧聖《さんまいひじり》にかかわる問題で、かわた身分と葬送についての研究はそれほど多くはない。そこで、本稿では渡辺村の人びとが墓地・葬送に役負担・生活の両面からどのようにかかわっていたかを見ていくこととしたい。

一　役負担として葬送

まず、役負担としての墓地での葬送について見ていくことにしよう。近世大坂の葬送については木下光生氏による非常に詳細な研究（木下 一九九八）があり、死因別に死体の処理内容と運搬者、処理者を整理した上で、死体の性格によりそれぞれの担い手が異なっていたという被差別民間の分業の様子を明らかにされた。ここでは、大坂三郷周辺に存在していた六ヶ所墓所内での火葬、土葬、仮埋めなどの行為を、墓所聖の独自領域であることが明らかにされている。また、その死体処理の内容に応じて渡辺村の人びとが「役人村」としてかかわっていたことが明確にされており、これに付け加えることは多くない。本章では木下氏の整理に依拠しながら渡辺村がどのように大坂の墓地・死体とかかわっていたかについて見ていくこととしよう。

諸死体処理内容一覧

	運搬先	運搬先	処理者	処理方法	番
非人行倒死	墓所	垣外番	墓所聖	主として土葬 （場合により火葬）	不明
行倒死・変死	墓所	幕府施設＝役人村 町内＝不明	墓所聖	土葬	幕府施設＝「京橋松之下」で役人村 町内＝不明
相対死	3日間墓所 →月正島	役人村	「取捨」＝役人村 仮埋・掘出＝墓所聖	享保8年以降「取捨」	墓所で垣外 →役人村
牢死	死罪・遠島＝月正島 下手人・重追放以下 ＝墓所	役人村	月正島「取捨」 ＝役人村 墓所「取片付」 ＝墓所聖	死罪・遠島＝月正島 下手人・重追放以下 ＝「取片付」	不明
死罪	月正島	役人村	役人村	取捨	不明

〈出典〉木下 1998

大坂の町で死人が出た際には、六ヶ所墓所で埋葬されていたことが知られている。そのなかでもとくに規模が大きく、よく知られているのは千日前の墓地であろう。ここでの埋葬にかかわっていたのは三昧聖とよばれる死者の埋葬を生業としていた被差別民であった。

この千日前の墓地に埋葬される死体は自然死した町人の者ばかりではない。なかには行き倒れで亡くなった人や牢の中で病死した人の死体、心中（相対死《あいたいじに》）で死んだ人の死体もあった。渡辺村はかかる変死による死体の処理をその役目のひとつとして課せられていたのである。例えば、『摂津役人村文書』に書かれた渡辺村の役目を見ると死体処理に関しては次のようなものがあげられている。

御城御堀浮者取り片付け
御城馬場の内、行き倒れ死取り片付け
天満御勘定御屋敷近辺行き倒れ死取り片付け
高津御蔵・難波御蔵入り堀行き倒れ死取り片付け
牢屋敷にてお仕置き者一件并びに火罪・梟（磔）罪・御肆者・他国他所へ御遣わし遊ばされ候御仕置き者并びに相対死・牢死・小屋死取り片付け

すなわち、大坂城をはじめとした主要な公儀関係施設付近の行き倒れ死体や刑死者、そして牢死者や相対（心中）による死体の「取り片付け」が渡辺村が負担すべき役だったのである。これらの死体の処理について木下氏は項目毎に前頁の表のように整理をしている。ここからは渡辺村がかかわっていた死体処理とその実態についてよくわかるであろう。

ここで渡辺村が役としてかかわっていた「相対死」の死体に関する具体的な史料を紹介しておこう。寛保三年（一七四三）のこと、新難波町前川で高津銭座で働いていた男と西高津新地の遊女が身投げするという事件があった。閏四月二九日の千日墓所聖からの届けに依れば、身投げの男女のうち、女は死亡したが男は息があった。そこで男を「御詮義」している間は「右女の死骸墓所え当分埋め置き候様、様子により掘り出し遊ばさるべく候」ときまった。その結果、五月一一日、「相対死の男申し訳立ち難く、相対死に極まり候故、今朝千日御仕置き場にて打ち首仰せ付けられ、墓所え御引き捨てに相成り候由」の届けがあり、「女の死骸掘り出し役人村の者え相渡し候様、男義は打ち首仰せ付けられ候由仰せ渡され、則ち掘り出し役人村え相渡し候」ということになり、同心が同行の上で従来通り「先格の通り灰置き場」へ「御捨」となった（『道頓堀非人関係文書』上　四八四頁）。

すなわち、「詮義」の間は女の死体を仮に「埋め置」いておいたが、生き残った男の詮議の結果、禁止されている「相対死」による死亡であることが確認されたため、死体を掘り出した上で改めて役人村へ渡し、灰置き場へ「御捨」することとなったのである。このことから、木下氏は相対死にあたっての役人村の担当は「取り捨て」に限り、死体の仮埋め掘り出し等の作業一切は三昧聖によって行われていたことを指摘されている。

それでは、なぜ一度は三昧聖によって埋められた死体が掘り出され、役人村の手によって改めて「取り捨て」されることになったのであろうか。

ここで注意しておきたいのは先の『摂津役人村文書』にはすべて「取り片付け」としてあるものの、実際には死体の処理の仕方には「取り片付け」「取り捨て」の二種類があるらしいことである。後述のように死罪・遠島以上の重罪が「取り捨て」、下手人・重追放以下が「取り片付け」と使い分けられている以上、全く同じものではあり得ない。ここに渡辺村の役と死体処理の関係を明らかにする手がかりがありそうである。

それでは、「取り片付け」と「取り捨て」について検討することにしよう。ここでは一度大坂を離れ、江戸に目を転じて見てみることにする。江戸の回向院の発掘事例などから詳細に江戸の葬送と墓制の実態を明らかにされた西木浩一氏（東京都公文書館　一九九九）によると、勘定奉行・町奉行を歴任した旗本の根岸鎮衛《やすもり》が書いた『耳嚢』という随筆に、男の放蕩によって遊女となっていたもと女房が、男が死んで「投げ込みとか言へる取捨て同様」の埋葬をされると聞き、女房が自分の年期を延ばし回向院の僧侶に埋葬を頼んだという話があることなどから、「取り捨て」は「投げ込み」と同様のものであるとし、江戸では「片付け」といえば回向院で埋葬され名前札という墓標が立てられていたが、「取り捨て」といわれる場合は深く埋葬することはせず、土をかける程度の埋葬であったことを明らかにしている。

ここで再び大坂に戻り、大坂の行き倒れ非人の死体が具体的にはどのように処理されていたのかを見ていくことにしよう。文久元年（一八六一）の史料では大坂での行き倒れの「非人」の死体については、「其の最寄りの墓所において兼ねて大穴掘り置き、非人番の者死骸持ち参り、則ち煙亡のものえ請け取り右大穴え投げ込み候」（『道頓堀非人関係文書』下　一八八頁）とある。すなわち、最寄りの墓地にあらかじめ「大穴」を掘っておいて、行き倒れの死体があれば非人番が死体を墓地まで運搬し、墓地で葬送をおこなう「煙亡」が死体を請け取り、穴へ「投げ込」むという埋葬法がとられていたことが知られるのである。この「投げ込」みという表現からは、穴こそ掘ってはいるが、棺桶等は使用しないで穴に死体を置き土をかける程度の極めて略式な埋葬法であったことが窺われる。

先程の江戸の事例をそのまま大坂に持ち込むことは注意が必要であるが、このような行き倒れの埋葬法は江戸の投げ込みと極めてよく似ているといえよう。

木下氏は「取り捨て」には、死体を捨て置く行為と土葬の二通りがあり、大坂の行き倒れ非人については「みせしめの対象としていたとは思われ」ないことや、埋葬の場所が市中の墓地であり、直接実行者が墓所聖であることなどから土葬されるとされているが、先の埋葬法が江戸の「取り捨て」と極めてよく似ていることから、大坂の行き倒れは「取り捨て」という簡便な埋葬法のことであると考えていいであろう。

それでは、もう一つの「取り片付け」とはどのように処理が行われるのであろうか。ここでは史料などから明らかにし得ないが、『徳川禁令考』後集第四（三〇七頁）には

明和九辰年六月四日
吟味中牢死溜死のもの死骸の事

（死罪
遠島）者　取り捨て

（下手人
重追放以下）　取り片付け

右の通り、一座において申し合わせ候事、

とあり、重罪が「取り捨て」でそれほどでない場合が「取り片付け」となっていることから、「投げ込み」同然の「取り捨て」とは厳密な使い分けがあり、おそらくは江戸の事例に見られるようなやや丁寧な埋葬が行われるのであろう。

なお、先の相対死にかかわる史料には、「先格の通り灰置場之御捨て」とあり、死体を「取り捨て」るための

場所がきまっており、それが千日墓所では「灰置き場」であったこともわかる。延享三年（一七四六）八月、乱心により親を殺し、自害した男の死体を同心が役人村の者に運ばせてきた際には、「御引き捨て仰せ付けられ候間、是まで相対死の死骸捨て候処え捨て候様仰せ付けられ、例の処え御捨て成され候てお帰り成され候」とある（『道頓堀非人関係文書』上　四九四頁）。すなわち、死体の「引き捨て」は、「例の処」と呼ばれる墓地に設置された火葬によって溜まった灰を捨てるための場所で「役人村」によって行われていたことが知られるのである。

また、死体の「取り捨て」は千日前以外でも、渡辺村に近い十三間堀川の西にある月正島でも行われたようである。相対死や刑死人の死体について「御問合之内三ヶ条大下書・御問合之内残り三ヶ条大下書」（「大坂町奉行所与力・同心勤方記録」『大阪市史史料』第四三輯）という史料には、

> 月正島と唱え、大坂川口に兼ねて空き地これ有り、右場所えすべて御仕置きの死骸は勿論、追放以上の罪極め候牢舎人牢死の死骸、又は相対死いたし跡、吊《(弔)》いのため取り捨てに相成り申さず候死骸等、右場所へ穢多共取り捨て候仕来りにこれ有り（後略）

とある。この史料からも渡辺村が死体の「取り捨て」を行っていたことが知られる。

こうして見たとき、再び先の表を見ると渡辺村が役として行う死体の処理は多くが「取り捨て」であることに気づくであろう。冒頭の『摂津役人村文書』では、すべて「取り片付け」となっているが、これは「役人村」側が提出した史料であり、用語を混乱して使用しているものと見てよいであろう。ちなみに寛保元年（一七四一）のこととして、「役人村」が刑死人の死体を持参し埋葬しようとした時の史料がある。渡辺村は死体を埋葬するように千日墓所の聖に言うが、刑死人の死体は「往古より墓所え埋め候儀は御座無く候」とし、訴え出たところ

従来通り「死罪の者死骸墓所え埋め申すべく様これなく候間、役人村の者共え相渡し候様」命じ、もし死体の引き取りを拒否するようなら「御番所え召し連れ罷り出候様」申し付けている（『道頓堀非人関係文書』上　四八一頁）。このことから刑死人の死体は墓地に埋葬することなく、渡辺村が処理することが通例となっていたことが知られる。そして、渡辺村が役目として、「取り捨て」を行っていたことを考えると、おそらくかかる「取り捨て」も木下氏が言われるように見せしめの意味も含めた刑罰の延長として考えることができるであろう。

また、千日の墓所聖は宗教者としての側面があり、彼らのかかわる死体処理には略式とはいえ何らかの宗教儀礼がともなっていた可能性があろう。一方、役人村の「取り捨て」の場合は宗教儀礼があったとは考えにくい。死者の供養と死後の追善を保証しない葬送、これが「取り捨て」であったのではないだろうか。牢死の場合、死骸は「引き捨て」とし、親類が死骸の引き取りを願い出ても「沙汰に及ばず」とあり、認められないことになっていた。それ故、どうしても引き取りを望む場合は、「捨て候を拾ひ候道理にて、穢多どもより貰い候」とあり、一度「捨て」た死体を「拾う」ということにして、かわた身分から死体を引き取っていたようである（「大坂三郷城代条目」）。事実、先の月正島での「取り捨て」の死体のなかには「吊《弔》いのため取り捨てに相成り申さず候死骸」が含まれている。これは「取り捨て」をされてからでは「吊《弔》い」ができないため、弔いのため一時的に「取り捨て」が行われなかった死体があったということであろう。

以上、先行研究に導かれながら役負担のなかでの渡辺村と大坂の墓地・死体処理について見てきた。これまでの研究で被差別民間の分業の様子が明らかにされてきたが、ここでは渡辺村の場合は死体処理のなかでも、ほぼ「取り捨て」に限って関与していたことを指摘できたのではないかと思う。つづいて次節では渡辺村の住民の葬送について具体的に見ていくことにしよう。

二　渡辺村と墓地

渡辺村は本書所載の寺木論文に明らかなように近世の初頭から数度の移転を繰り返し、現在の場所に移ってきた。それでは、渡辺村の墓地はどうなっていったのであろうか。

移転前の渡辺村の墓地について知ることのできる史料が元禄一二年（一六九九）に作成された「大坂濫觴書一件」である。ここには、近世はじめのこととして、

一、大阪市中所々これ在り候阿波座・三ツ寺村・上難波村・敷津村・渡辺村。津村の墓所は、以来下難波村墓所へ、千日聖どもに壱ヶ所にこれを蓉（容）れ、右五ヶ所の墓は取り払い候様仰せ付けられ、千日の聖六坊と相成り候事。（下略）

とある。ここからは大坂の市中にあった墓地を整理し、「津村」にあった墓地は下難波村支配の千日墓所と合わせ、渡辺村の墓地を含む他の墓地は「取り払」うよう命じられていたことがわかるであろう。この史料からは、墓地の取り払い当時の渡辺村がいったいどこにあったころのことなのか判然としないが、作成された時期などから考えると、おそらく下難波村領内にあったときのことではないかと思われる。後の大坂の事情などから考えると、大坂の人が亡くなるとこれらの墓地に埋葬されていたと考えられるが、渡辺村の人びともそのような墓地の一画に埋葬されていたと考えて大過ないであろう。しかし、この史料からわかるように近世のはじめに渡辺村の墓地は撤去されることとなる。そして間もなく、渡辺村自体が現在の木津村領内へ移転させられる。こうして、渡辺

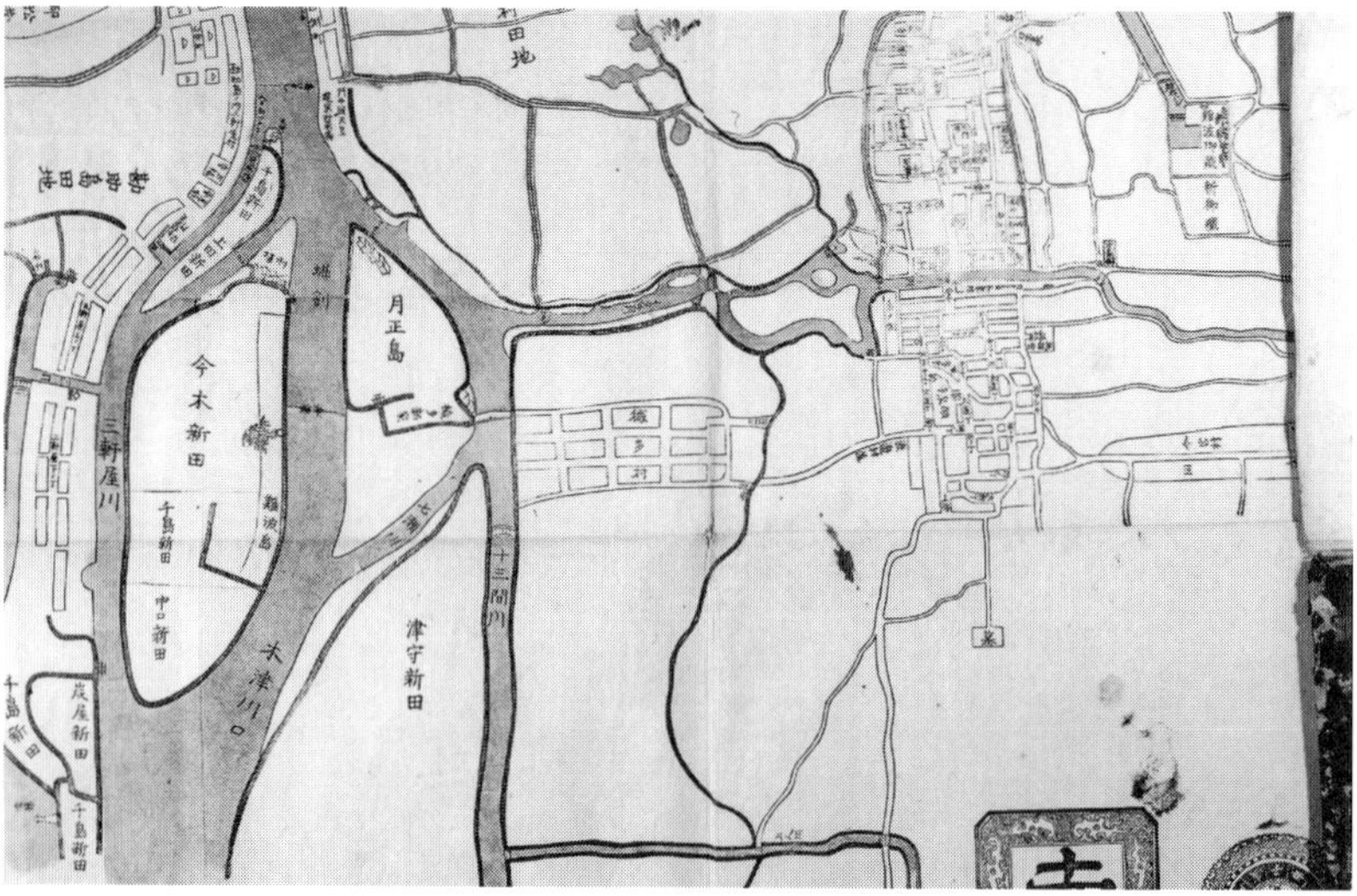

『増修改正摂州大坂地図』（大阪人権博物館蔵）

村は自分たちの墓地を失うことになったと考えられる。

それでは移転し、墓地を失った渡辺村の人びとはどこに埋葬されるようになったのであろうか。ここで近世の古地図を見てみることにしよう。これは移転後の渡辺村の様子を描いたもので、近世に出版された大坂の地図の中でももっとも詳しいといわれている『増修改正摂州大阪地図』である。十三間堀川の横に「穢多村」と身分名で描かれているのが渡辺村である。そのすぐ横に描かれた大きな集落が木津村で渡辺村の本村にあたる。この木津村のやや南に一本の道があり、その先に「墓」と書かれているのがわかるであろう。これは木津村が使用していた墓地であるが、他に墓地が見えないことから、おそらく渡辺村の人びともこの墓地に埋葬されていたと見てよいであろう。

それでは、ここでは如何に埋葬が行われていたのだろうか。「木津村文書」（大阪市史編纂所A15-1、大阪人権博物館）には次のような興味深い願書がある（村上 二〇〇〇）。やや長文ではあるが重要な史料なのでここでは全文を引用しておくこととする。

一、其の御村方墓所地面の傍らに前々より私ども焼き場借用罷り在り候処、是迄板塀にて度々風雨又は朽腐年々修復致さず候ては保ち難く甚だ難渋仕り、殊に板塀にては亡人焼き候節、大風等の節吹き散り荒れ候はば万一板塀へ火移り出火と相成り候ては御上様へ恐れ入り奉り、なお御村方対し申し訳これ無き次第存じ奉り候間、是まで焼き場間数にて柱立て間壁中ぬり塀にて御村方焼き場より何尺下げに普請仕りたく頼み奉り候。尤もこれ以後何事に寄らず重頭がましき儀決して致させ申すまじく候。尤も焼香場、礼場等の儀は御村方御場所借用仕り候儀につき、自然御村方野送り等差し合う節は差し控え決して重頭がましき儀は仕るまじく候間、何とぞ右の段お聞き届け下されたく願い奉り候。則ち別紙麁絵図相添え此の段願い上げ候。以上。

差し出し、宛名が書かれていないことや書き直しが見えることなどからは、この史料が下書きであることがわかる。作成された年代は明らかではないが、文字の書き方などから江戸時代後期のものとみて間違いなさそうである。この史料は、「御村方」つまり木津村の墓所にあった渡辺村の火葬場の修復の許可を本村の木津村に願い出た時のものなのである。

火葬場は周囲を壁で囲い、真ん中を少し掘りくぼめていて、そこで火葬をするようになっていることが多い。この史料からは、渡辺村の火葬場はそれまでは板塀であったが、長年使用しているうちに壊れてきており、板塀では火葬の時の火が風などで燃え移り火事になる恐れがあるので、火葬場を改修するにあたっては大きさはもとのままにして壁は火に強い塗り壁にさせてほしいと申し出ている。なお、別の史料（「木津村文書」大阪市史編纂所A15-2）によれば、その火葬場は東西三間、南北四間で、周囲を囲う塀の高さは五尺三寸で、棟には瓦が葺いてあったようである。

ここで願い書きの後半を見てみることにしよう。「御村方焼き場より何尺下げに普請仕りたく」とある。これは木津村の火葬場よりも何尺か低くして工事をすることを約束しているのである。つまり、本村の木津村は渡辺村とは別の火葬場を持っていたこと、そしてそれは渡辺村よりも少し高い位置にあったことがわかるであろう。もう少し、史料を読んでいくことにしよう。「尤も焼香場、礼場等の儀は御村方御場所借用仕り候儀につき、自然御村方野送り等差し合う節は差し控え」るとある。すなわち、墓地で埋葬するときに参列者が焼香をするための焼香場と葬送の儀礼をする礼場は木津村の施設を借りていて、もし木津村の野辺送り、つまり葬式があったときは「差し控え」て失礼のないようにする、と約束しているのである。渡辺村の墓地は過去に撤去され、村が移転させられたために木津村の墓地の一画を使用しているので、葬送にあたってもとからあった焼香場や礼場を使うのは当然であるといえよう。とはいえ、木津村の葬送があった場合は一方的に渡辺村の側が「差し控え」るというのは、本村が渡辺村に対して高圧的な態度に出ていたことの現れといえる。

それより、なによりも奇妙なのは同じ墓地に木津村の火葬場と渡辺村の火葬場の二つがあったということである。同じ墓地でなぜ二つも火葬場が必要なのだろうか。焼香場や礼場を共同で利用しているなら、火葬場も一緒に使う方が無駄がないと思われる。この事実の背景にあるのは、木津村の渡辺村に対する差別意識ではないだろうか。地域によっては「別火」といって、葬式を行った「喪中」の人とは同じ火を使わないという風習のあるところがある。村の集会でも同じ囲炉裏を使わなかったり、時には煙草の火も喪が明けるまではその人からはもらわないという。これは火が「穢れている」と考えられているからである。そういう意識・考え方があったことを考えあわせれば、火葬場を共用しないのも、おそらくこの「穢れた火」という意識が背景にあるのではないかと考えられる。つまり、木津村の人びとは決して渡辺村の人びとと同じ火葬場を使用し、同じ火で火葬されることを望まなかったのであろう。いずれにせよ、このような葬送という誰もが経験する儀礼の中において火葬場の使い分けが行われているということは、葬送が行われるたびに木津村・渡辺村との権力関係を否応なく相互に再確認することとなったであろう。

それでは、次に渡辺村に住んでいた人の葬送について見ていくことにしよう。実は、渡辺村の住人の葬送に関する史料はほとんど残っていない。今、残っている渡辺村関係の文書がすべて渡辺村を支配していた木津村に残されている資料であったことがその大きな理由であるといえる。木津村は支配という立場で渡辺村とかかわっていたため事件や訴訟などの資料は残しているが、日常の生活までは資料として残っていないのである。ここで紹介する資料はわずかに『摂津役人村文書』に記されたものである。

恐れ乍ら書き付けを以て御訴訟申し上げ候

役人村中之町

尼崎屋九郎左衛門借家

池田屋平七

病気につき

代　長兵衛

一、私同家倅和吉・捨松同道にて、昨二十七日九ツ時頃、居村より四、五丁ばかり西手、字存ぜず、木津川通り堤へ菜摘みに参り、捨松もすべり込みはまり候由、和吉駈け戻り相知らせ候に付き、私右場所へ駈け付け候えども、死骸相見え申さず候につき、右の段家主より昨日御訴訟申し上げ奉り、川中死骸相尋ね申したき旨願い上げ奉り候処、勝手に尋ね申すべき旨仰せ付けさせられ、有り難く存じ奉り相尋ね候処、今八ツ前はまり候場所より二、三丁ばかり川下手にて、死骸上がり候に付き、御訴訟申し上げ奉り候、尤も捨松はまり候儀、和吉見届け帰り候儀故、外へ対し聊か申し分御座なく候間、何卒御慈悲の上、死骸下し置かせられ候はば、葬り遣わし申したく願い上げ奉り候、尤も私ともの外親類一切御座なく候、以上時

安永三年午四月二十八日　池田屋　平七

（以下略）

これは、渡辺村の池田屋平七という人物の息子、捨松が川に転落した事件にかかわる資料である。流されたのか死体が発見できなかったので、死体捜索を願い出たところ、「死骸勝手に尋ぬべく候」と許可が出たので探してみたところ、転落した地点から約二、三丁（二〇〇～三〇〇メートル）下流で死体が見つかったということである。そこで、公儀に対して「死体をお返し下さり、埋葬をさせてください」と願い出たものである。

ここでは、渡辺村の少年が死亡したにもかかわらず、死体の下げ渡しを申請し、埋葬も許可を得てから行う必要があったことが知られる。死体が転落死という自然死でなかったためとも考えられるが、川に転落していた様子を目撃した人物もおり、変死と判断される可能性は低く、すぐに埋葬できなかったのは不審といわざるをえない。あるいは、身分によって死体の取り扱いに違いがあった可能性もあるのではないであろうか。しかしながら、関連史料がなくこれ以上は明らかにし得ない。今後の課題としておくこととしよう。

おわりに

以上、不十分ながら墓地・葬送と渡辺村について見てきた。渡辺村は役負担と日常生活の両面で死体・墓地と

のかかわりをもっていた。役負担の面では火葬や土葬については墓所聖が行っていたが、変死や牢死などの死体について「取り捨て」と言われる穴に「投げ込み」土をかけるだけの簡便な葬送について担当していた。一方、日常の葬送に関しては、木津村の墓地の一画を使っていたようであるが、火葬場は木津村と別の渡辺村独自のものを使用していた。おそらくこれは「火の穢れ」を忌む木津村側の意識によるものであろうとおもわれる。

ここでは事実関係を明らかにするにとどまり、その背景にある支配の構造、地域社会のなかの意識について踏み込むことはできなかった。また、大坂の他のかわた村の墓地・葬送については充分言及できなかった。これらについては今後の課題としたい。

[引用文献]

「大坂濫觴書一件」『大阪市史』第五巻、清文堂出版。

岡本良一・内田九州男『道頓堀非人関係文書』上・下、清文堂出版、一九七四年、一九八一年。

「御問合之内三ヶ条大下書　御問合之内残り三ヶ条大下書」大阪市史編纂所「大坂町奉行所与力・同心勤方記録」『大阪市史史料』第四三輯、大阪市史料調査会、一九九五年。

野高宏之「江戸時代中期の大坂東町奉行所当番所史料」『大阪の歴史』第四四号、一九九五年三月。

盛田嘉徳『摂津役人村文書』大阪市浪速同和教育推進協議会、一九七〇年。

[参考文献]

木下光生「近世大坂における墓所聖と葬送・諸死体処理」『日本史研究』四三五号、一九九八年一一月。

東京都公文書館編、西木浩一執筆『都史紀要三七　江戸の葬送墓制』東京都制作報道室都民の声情報公開室、一九九九年。

細川涼一編『三昧聖の研究』碩文社、二〇〇一年。

村上紀夫「渡辺村の墓所と火屋に関する史料」『大阪人権博物館紀要』第四号、二〇〇〇年一二月。

第4章

「渡辺村真宗史」に向けての覚書

左右田昌幸
Sauda Masayuki

はじめに

表題に掲げた「渡辺村真宗史」というテーマにおいては、それに相応しいどのような論点が考えられるだろうか。ごく単純には、近世の渡辺村に開創された四カ寺と門徒それぞれの歴史的な「歩み」の解明ということになるだろう。しかし、歴史的な「歩み」といっても、それを「渡辺村における真宗の歴史像」などという多少なりとも研究的に表現してみると、その中味についてさまざまな論点が浮上してくる。一般論的ではあるが、思いつくままアットランダムに提示してみよう。

一、真宗信仰の受容から始まって惣道場・寺院の成立。二、村持ち・門徒持ち道場・寺院の維持運営のあり方。三、門徒の真宗信仰の内実。四、門徒の日常生活における真宗という宗教の現れ方、生活意識面への影響。五、生業において渡辺村の真宗寺院の門徒であることとの影響。六、寺院が複数存在することの意味。そのことの村内の政治状況との関連。七、惣道場の雇われ住職たる看坊の継職の実体。八、看坊と門徒との関係の実体。九、門徒レベル・寺院レベルでの他の地域・寺院との関係。一〇、本山に対しては幕末期に至ってもなお「船場町」や「西木津村」と地名表記することなどに見られる門徒の地域認識の問題。一一、教団制度上の差別を受けつつ真宗寺院・門徒であり続けることの歴史的意味、また差別しつつ教団に包摂し続ける教団や本山との関係、などなど挙げ出すときりがなくなる。さらにそれらを枠づける教団制度、その上位権力である幕府レベルにおける「穢寺」の位置づけや視線の問題、などなど。論点を細分化して挙げていけば本当にきりがなくなる。

しかし、これまで筆者がノロノロとした速度で歩んできた近世の部落における真宗寺院のあり方の研究から、一般論として取り出せる論点をいくら列挙してみても、残念ながら研究は史料の残存状況・発掘状況に規定されてしまうわけで、現状で筆者が把握できている本山側のわずかばかりの史料では、右の論点のいくつかの表面に触れることしかできない。ただ、全国的なレベルで部落における真宗の研究という面で考えると渡辺村の場合は、在地の史料の発掘が進み（「木津村文書」）、本山側の史料も本原稿を執筆時点でも筆者が未見の史料が少しずつではあるが発掘されているため、今後は京都の崇仁地区と同じレベル程度には真宗研究を進められる可能性が生まれつつあるとはいえるだろう。真宗研究において崇仁地区と浪速地区との最大の違いは、崇仁地区においては地区内にかつて存在した八カ寺の内、少なくとも四カ寺についてはかなり徹底した寺院調査が実施でき、少ないながらも在地の真宗史料を発掘できた点であろう（四カ寺の地区外移転が完了していると聞く浪速地区においても、今からでも遅くないので、ぜひ組織的な寺院調査を期待したい）。

以上のような次第で、本稿は二、三の史料から渡辺村の真宗に関して、前記した論点のいくつかの表面をなでてみることしかできない（以下、本山の記載については正式には浄土真宗本願寺派本願寺、通称で西本願寺、本派本願寺とも略称されるが、本稿では真宗大谷派の寺院は登場しないので、たんに本願寺と記す）。

一　本山本願寺と渡辺村の真宗寺院

まず、幕末期の渡辺村に存在した寺院を確認しておこう。徳浄寺・正宣寺・阿弥陀寺・順正寺の四カ寺である。寺院調査によって各寺が本願寺より下付された親鸞・蓮如以下の本願寺歴代宗主の絵像や太子七高僧絵像、木仏寺号、道場本尊たる阿弥陀如来絵像などの各裏書が確認できれば願主名として記載される法名から各寺院の歴代看坊名や寄進者がいればその名前、本堂内の荘厳の歴史的な進展状況など、寺院の基本的な歩みの一端が簡単に明らかになるのだが、今は「無い物ねだり」なので、「五畿内穢寺下帳」（杉本昭典「史料紹介穢寺帳」『仏教と社会』

永田文昌堂、一九九〇年）によって各寺の概要を示しておこう。

先ずは徳浄寺について。木仏（本尊）の下付が、享保三年（一七一八）一〇月。上寺万宣寺からの離末が弘化二年（一八四五）正月。「五畿内穢寺下帳」が成立したと考えられる天保末から弘化初期の時点では惣道場で、その時の看坊は諦順。寛政三年（一七九二）一二月に順了が自剃刀を許されている。

次いで正宣寺について。徳浄寺と同じく惣道場。木仏の下付が元和九年（一六二三）九月。天和三年（一六八三）四月に寺号を許され、文化六年（一八〇九）一二月に上寺万宣寺より離末。寛政三年一〇月に恵見が、文化六年一一月に看坊恵観が、文政八年に看坊恵由が、それぞれ自剃刀を許されている。順正寺は、文化一四年（一八一七）一二月に木仏寺号を恵正が許され、同時に自剃刀も許されている。寺院の形態としては、徳浄寺寺中とあるので徳浄寺の境内に小規模の建物か部屋を与えられ、日常的な宗教行事を徳浄寺に代わって執り行っていたのではないかと思われるが、史料的には「五畿内穢寺下帳」でしか確認できず、実体は不明である。ただ、大正一一年に刊行された『大阪府誌』には「西浜北通四丁目にあり」とあって、徳浄寺（西浜南通三丁目）の境内を離れ、この頃までには独立していたことは間違いない。最後に阿弥陀寺であるが、同寺は「五畿内穢寺下帳」の成立以降に、徳浄寺より分立した寺院（後述）であるので、同下帳には記載がない。

ところで、幕末期の摂河泉において真宗の本山本願寺が把握していた部落寺院の数は、本願寺自身が書き残した嘉永七年（一八五四）の年紀を持つ「御末寺惣計取調書」（以下、史料は特に注記しない限りすべて本願寺史料研究所保管西本願寺文書）によれば河内国で一三カ寺、和泉国で九カ寺、摂津国で七三カ寺を数えた。一方、現在は所在不明が本願寺の公式見解となっている天保末期から弘化期に成立した「五畿内穢寺下帳」によれば、摂津国には三二の地区に三五カ寺、河内国に一一地区に一一カ寺、和泉国に九地区に九カ寺が記録されている。いずれの史料も本願寺自身によって作成されたものであるが、本願寺に「穢寺」として把握されたその部落寺院数の差は四〇カ寺にも及んでいる。この差をどのように理解すればいいのかという問題は、近世の本願寺教団制度における部落寺院のあり方やその全体の歴史像構築にとって大きな存在である。論証抜きで筆者の見解を記しておけば、近世の本願寺教団の末寺組織の統制が、一般的に非常にヒエラルキッシュで厳しいものであったというイメージから想像される事態に反して、実は京都に存在する本山にとって、各在地に存在する部落の末寺を個別に各寺毎に直接的には把握・統制できていなかったことを示している（末寺の把握・統制は直接的には上寺・中本山が行う）。これは何も部落寺院に限ったことではなく、その他の末寺においても事態は同様である。徳浄寺・正宣寺に関しても先に寺院の概要を示す史料として使用した「五畿内穢寺下帳」は、東成郡と西成郡の両方に記載し、移転以前の両寺と渡辺村への移転後の両寺を混同しているようないい加減さである。

　しかし、近世後期の渡辺村の末寺に関しては、例外とまで言うのは言い過ぎとしても、本願寺にとって非常に大きな存在であった。近世後期より「四ケ之本寺」と他称されて、部落寺院のみを末寺として京都の本山寺内町のなかやその飛び地に寺基が存在した金福寺・万宣寺・福専寺・教徳寺に匹敵する寺院として認識されていた。そのような本山側の認識を成立させた最大の要因は、渡辺村の寺院が持っていた経済力である。ただし、渡辺村の寺院に対する認識の高さといっても、それは徹頭徹尾、経済面（つまり本山に対する報謝行としてどれくらいの金銭を上納できるか）に限定されていたと思われる。経済力以外の面での認識は「元来彼者人我強情ニ而毎々種々異変申出候間信用者難相成」（「大坂諸記」五四番帳、安政四年四月一五日条）というものであった。

　本願寺への「報謝行」の根拠となる経済力に関する史料を提示してみよう。初めは「諸国江遣書状留」享保一一年（一七二六）二月一一日条（史料一）、二つ目は同書状留の享保二〇年（一七三五）閏三月一一日条（史料二）。

史料一（「諸国江遣書状留」享保一一年二月一一日条）

一筆令申候、先以御――、然者先達而正光寺差下御用銀取替之義令相談候処不調ニ付、正光寺罷登り候、何分此度之御事ニ候間、各立合被申御用達候様ニ可被相働候、為其又々正光寺差下候、不宣

二月十一日　三人

木津
徳浄寺
門徒中

追々金五百両相調候様ニ可被相働候、以上

右同文言而

木津
正宣寺
門徒中　三人

史料二（「諸国江遣書状留」享保二〇年閏三月一一日条）

端書無之

一筆令申候、先以――、然者今般城州山科御坊御造立之処、過般御出来ニ候得共、未御成就無之候、依之助力之義御頼被仰出候条、各御為宜心遣尤之事ニ候、不宣

閏三月十一日　三人

摂州渡辺村
徳浄寺

正宣寺

年寄　讃岐屋仁兵衛

豊後屋喜左衛門

岸部屋久左衛門

河内屋吉兵衛

惣門徒中

史料一は、当時の本願寺で何のための御用金かは不明ながら、徳浄寺と正宣寺に各五百両ずつの調達が本願寺より指令されていることが判る。二カ寺で合計一千両もの大金の御用金調達を指令した本願寺が、両寺に対する何の認識もなく闇雲に指令したはずはなく、両寺の経済的な能力を考えてのことであったはずである。史料二は、そもそも、享保一七年（一七三二）に京都の北山御坊本堂を山科御坊本堂のために移築し、山科御坊の再建をするための工事が開始され、京都周辺の部落寺院・門徒の人足総動員で行われたにもかかわらず工事が難航し、金福寺下の丹波の部落寺院や万宣寺下・播磨国源正寺下の寺院にも懇志上納の助力が命じられたがそれでも完成せず、徳浄寺と正宣寺に助力を本願寺が依頼した時の史料である。助力の冥加金額は不明ながら、経済的に困った時には渡辺村の徳浄寺・正宣寺という本願寺の意識を読み込むことができるであろう。これ以上の例示は差し控えるが、この両寺に関する本願寺側の史料には、このような形態の本山に対する「報謝行」＝物的・金銭的な上納に関するものが多く、「報謝行」の対象は本願寺だけでなく、津村御坊や本末関係にはない摂津富田本照寺にも及んでいた。ここで誤解のないように記しておきたいことがある。ここまでの記述で徳浄寺・正宣寺の経済力と単純に記してきたが、両寺はともに惣道場である。道場で宗教的な差配を行うのは一種の雇われ住職たる看坊にすぎない。惣道場の運営権・管理権・後継看坊継職の決定権は門徒団が持っている。寺院（両寺の場合は、在地の真宗においては一般的な形態である寺号を持った惣道場）の経済力といっても両寺の看坊が自由にできる可処分資産として蓄えがあるというものではなく、なにをおいても門徒惣代を中心とした門徒団より上納される懇志こそがその実体であり、言いかえれば渡辺村を構成する村人＝門徒の経済力だという点である。この経済力は、徳浄寺・正宣寺が本願寺に対してさまざまな要求を出す時に「報謝」実績としての機能を果たすことになる。

さらに、注意しておきたい点は、このような「報謝行」を理解するのに、本願寺によるイデオロギーとしての真宗を基礎とした徹底した経済的な収奪という面からのみ解釈する立場でいいのかどうかということである。先にアットランダムに提示した論点の一一番目に、「教団制度上の差別を受けつつ真宗寺院・門徒であり続けることの歴史的意味、また差別しつつ教団に包摂し続ける教団や本山との関係」と書いたが、この論点に正当性が認められるとすると、筆者からすれば部落の門徒の側の「主体的」な「真宗信仰」の存在を認めるということを意味している。筆者は、あくまで部落の門徒をカギ括弧を必要とするものの「主体的」（イデオロギー性を全面的には否定はしないという意味でカギ括弧）な「真宗信仰」（真宗の原理的な本質からの乖離を想定してのカギ括弧）を持った真宗門徒として捉えたいと考えている。

二　周辺の部落寺院との関係

一方、徳浄寺・正宣寺の経済力は、「報謝行」の見返りとして本願寺より下付される諸種の免物類によって、周辺の部落寺院に対して特権意識をも発生させることになる。一例だけ史料を提示しておきたい。

史料三（留役所「大坂諸記」五九番帳。安政五年三月条）

乍恐以書附奉歎願候口上

河州丹北郡更池村称名寺江此度色衣御免被為遊、当時着用仕居候、右ニ付私共手次徳浄寺義も右称名寺色目相違御座候へ共、類寺於者官位不及申御殿於而御用ヒ無之色衣ニ御座候、何れ之方上席相成ニ而何れ之方下輩候哉、其次第不同御座候、尤三官衆中着用色衣同色ニ御座候得ハ、双方之内此方院家之色衣、彼方余間之着用与、其次第明白ニ御座候、御用ヒ外色衣与申事ニ御座候故、是又席も同列仕候、左候而者同寺同様成行候事、一統歎敷奉存候、尚又手次徳浄寺義津村御坊所最寄之義ニ付、御免無之事ニ候而決而上席不仕候へ共、類寺共其差別無御座、猥ニ上席仕者も数多有之候、何卒此段御賢察被為成下候ハ、難有奉存候

一御本山御取扱之義、往古ゟ徳浄寺義外村方与者格別被為成下難在奉存候、尤先年ゟ身分過候御馳走も奉成上居候、尚又信恵院様御代ゟ住職江御免物数々被仰付、弥難在奉存罷在候所、此度更池村同様ニ成行候義、実ニ歎敷仕合ニ奉存候、往古ゟ当今ニ至迄忠誠尽し候義水之泡与相成、末々迄日夜愁歎仕居候、尤河州向井之村・更池村右両村之義者屠者村与申、近国類稀成下村ニ而御座候処、右様御免相成候義、甚以不審ニ奉存候、只今ニ而者上納金取集義も夫故兼々六ケ敷、気辺破候段重々歎敷奉存候、仍之此段以書附ヲ奉言上候

安政五午年三月　　大坂船場町

徳浄寺門徒惣代

奈良屋新助

岸辺屋伝兵衛

島田左兵衛権大尉様

右徳浄寺門徒歎願之通、私共手次正宣寺恵由江先年色衣御免被仰付難在奉存候、二代共御沙汰無之内、更池村江御免ニ相成候段、幾重ニも歎敷奉存候、仍之調印仕候、以上

安政五午年三月　大坂船場町

正宣寺門徒

大和屋吉郎兵衛

池田屋利兵衛

島田左兵衛権大尉様

徳浄寺門徒としてみると、部落寺院の場合は色衣着用を許されても「御殿」での着用はもともと許されていないので、部落の寺院が集まる時にいずれが上席・下席ということはないが、しかし徳浄寺は「院家之色衣」であり、河内国更池村称名寺が着用を許された色衣は「余間之着用」の色衣であり、「猥ニ上席仕者も数多有之候」という事態が発生することに優越感の危機を感じて、暗に称名寺の色衣着用許可の取り消しを求めている史料として読める。正宣寺門徒も、正宣寺の看坊恵正には先年より願い出ているにもかかわらず許可されず、称名寺に許可されたことにより、面子が潰れた状態になり、徳浄寺門徒と呼応して本願寺に抗議の口上を提出しているということであろう。注意して欲しいのは、いずれも寺院としての行動ではなく、門徒の行動であることである。色衣を着用するのは両惣道場の看坊であっても、先に少し説明した惣道場という存在の性格からして、他の惣道場の看坊の着座位置における上座下座関係が惣道場の寺院としての格を儀式に出席している門徒に一目瞭然として視覚的に表現することになり、他の部落の門徒に対する優越意識・劣等意識を表現することになってしまうの

である。徳浄寺の門徒惣代奈良屋新助・岸部屋伝兵衛らは、徳浄寺を「類寺首座」であり「外類村類寺ニ混シ候様成行候」ては嘆かわしい（留役所「大坂諸記」五九番帳、安政五年六月二五日条）と認識しており、部落寺院のトップの寺院の門徒である自分たちも、門徒としての「格」が一段高いと認識していたのであろう。だがことは真宗という宗教が目に見える場面で、宗教的な世界のみにおける上下関係の問題ではないだろう。日常的な生活や生業の面に微妙に優越をもたらすことにもつながっていたと考えているのだが、宗教的な面と日常的な面をつなぐ都合のいい史料を見いだせないでいる。

さらに衝撃的なのは史料の後段であろう。後段からは先に記した本山への「報謝行」とその見返りとして許される諸種の免物類下付が他の部落や寺院に対する優越意識の根拠となっていることが明確であるし、その優越意識が「河州向井之村・更池村右両村之義者屠者村与申、近国類稀成下村ニ而御座候」という、あたかも部落以外の村が被差別部落を差別して行う表現かと見まがうばかりの表現となっている（両村において生き牛の屠畜をともなう食肉業が成立していたことも大きな影響があったはずというご教示を臼井寿光氏から頂戴している）。

史料三に見られるような徳浄寺・正宣寺門徒の優越感は、門徒の日常的な生業で関係を持つ他の部落の門徒や寺院に対しては、威圧的なものとして感じられており反発を招いていたのではないかと想像される。たとえば次のような史料を見いだすことができる。

史料四（留役所「摂津諸記」一二三番帳、天保一四年一〇月二〇日条）

十月廿日

一来書　　北在方
　　　　　法中

門徒中

然者大坂西木津徳浄寺・正宣寺両寺之内、此度大坂北在方類村寺々巡寺被仰付趣承り候、左ニ相成候而者
一統不承知ニ御座候間、前々ニ申上候かへてこんさついたし候間、御承知可被下候、以上

十月日

下間様

島田様

光伝寺様

鋏(瑛カ)光寺様

部落寺院やその門徒の真宗信仰の原理的な部分が、近世の本願寺自身が普通に日常的に説いた阿弥陀如来の慈悲による来世往生の平等という部分にあったとするなら、徳浄寺・正宣寺の優越感に対するその他の部落寺院や門徒の反発は当然、発生するべくして発生したものと考えられる。近世後期にもなると部落寺院・門徒が、本山の教団制度上の差別的な取り扱いに対する反論として、阿弥陀如来の慈悲による来世往生の平等という点を根拠とすることはさほど珍しいことではなくなっているだけになおさらである。

部落の真宗門徒といった場合、真宗という宗教にかかわる面でのみで「真宗門徒」であったのだろうか。そのような純粋「真宗門徒」は、研究上において真宗関係の史料から抽象されてきたある意味で観念的な存在にすぎない。かつては「堕落仏教」とまでいわれるほど世俗化していた真宗である。ならばこそ、「真宗」という宗教は、部落門徒の日常的な生活意識と密接に相互規定的に存在していたはずである。同じ「真宗門徒」として本願寺から特別扱いされる寺院の門徒であるという意識が、研究上は「真宗」という宗教の世界とはかけ離れ、史料的に

も「真宗」の「し」の字も出てこない生業に関する世界にも、微妙に影響を与えていたのではないかと想定されるのである。しかし、筆者にとって一般論として言うのは易く、史料的な根拠を持ってその歴史像を提示するのは困難を極める課題である。

三　徳浄寺の分立（阿弥陀寺の成立）

さて、これまでの記述が、どちらかと言えば本山の本願寺や他の部落との関係にかかわる問題であったが、次は村内の政治に直接的にかかわる「渡辺村真宗史」にとって一つの焦点となる大きな問題である。

近世の渡辺村には徳浄寺と正宣寺という村内に大きな勢力を持った二つの寺院が、村内の門徒によって維持されていたことが端的に現すように、決して渡辺村が村として一枚岩であったわけではない。一つの部落に複数の真宗寺院（大谷派の寺院も含めた場合）の存在という事態は、畿内の部落の場合それほど珍しいというわけではないが、部落の来歴を考える場合に一つの問題を投げかけることは間違いない。村の成り立ちからして、そもそも別の真宗門徒の集団が、合同して一つの集団として新たな村を形成したことの反映かなどと想像を逞しくしたくなるのだ。これは可能性に留まる。渡辺村の場合も、その点が解明される可能性はほとんどないと予想される。さらに、一つの寺・惣道場を維持・管理・運営する門徒団の内部も決して一枚岩ではなかった。渡辺村の北之町・南之町・十軒町・八軒町・新屋敷町の惣道場であった徳浄寺から阿弥陀寺が分立するという事態が、そのことを端的に示している（正宣寺は中之町の惣道場）。この問題に関しては、留役所「摂津諸記」・留役所「大坂諸記」にある程度まとまった記述が残っているため、かえって特にこの史料をと選択してここで提示することは難しい。筆者の史料の読み込みも不十分な段階であるので、把握できた限りでの経過を簡略に示してみよう。

徳浄寺了忍は万延元年（一八六〇）四月に「格別之沙汰」により本願寺より自庵を許される。了忍は渡辺村有力皮革問屋で徳浄寺の門徒惣代の一人であった播磨屋五兵衛の子どもであった。しかし、一〇月に了忍は病気のため「退身」を願い出る。惣道場が自庵化するということは後継住職の決定権を徳浄寺の住職家自身が持つことを意味するが、了忍と播磨屋五兵衛が父子関係にあることからすれば、播磨屋そのものが住職家でもあることになり、寺院運営・管理において北之町の播磨屋五兵衛の力が他の門徒惣代を圧倒する可能性を浮上させることになる。ここで同じく門徒惣代の一人であった奈良屋新助らを中心として徳浄寺了忍に対する不帰依運動（内実は反播磨屋五兵衛運動）が発生する。この対立の背景には、不帰依運動の表面には明確に登場しないのだが大和屋又兵衛と徳浄寺老僧が主導して、安政四年（一八五七）秋に本願寺に対して二〇〇〇両の上納を承諾したものの、播磨屋との軋轢から上納を取り下げるという事件が背景の一つになっていたと思われる。

不帰依運動の発生した翌年の文久元年（一八六一）八月に本願寺は、徳浄寺の自庵化に反対の門徒を従来通り「村道場」門徒に差し置き、播磨屋五兵衛ほか一八〇人の自庵化推進門徒を津村御坊直門徒に引き上げる。さらに徳浄寺了忍自身には「四ケ之本寺」格として、京都の金福寺・万宣寺・福専寺・教徳寺のいずれかの「四ケ之本寺」が空き寺になった時は、その寺院への入寺を申付ける。しかし、京都の六条村・銭座跡村を初め「四ケ之本寺」の末寺・門徒の非常に強力な反対運動などもあり了忍の行き所がなくなり、文久二年五月播磨屋五兵衛とその息子了忍に付き従って津村御坊直門徒に引き上げられていた門徒が本願寺に「村中出張之場所」設置を願い出る。それに対して津村御坊が窓口となり大坂西町奉行所松平大隅守役所と交渉を進め、播磨屋五兵衛の献上した皮干し場の地所に津村御坊の出張所という名目で建家を建築することに成功する。そして文久三年一一月には門徒が本尊である木仏（本尊）・信明院（本如）御影・太子七高僧御影などの下付を願い、了忍が寺号を本願寺に願い出て認められて成立したのが阿弥陀寺である。

事件そのものは徳浄寺を舞台とした門徒同士の勢力争い、いわゆる寺争論なのだが、この事件は播磨屋五兵衛・了忍に付き従い阿弥陀寺門徒となった人々と、徳浄寺の自庵化（住職持ちの寺院化）に反対した門徒を、この時期の渡辺村の階層分化の状況を参照基準にして位置づけないと、正確な分析はできないだろう。たんに徳浄寺における寺院運営上の宗教的な優位性が争われたわけではないことは間違いない。問題は門徒として所属する寺院におけるヘゲモニーを確立することが、村内の有力層でもあった門徒にとって宗教的な側面以外で具体的にどのような意味を持っていたのかということであるのだが、残念ながら筆者には在地の史料と本願寺に残存している史料をリンクさせて読み込むことができていない。

問題を対本願寺関係という面に絞れば、もう少しだけ具体的な問題点を取り出すことができる。

この徳浄寺門徒が二分し阿弥陀寺が分立するということは、本願寺にとっても大きな事件であった。その点は、了忍を「四ケ之本寺」格に任命し「四ケ之本寺」への入寺を命じたことや、津村御坊出張所として阿弥陀寺の創建を認めたことに顕著に現れている。幕府が倒されようとする混乱のなかで、慶応四年（一八六八）正月には津村御坊の法物類が兵火を避けて阿弥陀寺に一時避難するという事態も起こった。少し長くなるが最後にもう一点だけ史料を提示しておきたい。

史料五（留役所「大坂諸記」九七番帳、慶応四年二月一〇日条）

以剪紙申上候、然者過月当御坊所五尊并御法物類、其外御用物等御立除被為在候次第委曲言上仕置候通ニ而、当度之義者非常与ハ乍申兵火ニ付、誰壱人も駈付候者無之所、早速西木津村ゟ多人数駈付来、右御品々持運候勢ひ実ニ不惜身命働感心之次第ニ有之候、猶又御出張所阿弥陀寺ニおゐて無御拠四日ゟ十六日迄数日御立除御滞留ニ相成、御家中家族之者も差向立退場所も無之ニ付、御供致し同所ニ而止宿世話ニ相成候処、

手厚御崇敬申上候段、御高徳之御義与一同難有奉存候、就右奉恐入候得共同寺義従来懇願之義ニ御座候ニ付、何卒御額字拝領被仰付被成候ハヽ、難有可奉存、併御出張所江右御品御下ケ之義御差支も御座候ハヽ、当御坊所江御下ケ被成下候上御坊より御附与与申次第ニ仕度奉存候、何共過当之義、且御染筆重々奉恐入候得共、右様被成下置候ハヽ、可願義ニ無之候得共、何分当今之時勢何時変事出来も難計候ニ付、其節之御用弁御都合ニ相成候間、右御憐計を以被成下置候様奉願上候

（朱筆付箋）「津村御坊御出張所ニ付同所江御下、御坊ゟ附与之次第ニ相成候而可然存候」

阿弥陀寺頭門徒
播磨屋五兵衛

一旅用　二寸六字尊号

同人義、格別御世話申上候義ニ付奉恐入候得共被下候様奉願上度、併御品柄御差支被為在候ハヽ、外品ニ而も奉願度

一伊丹酒　一樽　同寺
鯣　五十抱　門徒中

一右同品　正宣寺
并門徒中

但し、徳浄寺門徒義者公儀人足ニ被取候ニ付、駆付不申ニ付被下ハ不願候

一扇子　五本　木津
輪袈裟　一筋　願泉寺

右者先例御立除場所ニ付、初日与十六日・十七日両日御滞留ニ付、御守護之人数世話致し候ニ付、右被下奉願候

一伊丹酒　弐斗　同寺
鰑　五十抱　人馬講
御出入之節人夫御馳走申上候ニ付、被下奉願候
右之通被成下置候ハヽ、難有奉存候、此段奉願上候、宜敷御慈計之程偏ニ奉希候、先者右申上度如斯御座候、以五
（朱筆付箋）「巳上五点伺通可然存候」
二月十日　秋田修理
下間大蔵卿法眼様
猶々、本文ニ願上候御酒・鰑之義者過日積登申儀被仰越候御境内町人共より仁和寺宮様江献上可相成筈之処、不能其儀今以御場所ニ預り有之品之内ニ有之候、此品御本殿江献上候哉、右を以被下候ハヽ、御費も相省、重畳ニ乍恐奉存候ニ付奉願候義ニ御座候、右様不相成候ハヽ、松風与歟外品ニ而奉願度候、何分宜敷奉願上候、以上
（朱筆付箋）「今夜船ニ而御境内町人右一条ニ付、町奉行添状持参罷下候間、於其地引合可致候事」

明治維新の混乱した状況のなか、津村御坊自身も「無御拠」と言いつつも正月四日から一六日まで、津村御坊の本尊以下の法宝物とともに御坊の寺務職員たる「御家中家族之者」までが阿弥陀寺に避難し、手厚い保護を受けたというのである。本来、避難所として指定されていたのは渡辺村の本村の木津村願泉寺であった。津村御坊の防災に駆け付ける渡辺村門徒の姿はこれ以前にも史料的に捉えることができるが、今回は非常事態の兵火に津村御坊守護に駆け付ける門徒は渡辺村の阿弥陀寺と正宣寺の門徒のみであって、彼らは「品々持運候勢ひ実ニ不

惜身命」の働きであったという。徳浄寺の門徒が駆け付けていないのは人足料の負担ではなく、実際に「公儀人足」に出ていたためだという。正月一六日には本村木津村願泉寺に法宝物を願泉寺人馬講が守護して移しており、正味一三日間とはいうものの、津村御坊の本尊以下の法宝物と「御家中家族之者」は部落のなかで過ごしたことになる。いかに津村御坊の出張所とはいえ、また村域としては木津村域ではあったものの「皮干場」の名目で村域を拡大していた渡辺村の村中にあった阿弥陀寺へ津村御坊の本尊以下の法宝物類が避難のため搬入されたのみならず、津村御坊家中とその家族まで止宿したというのは、当時の教団の差別意識状況からすれば異例中の異例であったはずである。阿弥陀寺の住職の了忍は、播磨屋五兵衛の息子、五兵衛の妻は伊予国の「穢多頭」蓮華半左衛門の娘であり、阿弥陀寺に本尊が本願寺から下付されるに際しては播磨屋五兵衛・播磨屋再助・蓮華半左衛門らが五百両を冥加金として上納し、了忍が下付された本尊以下の絵像を津村御坊出張所の阿弥陀寺に寄進するという形を取っているにしても、在地の寺院としては「穢寺」であったはずである。本願寺教団は、近世を通じて「穢寺」やその門徒を差別しつつも教義的に教団外に排除せずに抱え続けた。教団の差別の原理は、しかし状況如何によっては史料五にあるように「御用弁御都合」と「経済原理」を優先させており、そのような差別をめぐる教団の原理を経験的に熟知してきた部落寺院と門徒が、「報謝行」を根拠に自らに対する教団の差別状況のなかで一般寺院に近い扱いを求めるという構図が読み込めそうである（しかし、いくら「報謝行」を積んだとしても教団からの差別はなくならない）。阿弥陀如来の慈悲による来世往生の平等という教義面で教団に対抗することは、門徒たちの真宗信仰の内実がそこにあったとしても、ことが教義にかかわるだけに本山からの反発を招く可能性があり、「現実的」な選択として渡辺村の門徒は経済力を使用したということであろう（経済力のない場合は、他宗派への転派か教義面で本願寺に対抗するしかない）。

おわりに

以上、これまで注目されたことのない史料を紹介し、その表面をなでただけの本文であるので、あらためての「まとめ」はない。

ここまで五つの史料を提示しながら書いてきた内容は、「はじめに」では「史料の残存状況・発掘状況に規定され」ると書いたわけだが、もう一つの側面で筆者が非常に強く史料に規定を受けながらでしか書けていないことを十分自覚しているつもりである。筆者が提示した史料にしても、すべて本山の本願寺から発掘した史料である。「はじめに」で記した論点を煮詰める上で、やはり史料そのものが「本願寺に対して」あるいは「本願寺から見て」という「質」を持っていることからくる弱点を筆者が克服し得ていないということである。

論題には「渡辺村真宗史」と記したが、筆者が一般論的に前記した論点は「真宗史」という枠に収まらないのかも知れない。一般の部落史研究と部落における真宗史研究の総合が必要なのだろう。だが、当面は論題とした「渡辺村真宗史」を地域で生活する生活者（門徒）の実像を含めた、地域史・門徒史の方向に内容を深めてゆく努力を続けたい。「渡辺村真宗史」を「渡辺村真宗寺院史」「対本願寺関係史」には終わらせたくないと考えている。

［参考文献］

渡辺村の真宗に直接にかかわるもの。

拙稿「大坂津村御坊出張所について」龍谷大学国史学研究会『国史学研究』二〇号、一九九四年。

拙稿「部落寺院と真宗教団」『大阪の部落史』上巻、一九九五年、解放出版社。

津村御坊を中心とした浄土真宗本願寺派の大坂の真宗全般にかかわるもの（渡辺村に関する記述もある）。

鷲尾教導編著『増補津村別院誌』一九八三年復刻、思文閣出版。元版は大正一五年刊。

同和地区における真宗寺院の調査・研究の水準を示すもの。

崇仁地区の文化遺産を守る会『崇仁地区寺院調査中間報告書Ⅰ西方寺』一九九四年。

崇仁地区の文化遺産を守る会『崇仁地区寺院調査中間報告書Ⅱ浄徳寺』一九九五年。

崇仁地区の文化遺産を守る会『崇仁地区寺院調査中間報告書Ⅲ正覚寺』一九九六年。

崇仁地区の文化遺産を守る会『崇仁地区寺院調査中間報告書Ⅳ正久寺』一九九八年。

第5章

太鼓屋又兵衛伝・説

のびしょうじ
Nobi Shoji

はじめに

人口に膾炙《かいしゃ》する部落史上の人物として太鼓屋又兵衛は弾左衛門と並んで五指の内に入るだろう。弾左衛門が関東の穢多頭として幕府の庇護のもと一四代三〇〇年続いた家系とすれば、大坂渡辺村太鼓又は一代で巨万の富を築いた立志伝中の人物ではあるが、公の役職を持ったわけでも長期に及んだ家系でもない。にもかかわらずすでに江戸時代から全国に聞こえた有名人であった。

文化年間に成立した『世事見聞録』は「上方筋は穢多の増長せし事にて、大坂渡辺の穢多に太鼓屋又兵衛といへるは、およそ七十万両ほどの分限にて、和漢の珍器倉庫に充満し、奢侈大方ならず。美妾女も七・八人ありといふ。これに継ぎたるもの段々ありて豪福数十人あり」と近世後期に入るとともに増長を来した皮田身分の象徴として太鼓又をやり玉にあげたのであった。同時代を浪速で生きた喜田川守貞は天保に入って江戸へ登り嘉永年間に子孫に向けて大部の覚書を残した。『守貞謾稿』として伝わるそこに、大坂時代に得た情報として二カ所にわたって太鼓又にふれた。「今世当村に太鼓屋又吉・岸部屋平吉と云う豪富の穢多二人あり、其他中富の者数戸あり家宅壮麗にして巨万の金を蓄へ皮革の類を諸国に漕て頗る大賈に比す」。これら随筆のたぐいには誇張とともに局地的噂を誇大に書き立てる嫌いがないでもないが、同時期文化八年（一八一一）福岡藩革座を引き受けた柴藤増次が一括して原皮を買い受けてくれる売り先を調査した史料にも太鼓又はあがっているから、彼の豪商ぶりは広く知れわたっていたのであろう。

通史に必ず言及される太鼓又ではあるが、はたしてその実体その具体像についてどれだけの情報が得られるか、となると、ほとんど伝説的評判のみといって過言ではない。本稿は名のみ有名な太鼓屋又兵衛について、分かる限りの情報を集約して「顔のみえる」像をめざして、これに一つの筋道をつけることを目論んでいる。太鼓屋又兵衛「伝説」の解体である。

一　豪商太鼓屋又兵衛の出自

1　二代目太鼓又の憂鬱

二代目又兵衛が病弱の実子吉次郎の先行きについて大きな不安を抱くようになったのが何時頃かはもちろん分からない。老病の床についてからは播磨屋五兵衛を頼りにして、ついには代判人にまで指定した。この時播五はまだ渡辺村で指折る富豪に成長していなかった。文化八年（一八一一）福岡藩革座を引き受けた柴藤が原皮一括の売り先を決めるための調査を行い「風説書」（『筑前国革座記録』）を提出するが、そこに「格別身上柄能キ者共」としてあげられていたのは、太鼓又の他には直前まで革座を引き受けていた出雲屋太右衛門一族の大和屋利兵衛と岸部屋吉郎右衛門の三人であった。播五が大和屋又兵衛とならんで渡辺村四大富豪の頭目と噂されるのは、それから五〇年後のことである。四国伊予国宇摩郡川之江村太兵衛が文化九年（一八一二）前貸銀二三四匁を借り、同一一年訴えられた出入りでは、太鼓屋吉次郎は「中屋」と屋号を改めたと伝聞が書き留められているから、その頃には跡継ぎの不安を抱えていたのかもしれない。「中屋」は長女りさが嫁入った河内国石川郡富田村円光寺二男庄三郎が屋号であった。その二代目又兵衛が天保元年（一八三〇）一二月に病死した。廃嫡寸前の吉次郎であってもも三代目を襲う。親戚一統は播磨屋五兵衛代判を引上げ吉次郎に渡すよう奉行所に嘆願して実現する。播五がすんなりとは退かなかったことが、太鼓屋又兵衛家のその後を暗示する。晴れて三代目を襲名したけれども吉次郎は薬石効なく天保三年（一八三二）一二月には死去してしまう。次男太三郎に家督相続が譲られるかどうかという間に翌四年七月またしても当の太三郎が死んでしまう。こうなると正当な後継者は妾腹の子とはいえ順三郎を置いて他にない。しかし後家のいさは順三郎の同家を嫌い、代判人に太鼓屋太郎兵衛を頼み、順三郎が同じ屋号を名乗ることさえ許さない。いさが嫌うのはもちろん妾の存在そのものに理由があるのは明らかだが、一説に順三郎が与えられた家屋敷を売り払い、なお小遣いを無心する無頼の放蕩者だからとある。

いさは後家となってからも相当の独断を専行した。順三郎を別家としただけでなく、後継者を娘のしほとして婿養子を捜し始める。天保一〇年前後、一族も周囲もまったく知らなかった豊前国小倉藩田中村枝郷北方《きたかた》村出身の武助なるものを引き入れ親戚一統の反対を押し切って代判人に指定する。さすがにこの時ばかりは訴訟を起こされ、「武助は代判人を降ろされることとなった。後半生を好きなように生きたいさも病いには勝てず嘉永元年（一八四八）四月生涯を閉じた。

いさの死、すなわち相続争いの勃発である。『世事見聞録』や『守貞謾稿』が七〇万両の金持ちで蔵には外国製の珍器がうなっているといった太鼓屋又兵衛の身代である。この時すでに太鼓屋又兵衛の家には先の武助が入り込んでいた。代判人訴訟で放擲されて間もなく、いったんは帰郷しながらすぐさま上坂して天保一三年（一八四二）には太鼓又と名を改め、しほの婿としておさまっていたのである。まず順三郎が黙っていない。さらに分家として初代太鼓又を送りだした、本家筋の大和国葛上《かつじょう》郡柏原村枝郷岩崎村茂市郎も、わが血筋が断絶する事態を許すことはできない。それればかりではない。いさの親元は北之町豪商播磨屋源兵衛である。播源は死去した先代又兵衛とは濃い親戚にあたる。播源隠居親の四郎右衛門（追放まで当主であった可能性大）がいさの晩年に怪しい動きを始めた。具体的なことは分からないが、太鼓又一件のかどで彼は大坂三郷構い（大坂三郷所払い）の処分を受け、これまた親類の紀州牢番頭吉右衛門を頼って、追放処分の解除の働きかけを依頼している。軽追放であるがこれは相当の罪と言わなければならない。太鼓又一件によってとあることから推し量って「乗っ取り」

（財産横領）を謀ろうとしたのかもしれない。この時期播源制作の太鼓は諸国に知れ渡り、近年一〇年近く浪速の業者に持ち込まれる太鼓の胴銘を調査し続けた故三宅女史の報告にある通り（三宅 一九九七）胴書きの相当部分に播源の墨書を見る。想像をたくましくすれば太鼓又のブランド名が欲しかったのかもしれない。事実太鼓又の胴書きには花押があるが、播源制作の胴書きには花押は見られない。幕末の一部に播源の花押がある事実は、彼も花押に執着があったことを示している。

順三郎は一八歳まで母親とともに又兵衛家に同居していて、又兵衛の死後にある程度の財産を分与されて分家となった。又兵衛は天保元年一二月に死去しているから、もし年内に家を出たとしてこれを信じれば順三郎は文化八年（一八一一）生まれで、嘉永元年の訴訟提起時には三七歳の壮年であった。同居を嫌って分家させたいさは、この時縁切りまで要求したらしく、天保一一年武助代判人訴訟の際いったんは順三郎も訴状に名を連ねながら親類ではないとて外されている。順三郎側も一定の財産分与を受けて別家を承諾した節がある。奉行所も同族といいながら屋号も「大和屋」であり播五借家の南之町住人である点を疑問として順三郎に質したことがあった。弘化四年（一八四七）には逼塞して本家又兵衛（実質家長はいさであり武助が同居していた）に合力を求めた際にも金品と引替えに一度切りとて以後無関係との一札を入れさせられている。その順三郎が訴えを起こした。

知られる限り順三郎名の最初の訴願は嘉永二年（一八四九）閏四月二日になされた。その後も含め彼の訴えは次の点にあった。まず一つめは武助が入り込み代判人になった一件で、二代目太鼓又次男太三郎の妾腹の子である丹次郎が、親類一統の印判を偽造して一族があたかも武助を代判人として承認したかの書類を作成したこと、二つめは武助を家に引き入れるに当たって太鼓又下人喜兵衛と中之町年寄明石屋助右衛門が結託してこれを謀ったというものであった。真偽は霧の彼方であるが、その際順三郎が主張した内容はにわかには信じがたい次のようなものであった。

西国豊前から上坂して渡辺村に長期滞在していたある青年をいさ娘しほが恋慕した。そこでいさの意向を受け太鼓又下人の喜兵衛は小倉に下り青年の生家を訪ねた。喜兵衛が下ったのは彼は何度も九州小倉へ皮取引で出向いていて、天保八年には皮荷六七箱の抜け荷を差し押さえられたこともあった。その青年は兵助、親元を勇助とい い小倉藩田中村北方の生まれであった。喜兵衛はそこで兵助がすでに妻子持ちであることを知って首尾の成就しないことを悟った。ところがどういう経緯があったか喜兵衛は北方で武助なる男に呼び止められ「ぜひとも自分を太鼓又娘の婿養子に推挙してほしい」と懇願される。喜兵衛は兵助の代わりに武助を伴って大坂へとって返した。その武助もすでに妻子持ちの身であった。言いくるめて離縁したのであろう。上坂が天保八年とすれば武助二六の歳である。喜兵衛は武助をしほが恋慕した兵助と偽って添わせた。いくらなんでも人間が入れ替わっていることを娘が分からないはずはない。けれども順三郎は、しほが眼病を患い嘉永二年には完全に失明することをもって替わり身が可能だったといい、喜兵衛とその経緯を知りながら養子縁組を進めた中之町年寄明石屋助右衛門をなじるのである。一六世紀フランス、ラングドック地方でおこった偽亭主事件（ナタリー・Z・デーヴィス『マルタン・ゲールの帰還』平凡社）を思わせる出来事である。ジョディ・フォスターが迎える妻を演じた一九九三年のアメリカ映画『ジャック・サマースビー』を想起してもよい。

順三郎は天保一一年代判人訴訟の時から親類ではないとされた。いさ側からは放蕩者呼ばわりさえされた。このたびの一件でも奉行所より嘉永三年五月訴訟資格を欠く者であり不届きをもって願い留めとなっている。

本家筋茂市郎は嘉永元年一月一二日、順三郎に宛てて「自分たちでは国越えの訴えになるので、先の代判人退けに続いて武助名前退けの訴えを貴殿から行ってほしい」と依頼した。つまり順三郎の訴訟は茂市郎に押されて行った面が強い。茂市郎自身も順三郎では頼りないとみたのか九月になると前面に姿を見せ始める。かくして第一期（嘉永元〜四年）第二期（嘉永五〜七年）の永きに亘る太鼓又相続訴訟の幕が開く。

もとより茂市郎の主張は多岐に及ぶが「いさの葬儀に際してもなんの連絡もなかった」「武助相続について本家ないがしろもはなはだしい」等々の訴えを根拠づけているもの、跡式争論の論点としては畢竟するに茂市郎家が太鼓屋又兵衛家の本家筋であるか否かに尽きた。その根幹部のやりとりを太鼓又の出自という観点から整理しておこう。

太鼓屋又兵衛の出身は大和国葛上郡柏原村枝郷岩崎村平兵衛家、屋号を亀屋といった。兄を平兵衛、弟を吉兵衛といい弟二四〜五歳頃大坂渡辺村へ「分家」として移住した。亀屋は村の有力者で持高六石余（天保九年）「太古より茂市郎・平兵衛所持」（文政九年）の草場を持ち、すでに文政までに「壱ヶ村半太又隠居より永代経ニ上り申候」すなわち太鼓屋又兵衛は隠居ののちに、永代経供養としての草場が寺へ寄進されていた。分家の証拠として茂市郎が挙げたものは太鼓又では暖簾《のれん》に「岩田」と染め抜いていたが、それは郷里岩崎の屋敷地の地字名であった。分家移住して初代太鼓又を名乗った吉兵衛の経営は順調とはいかず郷里の本家は何度も追い足しの援助を惜しまず、その甲斐あって一定の財力を蓄積した。経営の安定した太鼓又は本家へのお礼として平兵衛宅に新築の家を贈った。二代目太鼓又の時代という。ところが文政元年（一八一八）一二月晦日渡辺村の一角から挙がった火の手は瞬く間に村中をなめ尽くした。中之町にあった太鼓又の居宅をも焼失させた。家族はしばし平兵衛宅に身を寄せ、本家は又兵衛から贈られた新築されて間のない家を解体して材木にして渡辺村太鼓屋又兵衛へ送った。

文政大火後の新築について武助はどういう情報源かは分からないが反論して、大工は高津新地伊兵衛、材木は長堀拾丁目播磨屋喜兵衛から買い取って建てたものだと主張したが、その他の部分については何も答えることができなかった。つまり大筋において茂市郎の弁論は正論であり、初代太鼓又の子どもたちもまた、自分たちは遠方にあって訴訟には参加できないけれども、茂市郎家が本家筋であり武助が又兵衛と改名することについては一致して反対だと連署しての意見表明を奉行所に送っている。

茂市郎の訴願は七年越しに及んだ。最終局面では江戸浅草福井町佐倉屋喜茂・上総屋長兵衛に成功報酬として七万両の額を提示している。新町役所への働きかけが試みられたのであろう。けれども結局は訴状を自ら取り下げることで落着した。四代目太鼓又は明治二七年八四〜五歳まで生き大往生を遂げた。

2 太鼓屋武助の実相

西国豊前に太鼓又手代喜兵衛が下って後、意向をうけ武助が上坂したのは天保八年(一八三七)である。兵助・武助身代わり説をひとまず措いて時間の流れに添って考えれば、武助はそれより以前に一度は大坂渡辺村に来ていたことになる。確実な史料では天保一一年に太鼓又親戚一同から代判人退け訴訟を起こされて破れ、いさ家から退出したことが分かっている。代判人は再び太郎兵衛がなった。どんな気持ちを抱いて豊前に帰っていったかは忖度《そんたく》のしようのないことながら、武助があくまでも太鼓又の婿養子に執着していたことは日ならず大坂へとって返したことからも明らかである。それにしても武助は天保八年以前に何用あって渡辺村に来たのであろうか。皮商いの用事と考えるのが穏当な推定であろう。天保一三年(一八四二)意を決して再び上坂し改名して太鼓屋又兵衛を名乗っていさ家に入った時、武助は大きな手土産、いや引き出物を持参した。それが小倉藩皮専売制の一手買請人の地位であった。より厳密にいえば天保一二年(一八四一)一一月から太鼓又が一手買請人の指定をうけ、北方村庄屋進藤忠三郎が郡中牛馬皮買集め世話方に決まった。翌一三年四月には小倉角屋弥三郎がもつ鹿皮・小道具買集め権も太鼓又が取得するに至った。

小倉藩皮専売制は文政三年(一八二〇)に開始した。これについては唯一松尾隼一氏の研究(松尾 一九八一)があるのみで、それを参考に行論上必要な点を挙げれば、文政の皮専売制が皮田旦那場制の藩による停止・否定の上に施行されたこと、その意味で画期的な専売制であったこと、当仕法の中核は指定人が先納銀五〇貫を藩に渡し、その利息年三貫目を冥加銀として藩に献上する、その見返りに藩内死牛馬皮を一手に入手する権利を保証される点にあった。渡した先納銀五〇貫は郡ごとに分配して預けられ、百姓持牛が死んだ時に新たな牛馬購入費に充当される、つまり百姓からすれば死牛馬を売り、その費用で新牛馬を買う助けにする仕法であった。一手買請人はあらかじめ預けていた備金から死牛馬が出る度にそれを買い取る仕組みである。藩や百姓側からすれば一年に銀五貫余分、つまり一頭の牛馬皮買い取り値三〇匁換算で一七〇枚程度を渡せばよい勘定になる。この仕法の下では五貫分を越す原皮の引渡しも義務づけられているが、百姓側からすれば、義務を果たせばそれ以上の原皮を相対売買することは許されると考える。ここに「抜け荷皮」の特殊な構造が生まれる。実際には小道具と呼ばれる皮以外の部分も引き取るため、一手買請人側には相当の余禄が生じた。最初の一〇年は大和屋三郎右衛門、文政一二年（一八二九）からの第二回も大和屋が指定されたが、その時大和屋は先納銀の都合がつかず、兵庫五伝《ごた》の豪商吉田喜兵次に銀五〇貫を借り受け、吉田から大和屋へ皮全部を買い取る契約を入れてようやく成立した。三度目になる天保一〇〜一一年、藩と大和屋との交渉は難航した。大和屋が先納銀を用意できなかったのであろう。その間隙を武助が割って入った。交渉の機微は不明という他ないため、武助親元が元銀を出したか、契約だけを成立させて又兵衛となってから先納銀を渡したのかはわからない。はっきりしていることは武助の親元が北方村の有力者であろうこと、喜兵衛の助けもあったにせよ武助本人が並々ならぬ商売上の手腕をもつこと、商人の才覚のみならず、一手買請人となることで太鼓又親戚どもを黙らせた戦略家でもあった、ということだろう。渡辺村への出現を皮の商用と見た所以である。

四代目太鼓又となって以降も皮革商人としての才覚は遺憾なく果たされた。隣藩福岡藩では文化三年（一八〇六）から町人身分の柴藤が仕切る革座が発足する。小倉藩とは違い皮田草場制を前提としての制度であり、専売制としては機構的に整備された制度であり、曲折はあっても五〇年存続した。けれどもそれも嘉永年間で終わりを遂げ、以後藩の直支配＝皮会所制となった。柴藤革座時代には買請人は岸部屋吉郎右衛門・住吉屋喜右衛門が指定されていたが、万延元年（一八六〇）彼らを押しのけ太鼓屋又兵衛が買請人として現れてくる。

天保一三年（一八四二）小倉藩皮一手買請人に指定されるについて当人の才覚はいうまでもないが、同時に北方村での親元の地位がそれを可能にする程度のものである必要はあったであろう。このことは逆説的に武助の出自が北方村での上層に属したことを示唆する。とはいえ武助の親元についてはわずかのことしか分からない。「生田屋」の屋号をもち当主を武兵衛といい武助はその次男だとある。跡式争論文書に出てくる他に晩年太鼓又自らが卜部豊次郎、のちの大阪毎日新聞記者に語った断片（月刊『商業資料』）のみで、客観的史料に欠ける。現在北方村には太鼓屋又兵衛のわずかな伝承さえもなく、その子孫も確認できない。

けれども北方村と武助を結ぶ確かな糸は存在する。北方村には村内のみならず門司から大分中津に広がる檀家を擁する永万寺がある。道場開基は寛保二年（一七四二）で本山から寺号を下付されたのは文政三年（一八二〇）その時寺本堂を建立した。畳分五間四面、その周囲を一間幅の回廊が巡らされた堂々たるものであった。その頃の檀家は「企救郡に三百戸余り、田川郡に九百戸余、京都郡に四百六十戸余、築上郡に百九十戸余、下毛郡に百戸余、日田郡・玖珠郡に六十戸余、宇佐郡に百戸余、合計二千百十戸なり」（光應 一九九九）。それから四〇年後の文久三年（一八六三）本堂屋根替えと御厨子（仏壇）の新調がなった。御厨子は正面と両脇さらにその左脇に太子像が並ぶ荘厳な御仏壇である。他の三つは向背を見ることができなかったが右脇の親鸞聖人絵像の掛かる御厨子（幅二メートル・高さ三メートル・奥行き一・五メートル）の裏側には次のような墨書があった。

文久三癸亥三月

大坂
　寄進
　　岩田又兵衛
御厨子世話人
大坂　岩田又兵衛

さらに同御厨子屋根部分の向背には次の墨書が記されている。

　瓦や　熊本村
　　常ひろ也
瓦ふきて　□
　大久保　□□
信の　□□
毎年瓦ヲ研き来ル人　信大呂也
大坂岩田又兵衛
　世話
文久三年
　亥四月二二日下ル
此年　天下様京都に御止りあり

いずれも写真によるため判読がおぼつかない。他の御厨子向背も含めさらに詳細な調査が必要であるが、この二点によっても文久三年岩田又兵衛事四代目太鼓又が故郷の北方村の旦那寺永万寺に御厨子と瓦葺きの本堂屋根を寄進したことは明らかである。これによって四代目太鼓又と豊前北方村との確実な結びつきが知られる。

二　太鼓又の由緒をたどる

1　初代太鼓又の誕生

一では跡式争論を縦糸に、その他の及ぶ知見を横糸に曼陀羅を織りなした。少しでも渡辺村を知るものは次々に登場する人物に感慨なり感想をもつであろうが、予備知識がなければ人名の連鎖を混乱の波状と受け取ったであろう。がもう少し辛抱をして付き合ってほしい。心算としては順次に整理していく予定である。混乱を生む一つは細部までたどれば相互に矛盾を孕み整合性を欠くところにある。たとえば跡式争論では二代目太鼓又が病死するまで播五を代判人としていて、死後親類が訴えて代判人退けを行ったとみえる。ところが文政前期、木津村借地南北畑地の建物取り払い出入りにおいて、これと矛盾するような史料にも出会うのである。とりわけ代判人についてその感が深い。けれども縦糸と横糸のほころびを直視してそこを掘り下げることで、もう少し事の真実に接近してみたい。

まず第一は初代太鼓又である。茂市郎が奉行所に対して堂々本家筋を主張したこと、初代太鼓又の子どもたちが揃って武助婿養子に反対し本家大切に同意していること、初代太鼓又が和州岩崎の旦那寺（後期は西光寺、この時期はまだ道場であったかもしれない）に永代供養として一村半の草場権を寄進したこと、等からも初代太鼓又事吉兵衛が大和国葛上郡柏原村枝郷岩崎の有力層茂市郎家の生まれで兄平兵衛弟であったことは疑いがない。

問題はそれが茂市郎側が強く主張するようにまったく新たな移住・進出であり、本家からすれば資本を持ち出した「分家」であるのか、それとも四代目太鼓又事武助がそうであったように養子、あるいは婿養子として、すでにあった太鼓屋家に入ったのかが焦点であろう。

たしかに近世前期から中期にかけての太鼓又の事跡は管見の限りは見あたらない。太鼓又は突然に『世事見聞録』に大富豪として表れる。その『世事見聞録』自体流布本をあまり見ないし、次に太鼓又を取り上げた『守貞謾稿』も草稿のまま残されたものにすぎない。筆者を異にする影響しあわない二種の記録、ならびに先に紹介した福岡藩革座柴藤の「風説書」の文言は、化政期に大坂あるいは皮田身分において太鼓又が押しも押されもせぬ豪商として四海に聞こえた存在であったことを示す。その業績を初代太鼓又事吉兵衛が切り開いたことも文献年代からみて明らかであるから、それ以前の太鼓又の事跡は雲をつかむ如くに手応えがない。茂市郎の主張を裏付けるかのようである。

しかしながら茂市郎の主張に全面的に同意しえない疑点の第一は、太鼓屋又兵衛家が渡辺村の根本住人ではないかという疑念を払えないところにある。たしかにこの村は新参者を受け入れ、日稼ぎや職人的のみならず商工業的活動をも許容した。けれども家持ち借家の別をはじめ自ずとそこに歴然とした差別があった。先に太鼓胴の銘文に付された花押に言及したが、これを古風の作法とみたのである。さらに確かな事実は、史料上初代太鼓又はいきなり中之町の家持ちとして現れた。そればかりか中之町惣道場の正宣寺の檀家であるらしいことである。渡辺村には他に徳浄寺があったが、徳浄寺が渡辺村全体の惣道場であったのに対して、正宣寺は中之町住民のみの惣道場という限定された性格をもっていた。各町は町ごとの掟をもち大坂三郷ほどの排他性はないものの屋敷地売買による住民化には一定の規制がかかっていた。渡辺村のなかで特別な位置をもつ中之町で家持ちにして正宣寺檀家という地位が、和州からの「分家」形式によってすぐさま可能であったとは信じかねるからである。

疑点の第二は後家いさのふるまいや、いさ親元播磨屋源兵衛との姻戚である。跡式争論では「いさ親元播磨屋源兵衛は太鼓屋又兵衛の甥にあたる」とある。これを信じる限り播源は初代太鼓又ではなく、もう一代前の夫婦の兄弟筋の子どもにあたると考えるのが通常の理解であろう。そうだとすれば太鼓又にはもう一代前の家系があるのである。後家となってからのいさの「わがまま」なふるまいを可能にしていた一半の根拠は親播源が太鼓又と深い親戚関係にあったことによる。しかし、いさの自由なふるまいはそれが主たる理由であろうか。町人社会では家付き娘が婿養子をとって事業を相続していく形式が定着していた。婿が主人の間は経営に口は出さないが後家となると絶大な権威をもつことが往々にして起こる。町人世界で慣習化している入り婿制は渡辺村でも見られるのみならず、娘相続や後家の地位の強さという点で地域的合意が得られていた。但し女性の印判権は認められなかった。頻繁な代判人の登場がそれを示しているが、町家では信用（所有）相互保証こそが命であり、女性の信用保証能力は奪われていた。渡辺村でも女の五人組頭はあっても印判権限はなかった。それはともかく女性のいさは家付き娘でないにもかかわらず自由なふるまいが続けられたのは、個性もあるが、後家の裁量について一定の地域的合意が形成されていたからに他ならない。そしてこれらの事実は初代太鼓又もまた婿養子であって不思議でない渡辺村の婚姻慣行という状況背景を浮かび上がらせる。一史料は家付き娘「しゅう」に入り婿吉兵衛を迎えたともいうのである。

疑点の三つめ、いや反証は、吉兵衛を初代太鼓又とする上でこれに抵触する重要な史料が存在することである。二〇〇〇年に入ってから発見された太鼓胴の墨書銘、現在所在確認中で原蔵者も不詳ながら幸い胴内の写真が残されている。太鼓胴は相当に破損が進んでいたが、次の銘は読みとれる。

［墨書銘　二尺?］
享保二〇年乙う正月吉日
摂州大坂渡辺村中之町
細工人太鼓屋
又兵衛（花押）

墨書部分中央に釻《かん》（太鼓本体につけられ通常吊り下げや固定用の環がつけられる）あとがあり、つまりは享保二〇年より後に当該墨書位置に釻が取り替えられたことを示す。おそらくは皮張替え時に付け替えられたと考えられるが残念ながらその記録は胴内にはない。太鼓胴は耐久財だが太鼓皮は消耗品である。胴に墨書するのは消耗品の皮が破損した際、胴に制作者や連絡先が記してあれば張替えの連絡・注文のあるを期待したのがはじまりであろう。そのため同人や同屋号で張替えた場合省略したり、反対に銘書きがない時に遡って書き入れを行うということもおこった。それはまったく同じ墨色と書体で書かれた銘文をみることがあるからである。だがこの場合乱暴にも墨書に釻を打ち付けており、子孫であるならば避けたであろうと思われるゆえにその可能性は低いであろう。

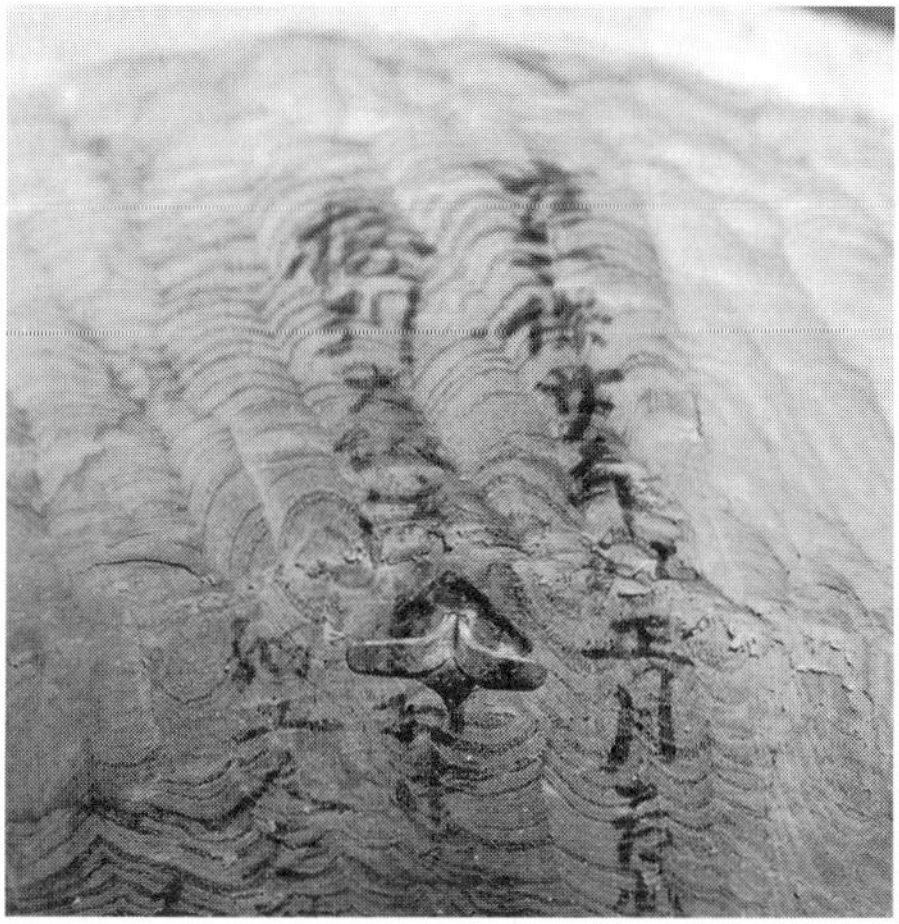
享保二〇年太鼓屋又兵衛銘のある太鼓胴内

　すでに享保年間末には細工人としての太鼓屋又兵衛が中之町住民として存在していた。にもかかわらず、管見の及ぶ限り化政期以前に太鼓又の確実な史料は得られない。これをどのように整合的に理解すればいいのであろうか。

2　太鼓屋又兵衛以前の「太鼓又」

ト部豊次郎「大阪渡辺村」（月刊『商業資料』一八九五年一〇月号）は太鼓又の先祖について次のように述べている。

元和二年大阪城代入城あるや、吉例として中径四尺余の陣太鼓を新調せらる、此時に当て旧渡辺村に平八と云うものあり、天性太鼓を張るに極めて精巧なる事上聞に達し、乃ち召されて此の工事を命ぜらる、工首尾能く竣功《をわり》御感斜ならず乃ち其の功を賞し永く太鼓屋の屋号を用ゆる事を許さる、此れより太鼓屋平八を称し、益《ますます》其業に精励しぬ、数代の間著るしき盛衰浮沈なく彼名を相継続しけるに宝永の始め、当代の平八節約力行を以て硝産を興し、事業倍《ますます》繁栄に趣きける、然るに彼れに一女あるのみにて家名を継続さすべき男子なきを憂ひ居たりしが、安永五年の頃大和国岩崎村の一壮年吉兵衛なるものの有為の材あるを鑑識し乃ち延て家に入れ螟蛉子《ようし》となす、（中略）彼は太鼓商の傍皮革を売買せんと欲し、諸州に出遊して、他の同業者が未だ足跡を印せざるの地を跋渉し、貨物を極めて廉価に仕入るの契約を結ぶもの殆んど数十ケ所の多きに及び、毫も抜目なく立廻りしが故に売買の当初より曽て損失せし事なし、

　されば資産は日に月に富裕を来し、家声を頻りに挙ぐるに至りぬ、後年改名して又兵衛と称す

これは日本産業革命期に語られた「創られた系譜」である。革問屋といわれる豪商の各家にはすでに幕末にはこのような系譜が書き物にして伝えられていたらしく、たとえば「住吉屋与惣兵衛　現今存セリ家系ノ写アリ」（「大阪西浜町ノ来歴」柳瀬勁介『社会外の社会穢多非人』所収）などとある。がそれは今日伝わらない。ともあれ太鼓又

についていえば、近世初頭の「太鼓屋」の実体は後述するが、ここでの文言と得られる事実とは随分に相違しよう。とりあえず先祖は平八であること、養子吉兵衛が中興の祖であること、吉兵衛は婿養子として平八家に入ったこと、彼が家業の太鼓商いから初めて皮革扱いに事業を拡大し皮問屋となったこと、それが大成功をおさめ初めて又兵衛を名乗り、以後この名を踏襲したこと、等々が語られている。つまりこれによれば吉兵衛以前に又兵衛名は存在しないことになるが、それはそれでなにより先の太鼓銘と整合しない。もとより周知のようにわずかの村内文書（『摂津役人村文書』がほぼ全部）しか持たず、西日本全域に広がる金公事出入りに渡辺村商人が散発的に表れる程度の現在の史料的限界は大きく、太鼓屋又兵衛の系譜を矛盾なくたどることは困難ではある。

この間隙を埋める、あるいは失われた環をつなぐ鍵はどこにあるのだろうか。その解を求めて以下に論を展開するが一見迂遠ともみえる方法を採る。

武助引き入れに大きな役割を果たしたのはまず太鼓又下人喜兵衛であった。後家いさの意向をうけて豊前へ下った喜兵衛は、順三郎・茂市郎らの言に従えば独断で武助を連れ帰り、しほと娶せたことになる。またその点を強調して奉行所へ訴えられたのである。下人にそんな権限もなければ裁量もあるはずがない。そればかりではない。功績を認められた喜兵衛（受贈者丹次郎説あり）は無事四代目となった武助から現銀のほか明石屋伊右衛門と大和屋与兵衛二人の世話によって「抱屋敷二軒」の名義変更を受けた。それは評価にして金七五〇両とも五〇〇両ともいう高額の礼に相当する。

さて四代目太鼓又事武助の誕生に決定的な役割を果たした喜兵衛のその名が実は通り名であり、彼の戸籍上（宗門改帳）の名は「要蔵」だという。順三郎・茂市郎らが奉行所に喜兵衛を訴えたところ渡辺村年寄榎並屋助右衛門から「喜兵衛は宗旨表では要蔵とあるから名を代えて訴状を出すよう」注意があった。すなわち太鼓屋喜兵衛とは太鼓屋要蔵のことであり両名は同一人だというのである。それというのも親太鼓屋要蔵の病死はつい先頃弘化四年（一八四七）六月であったからである。つまりは喜兵衛は名跡を継いで親名前に替えたのである（「木津村文書」大阪市史編纂室蔵）。

一札

一私儀是迄別家太鼓屋要蔵代判にて宗名相続致し来り候処、右要蔵義当月病死仕り、猶私義剃髪致し跡名前養子又兵衛相続致させ候ニ付、村方名前替相済有之候間、何卒御村方御帳面表名前御切替成下され度御願申上候、尤右名前替之儀ニ付脇より妨申者一切無御座候、後日のため差入申一札仍而如件

弘化四年

丁未六月

太鼓屋　いさ　㊞

相続人　又兵衛　㊞

播磨屋　吉之助　㊞

木津村支配人　左市殿

渡辺村と村民は木津村から畑地を借りたり買い取ったりしていたから、所有者が変更になるたびに木津村に届けなければならなかった。そのために残った貴重な史料である。二代目太鼓又後家いさは木津村に持っていた畑地を何時からか代判人要蔵名義にしていた。彼の病死後ただちに武助事四代目太鼓又名義に変更を申し出たのである。これによって要蔵＝喜兵衛家と太鼓又家とが一族しかも濃い血縁の姻戚であろうこと、したがって順三郎らは喜兵衛を下人呼ばわりしたけれども、手代であり重鎮であった。そうでなければ跡継ぎとなるべき婿探しを依頼することなどできなかったであろう。また通常親存命中は子ども名前あるいは通称で通し、死後に名跡を継ぐ慣習のあること、さらにこの村の慣行として興味深いことは家守のあり方である。天保五年（一八三四）新屋

敷町の住民全員が署名した「米一件」という史料がある。ここに二カ所「太鼓屋要蔵支配借家」つまり要蔵が管理する（家守）借家が三六戸記される。まずその所持借家の多さに驚かされる。借家数は飛び抜けて一位である。先には抱屋敷二つで五〇〇両とも七五〇両とも評価されたことにふれた。全体でどれほどの評価額になるか。しかも六町（その他に皮干場・細工場、島に住居がひろがっていて太鼓又はそれらにも小屋・屋敷を持っていた。天保一一年字堂面《どうめん》の細工場に二五軒の建家をもっていた。もちろんここでも一位の多さであった）の内の一町でこの数である。この持ち主が太鼓又であること（一カ所一四軒分は要蔵所持かもしれないが）、元来その町の住人から家守が選ばれる原則からは太鼓又も要蔵も中之町家持ちであるから外れている。渡辺村では町を越えて持ち主が他町の家守として表れることは許されていたようであるが、町を越えて持ち主でも住人でもない家守が出てくるこのようなあり方が判明したのは初めてであろう。

最後に「一札」に出てくる代判をどう考えるか。天保一三年には養子縁組が成立していたと考えられていたが、弘化四年段階でもまだ印判権は武助には渡っていなかったのであろうか。そのようなことがありえるのだろうか。この点は指摘にとどめる。

さてここまで喜兵衛＝要蔵について分かる限りの事実を検討したのは、太鼓屋又兵衛の名が定着する以前の「太鼓又」家を探るためである。まず第一に「太鼓屋」の屋号は彼が一族以外には用いられなかったかどうか、である。渡辺村では借家人まで屋号を使った。特に地名を屋号とする場合出身者の名乗りを禁止することは難しかったであろう。けれども「太鼓屋」についていえば基本的に一族・姻戚の間に限定しようとする意図は働いていたと考えられる。義絶したかの順三郎から屋号を取り上げたこと、難波村延宝五年（一六七七）検地帳にはすでに二名の太鼓屋屋号をもつ者が登録されている。太郎兵衛と七である。卜部が記録した「平八」が過去帳などなんらかの参考資料をもって語られるとすれば七が近い。いさが当初太郎兵衛を代判人としたことからみて、二家がごく近しい親類であること、借家に住む丹次郎さえ太鼓屋屋号を名乗っていることからも、この屋号が一族の共通のものとして用いられていたとしていいであろう。但し太鼓胴の銘文については、一族以外の渡辺村民が太鼓皮の張替えを行った場合に太鼓屋の屋号を付して墨書することはあり得たであろうし、事実そうした銘文が存在する。

次に知られる限りの内から具体的な人名を比定するとすれば太鼓屋喜兵衛に行き着こう。延享四年（一七四七）正宣寺門徒惣代らは連署して「桁行五間・梁行三間、壱方ニ壱間半下屋、屋根惣瓦葺ニ而再建」を願い出た。一〇人の有力門徒の中に「太鼓屋喜兵衛」の名がある。渡辺村の歴史の中で喜兵衛が登場するのは寛保二年（一七四二）木津村との間で偶然居合わせた火打村の者をまきこんで一大乱闘騒ぎがおこり喜兵衛下人源助が傷を負った一件が有名だが、同一人だろう。先のいさ「一札」から両家の姻戚の濃さは分かるし、いさの代で代判人に指定される「別家」といえば男子のいなかった初代家付き娘の一代前の兄弟と考えられるのではないか。初代太鼓又の次男は喜兵衛＝要蔵の一族と思われる中之町太鼓屋喜次郎家へ養子に入っている。

享保二〇年（一七三五）の太鼓銘からは、仮に初代太鼓又が安永年間に村入りしたとして、一～二代前に又兵衛を名乗った当主がいたことは動かしようのない事実であり、細工人として太鼓作りを行っていたことも明らかである。けれどもまだその名は名跡としては定着せず、喜兵衛名が基本であったのではないか。名跡としての太鼓又は吉兵衛を以て始まるとしてよいのではないか。但し、吉兵衛をもって初代太鼓又と命名することは、この家系がそれより以前、おそらくは近世前期より存続していたことがほぼ明らかになったこの段階では正しい位置づけではないだろう。したがってここから以降では中興初代吉兵衛・中興四代武助と書くことにする。そうなった場合に困るのは吉兵衛の次の太鼓又の通称なり幼名が不詳な点であるが、彼のみ又兵衛と呼ぶことにしよう。彼のみ通称がないのは、吉兵衛は子の彼に初めから又兵衛と名付けたからに違いない。太鼓又名跡を意識していたのである。

3　初期「太鼓屋」の実態

「創られた系譜」では元和二年の徳川大坂入城に際して、四尺径の御時太鼓を上納して細工巧者を讃えられ、以後「太鼓屋」屋号を許されたという。近世初頭にすでに広く名声を得ていたとすれば、当然戦国期陣太鼓の頃から活躍していたことになろう。だがこれはいくらかなりとも歴史的事実を反映しているのであろうか。翻って日本の太鼓がいつ頃誕生もしくは外国から伝搬したのか、どのような発展・展開過程を通過したか、張り皮加工の技術的・化学的内容がいかなるものであったか、さらに皮田とのかかわりは、等々についてほとんど不明なのである。このため近世初期の太鼓作りについて明らかにすることは研究史上の特別な意義がある。太鼓又に限定せず近世初頭〜前期上方の太鼓作りについて現段階で分かっている限りの概観から始めたい。

近世初頭期上方には国を越えて名人と呼ばれる太鼓職人があった。最も著名であったのは京都天部村太鼓屋理右衛門（又六―理兵衛）、次いで大坂渡辺村河内屋吉兵衛、そして大和西之坂太鼓屋喜兵衛である。そこに太鼓屋又兵衛家は入っていない。天部村理右衛門は太鼓銘に橋村と署名した。近江国野洲には寛永一九年（一六四二）九月と正保四年（一六四七）八月に作成した太鼓が残されている（古川 一九九九）。やや下る寛文一一年（一六七一）九月保証書ともいうべき証文が京都鞍馬下村に宛てて出されていて、大・小二つの太鼓を銀一一〇匁で請け負っている。この場合張り皮のみかは判断しかねるが、元禄四年に同じ鞍馬下村祭り太鼓を納めた証文では胴・革ともで一一五匁とあるから、値段からみて先のものも胴込みであったと思われる。貞享（元年〈一六八四〉）初めに成立した『雍州府志』には「大太鼓　太鼓の大なるは亦馬革を以て製す。天部の屠人これを筒に貼る。筒は近江の山中よりこれを穿ちて来る。天部村の屠人これを買い再びこれを改め斬りて馬革を両端に貼る」とあって、胴作りも行っていたのである。後世三尺以上の太鼓皮はもっぱら牛皮をもって当てられていたが、馬皮が普通に張られていた時期があったことも分かる。

嘉永六年（一八五三）春日社若宮御用太鼓の張替えをめぐって伝統的にこれを行ってきた東之坂甚右衛門と、新たに下値の掛合で引き受けようという西之坂庄兵衛・源四郎とが対立する。甚右衛門は庄兵衛らの値段ではまともな太鼓皮は張れないと非難し、太鼓皮鞣しは自家に口伝で伝わる技術であり「去る弐百弐拾年ばかり已前寛永年中」以来張立ててきたと強調した。しかしながら大和国で管見に入る太鼓銘による限り近世前期に太鼓作りを行っていたのは西之坂太鼓屋喜兵衛であり、元禄以降には同村太鼓屋四郎兵衛、銘文では中嶋と名乗っている。大和郡山市矢田東村一尺八寸太鼓には明暦二年（一六五六）「たいこや喜兵衛」の銘、筒井町八幡神社の同尺のものは寛文八年（一六六八）、山辺郡山添村北野の個人蔵二尺二寸の太鼓には宝永七年（一七一〇）の胴銘が、同じく喜兵衛であった。

太鼓屋又兵衛の先祖平八は大坂城の御時太鼓の最初の制作を請負い立派な仕事をしたという。幸いにも大坂城にあった御時太鼓については記録が残っている。最も早いものは『玉造御門一件』で寛政三年（一七九一）に成立した。太鼓胴の年記記載が宝暦一一年（一七六一）までのものであるから、寛政三年か、さして遡らない時期に書き写された記録であろう。その御時太鼓の部分については大坂城に関する他の諸文献に近似した叙述のあるところから、おそらくは一八世紀中頃以降に太鼓胴の銘文の書き写しを含め、御時太鼓をまとめたなんらかの原資料があったものと思われる。ここでは『玉造御門一件』をベースにして『金城聞見録』（文化初年）『摂営秘録』（文政七年）に見られる独自の言及などを参考にまとめておく。

時刻を告げる太鼓櫓は大手門から桜御門に通じる中仕切りの上にあり、方二間四方に大窓があった。「太鼓は至って古物にして其の音色殊に勝ぐれ遠く三〜四里の間に響くと云う」（『金城聞見録』）。実見による報告では「長

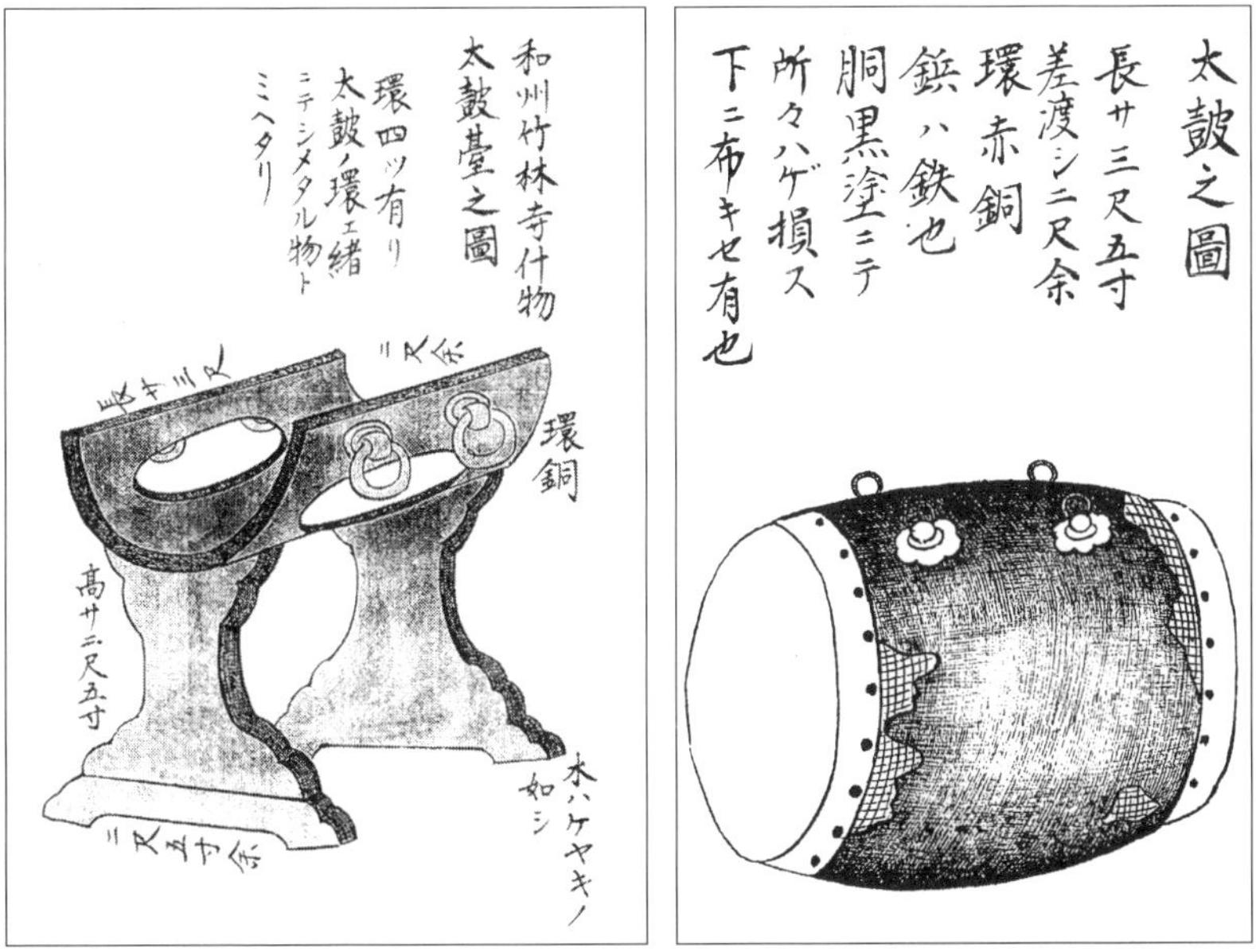

『金城聞見録』より

サ三尺五寸差渡シ二尺余、環赤銅鋲ハ鉄也胴黒塗ニテ所々ハゲ損ス下ニ布キセ有也」（『金城聞見録』）、図では鈨は四つ付けられている。合わせて図の載った太鼓台は欅作りで台二脚幅二尺五寸余高さ二尺五寸、太鼓胴を乗せる部分には環銅が左右に二個ずつ付けられている。響きと音色の良さから伝説が生まれる。真偽腑分けは不可能ゆえ輪郭をそのままなぞる。太鼓は大和国生駒聖林寺に伝わるものを大和侵攻の際に秀吉が持ち帰った戦利品を後に大坂城に置いた。正安二年（一三〇〇）制作張大工左近将監八重行宗、張干橋村又六作判、その後破損したが修理もできずようやくこれを寛正三年（一四六二）に再興張大工橋村利右衛門の手によって張直しが実現した、曰く因縁のある太鼓という。由緒を歴史の古い時代へ持っていくことは常套法であるが、これとは異なる年記も記載されていて、それを整理して示すと次のようになろう。

a　張大工左近将監八重行宗、

張干橋村又六作判
元和二年丙辰十月二四日
b再興張大工橋村利右衛門判
張有之由　摂州大坂道頓堀　渡辺村
万治二年己亥八月二六日
c元禄十四辛巳秋十月二八日此張主
大坂渡辺村　河内屋吉兵衛正次判
肝煎同村年寄　豊後屋喜左衛門
難波屋新右衛門
淡路屋孫左衛門
d享保七壬寅年正月二〇日張替
大坂渡辺村役人年寄　田宅仁兵衛
三宅喜右衛門
播磨屋平左衛門重行
張大工和泉屋与右衛門正勝
e元文三戊年十一月二三日
摂州大坂渡辺村北之町張主　河内屋吉兵衛正次
年寄　田宅仁兵衛
三宅喜右衛門

f延享五戊辰年二月吉日此張替
河内屋吉兵衛
田宅仁兵衛
三宅喜左衛門
g宝暦三癸酉年二月張替
h同九己卯年三月　同断
i同十一辛巳年六月同断

おそらく延享五年までが胴銘にあり、宝暦以降のものは役人の記録・覚えによるのであろう。このことから原資料は宝暦後期から遠くない時期に作成されたと推定される。取り出した年記が正しいとすれば渡辺村がかかわるようになるのは万治の時からであり、難波村時代の出来事に属するが、その時の細工人は分からない。次の張替えでは河内屋吉兵衛がこれを行っている。元和二年の年記はそれが徳川大坂城入部を示しているとすれば、それ以前の所蔵者がどうあれ大坂城御時太鼓の制作者は天部村橋村又六（利右衛門一族）が行ったといえるであろう。

御時太鼓の記録では福岡藩のものが知られる。安永二年以降は福岡の地元での張替えが慣例になるのでその前までの記録を載せる。

此節御時太鼓三尺口之分御張替仰せ付けられ候、尤も御太鼓胴ノ中ニ左之通リ之銘在リ、其銘ニ曰ク
a寛文四稔辰三月京天部西ノ丁　太鼓屋橋村利兵衛

b天和三亥六月摂州大坂渡辺西ノ丁　何《(河)》内屋吉兵衛
c正徳元年卯九月那珂郡堀口村　革本〆善兵衛・茂七・甚七
d明和三丑三月摂州大坂渡辺北ノ丁　播磨屋源兵衛

先の大坂城御時太鼓同様に京都天部村太鼓屋利兵衛が最初の太鼓を奉納し、以後の張替えを渡辺村河内屋吉兵衛が行った。渡辺村は天和段階では難波村に住居していた。木津村では北之町に住んだ河内屋がここでは町名が消失する「西ノ丁」の表示になっている。これを根拠に難波村での渡辺村の中心部分が、中之町を挟んで東と西に広がる町構成であったと述べたことがあるが、ここでの関心はやはり京都橋村利兵衛と渡辺村河内屋吉兵衛である。御時太鼓が典型であるが三尺（約一メートル）を超す大太鼓で、しかも毎日の使用に長期間耐えて高音部の音を伝える太鼓制作・皮張りは最高度の技術を必要としたこと、それがために太鼓又の伝承が語った如く賞賛に値した。大坂城（元の所蔵が大和国生駒であればさらに広がる）・博多藩二つの遠く離れた太鼓が教えてくれるのは、当時では胴制作を含めた大型の太鼓作りを京都天部村理(利)兵衛が担い、以後の皮張替えを渡辺村河内屋吉兵衛が担当する構図がみえてくることであろう。

もちろん近世初頭であっても地域的な展開や、三尺以下あるいは激しい使用用途でないものなどで太鼓制作が行われていたことを排除するものではない。いやむしろ皮田村間には第一次的には旦那場の論理が働いていたと考えられる。先の大和国東之坂甚右衛門の主張や古川与志継氏が明らかにした近江国などの事例（古川　一九九九）はそれを裏づけている。城や大寺社の場合に旦那場の論理が超えられたこと、注文側の意向がやがて強く働くようになることは考慮に入れなければならないけれども、まずはなによりも出発点に旦那場の論理が置かれたことは指摘しておかなければならない。

和泉国貝塚御堂（願泉寺）にかかわっては『天明二年　御堂太鼓張替一件』と題された史料がある。太鼓制作・張替え部分を掲出する。

A

a一往古之太鞁筒内外之番附左之通り
貝塚御堂御太鼓　佐野川庄屋与右衛門殿御キシン
慶長一六十月日　大工鶴原屋クワノ藤右衛門
作料銀子百目、但ハリチン也
右筒内ニ書
b寛永十九年ミツノヘ午八月吉日
瓦屋村入馬ノ大工源蔵
右筒外ニ書

B

一御堂太鞁損候ニ付年寄共より差出候番附之写
御坊太鞁張替候年号覚
a一延宝七己未年　間三十弐年
一宝永八辛卯年六月、　河内屋吉兵衛
b一正徳元年四月改　間四十八年
一宝暦九己卯年　麻生嶋村

間二四年
c一天明二壬寅年迄

C

先年御太鞁張替仕候帳面之写
宝永八辛卯年六月十五日
一木口四尺之御太鞁張替　皮斗
諸事至極念入
代銀四百五拾目　外ニ銭四百文細工人江御祝儀出申候
泉州貝塚卜半様
同所御肝煎
金屋喜兵衛殿
かもり屋甚右衛門殿
同　市右衛門殿
あやい村　次左衛門殿
此方江参られ候口次
右卯ノ年より三十三年以前ニ未ノ年八月つくろい、鉄鋲ニ仕替候て細工仕候、其刻ハ先吉兵衛直ニ貝塚江参候て相判之上請取申候、則八月二日に御太鞁参、九月五日ニ船頭太兵衛と申者之船ニ積出申候
貝塚御堂のもつ太鼓は慶長一六年（一六一一）には鶴原村の藤右衛門、寛永一九年（一六四二）には瓦屋村の

源蔵によって皮の張替えが行われている。それ以前に制作されたのは明らかであるがその記録を欠く。ただしAの太鼓とB・Cの四尺太鼓が同一のものであるかは不詳。Cが四尺であることは記載があるがAの径は不明なのである。さらにA史料から皮張替えが三〇年を目安になされているとすれば天正前期より前に制作された可能性が強い。最初に名が出るのは河内屋吉兵衛である。一連の史料で興味を引くのはCで吉兵衛が「三十三年以前未ノ年」(史料最初の延宝七年のことであろう)に頼まれ太鼓修理を行い、その際「鉄鋲ニ仕替」えたという点である。これはどういうことか。第一の解釈は木釘(釘というよりもタボに近い)を鉄鋲に替えたという理解である。もう一つの解釈は締太鼓を仕替えた場合である。安政六年南王子村林兵衛が田中村三尺二寸の締太鼓皮両面を張替えた記録からみて、この文言は締太鼓であったものを延宝の張替え時に鋲打ち太鼓に仕替えたと理解するのである。

近世初頭〜前期の得られた太鼓関係史料を紹介しながら上方の様子を概観してきた。その結果大坂では、時太鼓など使用頻度も激しく高品質の耐久性が求められる太鼓皮張替えはもっぱら渡辺村河内屋吉兵衛によって担われてきたこと、またそのような品質が要求される大太鼓では胴作りまでを含む太鼓制作はほとんど京都天部村橋村利兵衛が独占していた。が皮作りと皮張りは河内屋の細工に上手があったようだ。かつて中西義雄は太鼓又や播五とならべて河内屋吉兵衛を新興商人と規定したが、彼の名はすでに初頭の太鼓銘にあるばかりか、長崎貿易の恩恵をうける和革問屋一二人の内に入っている。むしろ彼の家系が独占してきた細工巧者の地位と太鼓制作を一八世紀に入って太鼓又や播源に明け渡したことが重要であろう。貝塚御堂太鼓引受を先祖の業績をもって願い出ている姿にそれを感じるのは錯覚か。

三　太鼓又系譜を書く

1　太鼓又以前の太鼓屋

ここまで述べてきたことを、太鼓又系図を示すことで少しでも整理をしておこう。明瞭なのは中興の祖といわれる、そして太鼓屋又兵衛という名跡を確立した吉兵衛事中興初代太鼓又から幕末~維新に生きた中興四代武助まではいくらかなりとも史料を得られるが、それ以前については享保二〇年（一七三五）の太鼓胴銘の他に何一つとして証となる史料は得られず、大半は合理的推理を積み重ねたとはいってても所詮は危うい仮定を連ねたものでしかない、ということだろう。作成した系図の流れにそって整理するが、吉兵衛以前については二で考えたことがすべてなので、時間の流れにそって補足説明を加える程度のものになろう。

茂市郎の強烈な本家意識の前では太鼓又家がここから始まったかに思える。事実長年に渉っての意識的な探索によってもこれまで化政期以前の太鼓又を文書史料から発見することはできなかったのである。もとより月刊『商業資料』が聞き取った「創られた系譜」を念頭には置いて、平八名前にも注意は寄せたが、それとて出会うことはなかった。かかる経過のうえで茂市郎に逢着すれば信じるなという方が無理である。正直信じかけた。それだけに太鼓胴から見つかった享保二〇年の墨書銘の衝撃は大きく、柱にしがみつかせるものがあった。

渡辺村住民の多数の個人名が知られる最も早い史料は延宝五年（一六七七）難波村検地帳であろう。そこには太鼓屋の屋号をもつ太郎兵衛（屋敷地三畝一八歩）と七（屋敷地二畝四歩）の二人が表れる。七を平八の家系とすればもう一つの太郎兵衛家とも親戚関係にあった。ともに中之町住民で正宣寺門徒であったと思われる。先の河内屋吉兵衛は二筆五畝二三歩の屋敷地の他に二八筆二町五反余、高にして二六石余の飛び抜けて多くの土地を所持していた。この検地帳に正宣寺が出ないのは除地であったからであろう。そうだとすればこの検地帳には渡辺村免租地分七五五〇坪は表れない。中之町・西之町・東之町・八軒町の四町屋敷地分がそれに当たることが分かっているから、中之町に住む太鼓屋の二人も西之町の河内屋も検地帳に出る屋敷地はこの四町以外に所持する屋敷地だということになる。

喜兵衛が中期頃の村の有力者であること、弘化四年にいさが木津村に差し入れた「一札」によって、喜兵衛＝要蔵であり太鼓又からするところの別家であり、手代としてまた長期に代判人に指定していることからもごく近くに分かれた親戚であろうこと、天保期新屋敷町で三六軒もの抱屋敷の家守であったこと、同時期南北細工場に太鼓又とは別に建家をもっていたことなど一定の財産をもっていた、等々。これらの事実をもって枝分かれした家とみたのであった。さらに踏み込んで家付き娘（一説にしゆう）の親の代で兄弟分岐が生じたと推定する。

2　中興以降の太鼓又

『守貞謾稿』は晩年江戸に住居を移した喜田川が天保以降に執筆を始めたものであるが、京坂については彼が永く住んだ化政期の見聞、したがって『世事見聞録』と同時期の様子がまとめられている。が吉兵衛の代のことであったか、中興二代又兵衛の代であったかは確定しがたい。卜部聞き取りは寛政五年（一七九三）正月の病亡とするが、跡式争論では系譜に載せた文政五年（一八二二）に死去したとされ、このひらきの間には一人の人生が入るほどの谷間が広がるが確実な史料を欠く。二四〜五歳で渡辺村へ分家したとあり、養子説は安永五年（一七七六）とあるから両方がつなげられるとすれば吉兵衛の誕生は宝暦元年（一七五一）頃となり、一代をもって事業を達成し豪商と呼ばれるに至るには寛政五年では四〇代半ばとなり、あまりにも早世と思える。文政説を採った理由である。但しそうなると又兵衛との死亡年が七〜八年の差しかなくなる。仮に安永七年生まれとして五

○代初めの病死ということになってしまう。そして親子がともに活躍した期間が長かったことにもなろう。そうなるとどちらの事績であるかを区別することにはあまり意味はないのかも知れない。

さてト部聞き取りの重要な点は吉兵衛が太鼓職人の家業から皮問屋へ進出したこと、その際先行する渡辺村皮問屋が縄張りとしていない処女地を開拓していったと書いていることである。それはどこまで事実を反映しているのであろうか。まず第一の課題である原皮集積をみる。管見では皮商人としての最初の太鼓又と九州大分で出会う。前貸銀出入りである。寛政一一年（一七九九）九州大分府内藩井蕪村《いのかぶ》惣頭惣兵衛と同村平兵衛を相手取って訴訟をおこす。木本の研究（木本 二〇〇二）を参考にすると府内藩の皮流通はａ宝暦年間頃から大坂商用が増加しており府内藩の大坂皮積登せが活発化した　ｂしかしルートは惣頭一本で取引相手も渡辺村年寄豊後屋であったのではないか　ｃ天明頃から渡辺村皮商人の藩内への直接買入れが始まる　ｄそれとともに頭以外の者やもう一つの皮田村である明珍村の動きも見られるようになる　ｅ相次ぐ大坂訴訟から藩は「牛馬皮類座方」制を寛政一三年に敷く。渡辺村十軒町池田屋五三郎・同儀兵衛が指定される。その前後には太鼓又のほか年寄豊後屋喜左衛門、明石屋助右衛門らが府内藩に入り込んでいた。重要な点は惣頭―豊後屋という伝統的皮流通ルートが権威を失っていることであろう。前年明石屋は井蕪村小島清兵衛・百助を相手取り前貸銀八貫弱の請求訴訟を行うが天明七年からの出入りという。太鼓又の場合も前貸銀を渡した時期は天明頃に遡るかもしれない。

個々の事例にコメントしていけば紙数が足りなくなるので、以下年表風に事績のみを書く。文化八年には福岡藩支藩秋月藩の皮座請持ち人に指定される。翌九年冒頭にふれたように吉次郎（中興三代目）は伊予国川之江村太兵衛を前貸銀訴訟で訴えた。文政二年（一八一九）先の府内藩皮座一手買請人の地位を得る。文政一二年太鼓屋吉兵衛（すでに死去）・讃岐屋卯兵衛は小倉藩で前貸銀出入りを起こす。天保一三年（一八四二）既述した通り小倉藩皮一手買請人に指定される。しかし嘉永四～五年頃の次なる更新時には売り方差止めをうけるなど一波

●太鼓屋又兵衛系図（案）

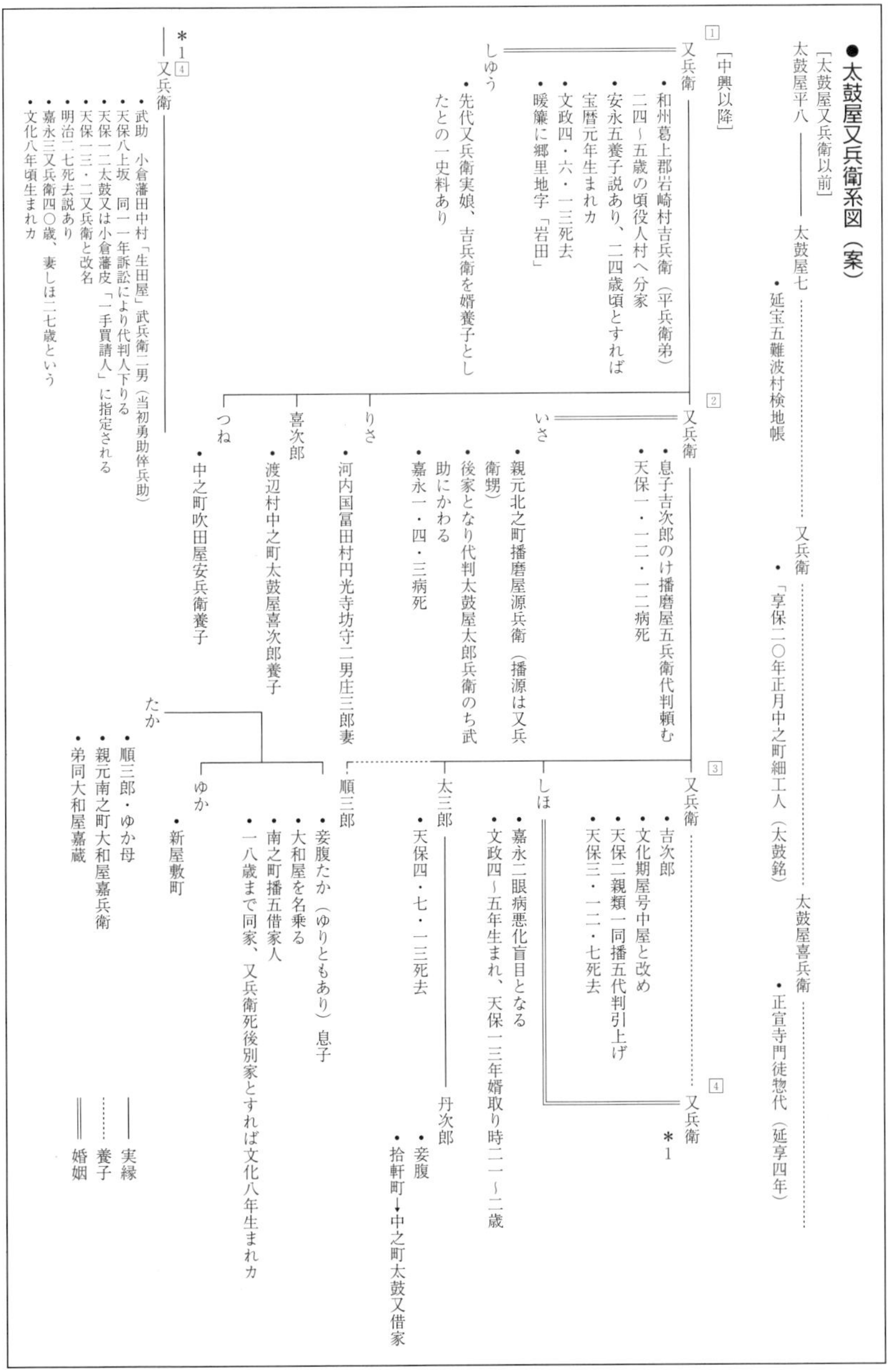

［太鼓屋又兵衛以前］
太鼓屋平八
太鼓屋七
・延宝五難波村検地帳
又兵衛
・「享保二〇年正月中之町細工人（太鼓銘）
太鼓屋喜兵衛
・正宣寺門徒惣代（延享四年）
［中興以降］
1 又兵衛
・和州葛上郡岩崎村吉兵衛（平兵衛弟）二四～五歳の頃役人村へ分家
・安永五養子説あり、二四歳頃とすれば宝暦元年生まれカ
・文政四・六・一三死去
・暖簾に郷里地字「岩田」
しゅう
・先代又兵衛実娘、吉兵衛を婿養子としたとの一史料あり
2 又兵衛
・息子吉次郎のけ播磨屋五兵衛代判頼む
・天保一・一二・一二病死
いさ
・親元北之町播磨屋源兵衛（播源は又兵衛甥）
・後家となり代判太鼓屋太郎兵衛のち武助にかわる
・嘉永一・四・三病死
りさ
・河内国冨田村円光寺坊守二男庄三郎妻
喜次郎
・渡辺村中之町太鼓屋喜次郎養子
つね
・中之町吹田屋安兵衛養子
3 又兵衛
・吉次郎
・文化期屋号中屋と改め
・天保二親類一同播五代判引上げ
・天保三・一二・七死去
しほ
・嘉永二眼病悪化盲目となる
・文政四～五年生まれ、天保一三年婿取り時二一～二二歳
太三郎
・天保四・七・一三死去
丹次郎
・妾腹
・拾軒町→中之町太鼓又借家
順三郎
・妾腹たか（ゆりともあり）息子
・大和屋を名乗る
・南之町播五借家人
・一八歳まで同家、又兵衛死後別家とすれば文化八年生まれカ
4 又兵衛
＊1
たか
・順三郎・ゆか母
・親元南之町大和屋嘉兵衛
・弟同大和屋嘉蔵
ゆか
・新屋敷町
＊1
4 又兵衛
・武助 小倉藩田中村「生田屋」武兵衛二男（当初勇助倅兵助）
・天保八上坂 同一一年訴訟により代判人下りる
・天保一二太鼓又は小倉藩皮「一手買請人」に指定される
・天保一三・二又兵衛と改名
・明治二七死去説あり
・嘉永三又兵衛四〇歳、妻しほ二七歳という
・文化八年頃生まれカ
実縁
養子
婚姻

乱があった。文久二年長州藩三田尻起田屋長五郎は領内の牛馬皮一手買集め願いを提出するが、そこに近年は「大坂表渡辺村太鼓屋又右衛門・播磨屋五兵衛両人之者より手代六七人も熊毛御宰判久原村勝蔵・都濃郡久米村兵次郎と申す者方へ年々買入れに罷り下り候」とあって、太鼓又・播五手代たちが頻繁に立ち入っていることが述べられている。塚田が紹介した史料（塚田 二〇〇〇）に文化から文政前期にかけての前貸銀訴訟にはこの両人の名がないことから、太鼓又らの長州への入り込みはその後に始まったと考えられる。万延元年（一八六〇）藩直営になった福岡藩革座の一手買請人に岸部屋九兵衛・播五とならんで太鼓又が指定された。

太鼓又の事跡は今後も追加されていくであろうから断言は慎まなければならないが、現時点で言いうることはまず関西にないこと、やはりそこは既存の皮商人の縄張りができていたことと、これらの地域では鞣し・加工、地遣いの独自な展開がなされていて原皮そのものの大坂移送は多くはなかったからであろう。では出身の大和はどうなのか。ここでも取引の痕跡を見出さない。又兵衛の取引は九州・四国、そして長州に広がったが中国には姿を現していない。津山・播磨には一定の史料が蓄積されているが、そこに太鼓又の名は見出さない。

太鼓又は原皮問屋として飛躍した。とはいえここでの課題になりえないが、皮問屋の実態がどれほど明らかになっているかは覚つかないのである。問屋利益の基本は買い―売りを仲介しての双方からの五分口銭であるが、彼らは事実上仲買人を兼ね地方相場で地元（産地仲買人が多い）から安く買い、大坂の高値相場で売るのである。前貸銀とはそういうものである。広島でもしばしば渡辺村皮問屋が大坂相場でなく地方の低い相場で買うことが問題になっている。そして月に一回は大坂相場を送らせると不満を述べている。そこでは売―買が行われていることを示している。狭義にはそれは原皮仲買人であって問屋ではない。原皮問屋が成立する前提は郡や藩領規模での原皮集積者があり、大坂での販売を委託されることによって成立する。つまりは皮田頭制や藩専売制の成立を前提として本格化するのである。皮問屋の理念型は新屋敷町出雲屋六右衛門（文化八年福岡藩）中之町河内屋

年表　太鼓屋又兵衛の事績

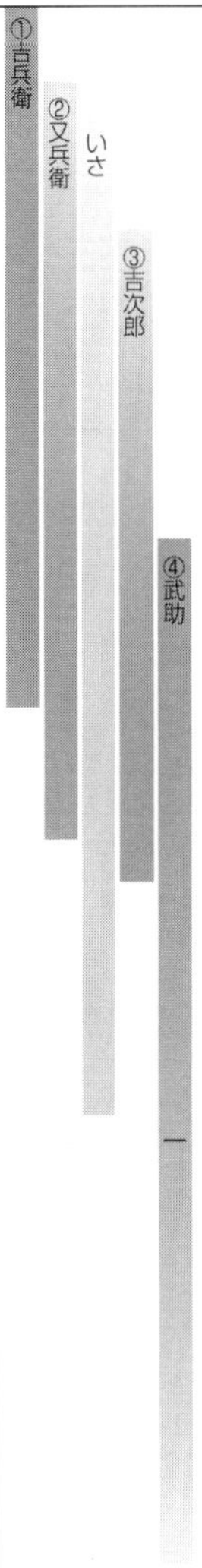

	原皮	その他
1780		
		84 播磨国揖西郡野田村日吉神社1尺8寸太鼓、中之町細工人太鼓屋又兵衛［長右衛門］制作
1790		
	99 大分府内藩井蕪村惣頭惣兵衛・同村平兵衛相手取り貸付銀訴訟	
1800		
1810		
	11 福岡秋月藩皮座請持人に指定	
	12 伊予川之江村太兵衛相手取り前貸銀出入おこす	
	19 大分府内藩皮一手買請人となり皮類登せ方問屋を井蕪猪八郎・岸兵衛指名	
1820		
		25 河内石川郡富田村との間で賃鞣し仕法取交す
	29 小倉藩真木村皮田又蔵、太鼓又代人讃岐屋卯兵衛より借銀訴訟おこされる	
1830		
		34 太鼓屋要蔵家守として太鼓又が新屋敷町に36戸の借家所持
	37 太鼓屋喜兵衛、小倉藩から大坂へ運んだ皮荷67箱につき、大和屋三郎衛門から抜荷として訴えられる。その後の調査で藩内全域で皮田と太鼓又の馴合いで抜荷が日常化していたことが判明	
		39 字堂面細工場に25軒の抱屋敷を所持
1840		
	42 小倉藩皮座一手買請人となる	
		49 高木村惣助に対して沓革賃鞣し代2口40枚銀180匁支払い
1850		
	51 小倉藩皮座一手買請人更新につきトラブル（52再度一手買請人となる）	
		58 鳥取藩登城太鼓を胴は八東郡日田村大工善助他、皮を太鼓又の指導の下、揖東郡大市中村栄助、同揖西郡沢田村庄兵衛が張る（のち美保神社寄贈）
1860		
	60 福岡藩革座会所皮の買請人に岸九、播五と共に入る	
	62 この頃播五と共に長州藩へ直買いに立入る	
		67 幕府に対し渡辺村太鼓屋又兵衛名義で「汚名返上」の嘆願を出す
1870		

助治郎（明治二年紀州田辺藩）の、それぞれに独立した二つの計画仕法にみごとに示されているが、実際にそれが実行されていたわけではない（勝男 二〇〇〇）。理論上そうであっても実際上仲買と問屋を峻別することは困難で取引規模の問題として処理することになる。こう考えたとき太鼓又がどの時点で仲買人の域を脱して皮問屋となったかが問われる。指標はａ独自倉庫・蔵の存在　ｂ問屋庭《とんやば》や付随しての皮干場　ｃ「入札人」ネットワークであるが、今それを実証することはできない。文化八年（一八一一）秋月藩皮座請持ちとなったあたりが指標となろうか。

皮の性質上原皮問屋は鞣革問屋とは近似しているかに思える。これらを区別することなく論じているのが現状であるが、両者は遠い。太鼓又は鞣し革には進出しなかったのであろうか。和泉国南王子村の革取引出入りをみる限り、また河内国更池村でも太鼓又は登場しない。高木村との取引関係にも一点を除いて出てこない。これらのことから太鼓又は鞣し業や鞣し革の取引（鞣革問屋）には進出しなかったと考えられてきた。ところが文政八年（一八二五）中興二代又兵衛の時代のことであるが、兄弟長女が嫁入りしている河内国石川郡富田村との間で太鼓又と独自の賃鞣し契約を結んでいるのである。数年後村年寄仁兵衛が村内には革製品の売買があるがこれを一般の質屋に持ち込んでも値がつかないので困っている。皮田村内のみの質屋営業を願い出て許可されている。そのことからも賃鞣し仕法は実際に行われたものと思われる。「申合約定之事」（竹田家文書）は一一カ条からなり、村と太鼓又の間だけで行うこと、他の業者が賃鞣しを申し込んできても太鼓又を通させること、牛皮三匁九分・馬皮三匁・沓革七匁契約であることなどである。当初五兵衛・仁兵衛・右近三名が「引受支配人」となっていた。右近は寺次男、仁兵衛は村年寄で高一六石七斗余の家持ち、五兵衛も年寄で高一五石七斗の家持ちである。村挙げての賃鞣し契約である。この事実は太鼓又の新しい顔を垣間見せたのみならず、渡辺村皮革業にとっても新知見に属する。

渡辺村の皮革業と太鼓又の登場──まとめにかえて

寛政三年（一七九一）大坂町奉行所は市中革細工人から原料革が高騰して難渋しているとの嘆願を受ける。渡辺村皮問屋たちを呼び出し糾問したところ「国々より登皮減少いたし直段高値相成り候旨申立、拾年以前の登皮と見合い去る戊年登皮三歩一に相成り候旨申し候」、つまり諸国から大坂へ積み登ってくる牛馬皮が十年前と比較して三分の一にまで激減したというのである。「皮荷物の儀は外品とは違い豊凶に拘わらざる品に付き格別減り申すべき筋とも相聞こえず」（小松藩会所日記）。大坂町奉行所はどうも渡辺村皮問屋の言い分を信じず、大坂在住の諸藩役人を呼び調査を命じた。これまでのところ美作国津山藩・伊予国小松藩・讃岐国高松藩・豊前府内藩で調査に応じたことがわかっている。ここでも関西は皮革流通調査の対象外であった。史料のまとまった津山藩（国元日記）からみえてくるものはａ従来の仕法は草場からあがる牛馬皮を決まった藩内仲買人が定期的に買い集めに廻ってきて売却する　ｂ産地仲買人は古くから定まったルートと渡辺村皮問屋に一括引き渡す。仲買い茂次郎は住吉屋九左衛門へ送ったし、府内藩では頭から渡辺村年寄豊後屋喜兵衛へのルートである　ｃそれを脅かしたものは一つは近隣播州から入り込む庭先買い、もう一つが渡辺村から下ってくる新たな集積人たちである。播州からは高木のほかに西播州から多くの商人が入り込み、渡辺村からは主に和泉屋惣兵衛手代が来ていた。彼も新興商人である　以上の構図である。住吉屋九左衛門から前貸銀を得て仲買いする茂次郎は答えて言う。以前は川船三〇艘送っていたものが一昨年は八艘になった。このままでは美作国の皮は大坂表に行かなくなるのではないか。

高松からは斃牛馬そのものが少なくなり、それにともない皮値が高騰して十年以前一貫目一二〜三匁であったものが今では二五〜六匁にまで上がったと報告された。わずか一・二枚の庭先買いが起きるのは現金でしかも若干上値での取引だったからであるが、大坂との競合、相場差の自覚がさらに高値を形成していったのである。牛馬皮の高騰は草場制を支えていた地域慣行をほころばせ遂には破綻させる。生牛解体や無株層の暗躍、新ルートの皮流通である。これを要するに「地域に埋め込まれていた経済」が離陸を始めたのである。伊予西条藩新居郡中野村では寛保頃「折節上方頼まれ遣い候」こともあるが「旦那内に落牛馬御座候節は出入り仕り候穢多共始末仕り候由、牛馬皮の義多くは穢多共方にて細工に遣い申し候」、皮の生産・消費は草場内で完結していたのである。それから一世紀弘化元年（一八四四）には藩は渡辺村皮問屋からの前貸銀の全面禁止を通達するに至る。

新しい皮管理（生産・流通）のルール作りが模索される。藩が主導する専売制はまだ始まらないが、請所制や口銭・運上制が相次いで導入される。旧来の流通ルートが機能低下を招いている大きな間隙に、くさびを打ち込んで割って入るようにして渡辺村の新興皮問屋や商人たちが立ち現れてくるのである。太鼓屋又兵衛もまたそうした新興皮商人の一人であった。彼は時代の子として類まれな才覚を発揮して、家筋の確かな基礎があったにせよ、ほとんど一代で巨万の富を手中にする豪商となるに至ったのである。

［参考文献］
勝田義行「皮商人」『シリーズ近世の身分的周縁』4、吉川弘文館、二〇〇〇年。
木本邦治『近世被差別部落の研究－府内藩を中心として』大分大学大学院修士論文、二〇〇一年。
塚田孝『近世の都市社会史－大坂を中心に』青木書店、一九九六年。
同「長州藩蔵屋敷と渡辺村」『部落問題研究』第一五一号、二〇〇〇年
布引敏雄『長州藩部落解放史研究』三一書房、一九八〇年。

のびしょうじ「大坂渡辺村の空間構成」『部落解放研究』第一一八・一二四号、一九九七年。

同　「渡辺村新屋敷町の住民構成と性格」『大阪の部落史通信』第一八号、一九九九年。

古川与志継「近江の太鼓づくり－湖東湖南を中心に」『京都部落史研究所報』第八・九号、一九九九年。

松尾隼一「豊前地方における皮革生産と小倉藩とのかかわり」『部落解放史ふくおか』第二三号、一九八一年。

同　「近世豊前地方における皮革産業」『部落解放史ふくおか』第二四号、一九八一年。

同　「続近世豊前地方における皮革産業」『部落解放史ふくおか』第二六号、一九八二年。

光應知広他『永万寺の歴史』私家版、一九九九年。

三宅都子『太鼓職人』解放出版社、一九九七年。

吉田徳夫「摂津役人村関係史料の紹介」『関西大学人権問題研究室紀要』第二九号、一九九四年。
＊『摂津役人村文書』『筑前国革座記録』などの刊本や大部の史料集は周知のものとして省略した。

［付記］

渡辺村研究は九二年「大阪の部落史」委員会出発から始まっている。本稿は一〇年間の持続的探索と蓄積の成果の一部となるが、企画当初からの文献・史料註記を入れない方針に従い一切の典拠を省いた。書き終えてみると大半が新知見となる諸事実を論拠も考証も省略してまとめた点に不安はよぎり、詳細はやむなく簡単な事柄のみ後から文中に（　）書きを加えた。史料の多くは「大阪の部落史」委員会が収集したものであり、部落解放同盟浪速支部との協議によって使用を許されたものである。神戸市立博物館には「大阪の部落史」委員会として未整理資料の撮影を許された。明記して感謝したい。

直接の史料引用は避ける方針であったが、太鼓胴の銘文についてはあえて必要最低限の引用をした。太鼓又初出史料となる享保二〇年胴銘を教示し写真を提供してもらった渡邊実氏の口癖は「太鼓から歴史がみえる」。今回はそれを実感したからである。

本稿執筆に踏み出す尻押しを自らに課すため、八月二日炎天下の小倉に降り立った。武助調査には首籐卓茂氏に案内を乞うた。永万寺の光應住職には直接対応いただき光背の写真を拝見した。松本清張がこの寺で見合いをした逸話も伺い、一瞬歴史の皮肉ともいうべき「ある小倉日記伝」が頭をよぎった。文中主な皮問屋には系図があったと指摘したが、ある日太鼓又の詳細な系譜が発見される悪夢をみるからである。自分もまた無駄なことを重ねているのではないか、と。鈴の音の幻聴はないけれども、この夏奮発して買った明珍火箸の風鈴の澄んだ音色はこの原稿を書いている間中耳朶にやさしい。雑念を圧し殺しおしころしようやくここまで来た。

［追記］

本人校正は初校のみ。であるのに念校段階になって鳥取美保関で知られる美保神社の太鼓胴銘の写真が見つかったと渡邊実氏から連絡が入る。小心者はそれだけで肝をつぶす。点をつないだ見通しが覆ったかと心配になるからである。美保神社は多くの太鼓を収蔵することで有名で一九六〇年五月太鼓が国の重要有形民俗文化財に指定された。その後七三〜四年にかけて国庫補助事業として胴・皮の張替修復が行われ、胴銘があるものはすべて記録保存された。今年二月本文でふれた兄弟太鼓の調査で美保神社に出向いた渡邊氏が大坂にかかわるものを手控えた写真が見つかったのである。本稿に関連するのは二つ。

［径一尺四寸　長さ一尺八寸］

胴外　赤漆　奉寄進三保大明神

［　］

太田屋庄右衛門
元禄十三庚辰暦七月日
細工人摂州大坂渡辺村
河内屋吉兵衛正次（花押）

胴内　元禄十三庚辰歳七月吉日
摂州大坂渡辺村此細工人
河内屋吉兵衛正次（花押）

［胴赤漆塗　径一尺八寸　長さ一尺九寸］

胴外　奉献　文化十年当国住
中島屋武助船
酉九月吉日　世話人船頭為八

胴内　a享保拾六年亥六月吉日
摂州大坂渡辺村中之町細工人
太鼓屋又兵衛吉重（花押）
b宝暦四甲亥（ママ）歳二月吉日

はりかへ細工人大坂渡辺村北之町
播磨屋源兵衛
c明和五年いぬの三月吉日
はりかへ細工人渡辺村北之町
太鼓屋長兵衛（花押）
d明和七年寅四月吉日
張替細工人渡辺村拾軒町
河内屋半兵衛（花押）
e天明三年卯五月吉日
摂津大坂渡辺村七□細工人はりかへ
河内屋半兵衛

二つめの胴銘によって享保後期の太鼓屋又兵衛の存在は動かしようのないものになった。同時にこれは播源の名が出る早い時期のものであり、やはり花押はない。本文で言及した太鼓又製作享保二〇年太鼓の原蔵者は不明だが、すでに遠く鳥取までかの「家」の名声があったということであろうか。張替え期間を見るとcの太鼓屋長兵衛のものは四年とあまりに短いが、他は一〇年少しを平均とするなかaは二一年と最長である。同一人が張替えた場合銘書きをしないこともあり断言はできないが、高い技術を保持したがゆえである可能性はあろう。美保神社には幕末元治二年（一八六五）正月長州三田尻関屋羅福丸金兵衛が寄進した径二尺一寸長さ二尺五寸の太鼓も奉納されている。その胴銘に「大坂渡辺村中之町太鼓屋又兵衛佶重（花押）」と墨書がある。いうまでもなく中興四代武助が署名である。そして彼は享保期先祖の「吉重」名を名乗ったのである。

一つめの胴銘は近世初頭〜前期に、渡辺村でほぼ一手に太鼓製作を仕切っていたといってよい河内屋吉兵衛が、因幡国にまで名声を響かせていたことが知られる貴重な記録をつけ加えるものとなった。

第Ⅱ部　近代編

西浜

第6章

新田帯革と西浜の皮革業

吉村智博
Yoshimura Tomohiro

はじめに

近代日本の皮革業は、多くの技術者、経営者たちによって支えられてきた。技術革新による機械の導入をみる時代に至ってもなお、職人の技術水準と経営を支える理念は、創業時のまま脈々と受け継がれていた。近代型の習熟した製革法を採用して創業された新田帯革製造所（以下、新田帯革と略）もまたその一つであった。

本章は、この新田帯革の創業者新田長次郎（一八五七年五月二九日〜一九三六年七月一七日。以下、新田と略）と、その事業展開を通して、西浜町とその周辺町村での皮革業について、地域社会の姿を中心に描こうとするものである。時代的には、一八九三〜一九〇三年（明治二六〜三六）頃を扱っており、一九世紀末〜二〇世紀初頭の世紀転換期における都市大阪の皮革業を対象としている。とくに、直接の考察対象とする新田帯革の事業内容については、大阪市史編纂所が所蔵している『新田革帯製作所文書』（正確な事業所名は「新田帯革製造所」。以下、『新田文書』と略）という資料を用いて詳しくみていくことにする。

本章が対象とする時期の時代状況を概観しておきたい。まず、経済的には、一八八五〜一九〇〇年（明治一八〜三三）の一五年間の成長率は著しく、GNPは約一・六倍に、消費支出も約一・六倍に跳ね上がった。とくに、一八九四〜九五年（明治二七〜二八）にかけて繰り広げられた日清戦争後の好景気は輸出入の伸張にも影響を与え、右肩上がりの経済成長となった。政治情勢に目を転じてみると、近代日本の国家理念を規定した「大日本帝国憲法」が一八八九年（明治二二）二月一一日に発布されたのをうけて帝国議会が創設され（一八九〇年）、立憲君主制が名実ともに成立することになる。時あたかも、政界では伊藤博文、松方正義、山県有朋ら薩長藩閥出身者が実権を握っていた。町村段階でも、一八八九年には市制・町村制が施行され、市町村が支配機構の末端組織として機能する体制が確立していく。こうした経緯で「大阪市」も誕生するが、「市制特例」によって、市長を大阪府知事が、助役を府書記官がそれぞれつとめることになり、同時に発足した市会は議決機関にすぎなかった。

一方、東アジアにおいては、日本帝国主義を前面に押し出し、対外的な膨張過程を邁進していく。日清戦争は、そうした帝国主義政策の顕著な現れだった。一九〇〇年代に入ると、一九〇二年の日英同盟締結を背景に、朝鮮半島と満州の領有権をめぐるロシアとの対立が激化し、国際緊張が高揚していった。そして、〇四年には日露戦争が開戦することになり、一〇年には「韓国併合」を強行することはあらためて述べるまでもないだろう。

しかし、帝国日本は、軍事強国でありながら経済弱国（米英への依存）という二面性をもっており、自国の資源に限界があるうえに、なおかつ資本主義的生産体制を確立しきれていないという性格を有していた。こうした時代状況のもと、殖産興業政策の衰頽と産業育成策の登場の一環として皮革業の進展も位置づけられる。

なお、本章の対象となる西浜町は、近代初頭から行政的・自治的に紆余曲折を経て、一八九七年（明治三〇）に大阪市南区へと編入される。このあたりのことは、さきに上梓された『渡辺・西浜・浪速—浪速部落の歴史』に詳しいので、ご参照いただきたい。また、皮革業について論じる際には、西浜町だけでなく、周辺の木津北島町や新田帯革の所在地である難波村なども対象となるが、本章では、便宜上、「西浜」で表記を統一し、必要に応じて個別の町名を記していくことにする。

一　新田帯革とその事業展開

1　皮革「職工」としての出発

新田は、一八七七年(明治一〇)四月、郷里の伊予（愛媛県）をあとにして来阪し、知人の薦めにより初め西尾質店で働くが早々に退職、一一月には、藤田組製革所へ見習「職工」として入所する（『回顧七十有七年』）。藤田組は、政商藤田伝三郎が資本を投じ、近代的な皮革製造技術を備えた事業所で、ここには、和歌山藩出身の士族が多く働いており（『皮革産業沿革史』上巻）、当時和歌山でおこなわれていた西洋の製靴技術を移入する士族授産事業との関係がうかがえる。

その後、一八八〇年（明治一三）の春に、藤田組を退職すると、銀打職、袋物商など、まったく別の業界で職を転々とするものの、そうした商売の合間も「常ニ皮革製造業ニ就キ研鑽怠」らなかったという（『大阪商業史資料』）。そして一八八二年（明治一五）一〇月、ふたたび皮革の道へ戻り、今度もやはり政商大倉喜八郎が興した大倉組製革所へ見習「職工」として入所する。ここには、新田がかつて奉職した藤田組製革所の元「職工」や和歌山の靴伝習所（陸奥宗光らによる「西洋沓伝習所」）の元「職工」が多く働いていた。当時、製靴技術を最も早く取得し熟練した技をもつ職人は、有望な事業所を転々としていたのであろう。大倉組で働く間、新田は、さらに大阪製革会社に期間見習としても従事し、修業を積んでいった（『回顧七十有七年』）。

この頃の新田は、当時の皮革業に対する社会の眼差しを「日本ノ現時コソ之ヲ以テ賤業ノ如ク侮蔑」していると、はっきり認識しており、ヨーロッパ諸国では「名誉アル事業家ノ競ウテ従事スル所」だと皮革業への賤視観が世界的にみると不当である、ということを示唆する文言も書きつけている（『新田長次郎履歴書』）。

異郷の地、大阪・難波村で第一歩を踏み出した新田にとって、皮革業の世界は、近代日本の将来性ある研鑽の場であると同時に、近世以来の賤視・蔑視観克服の道でもあったのである。

2　新田帯革の創立と事業規模

皮革業への習熟度が増していくなか、新田は一念発起して独立創業を決意する。大阪市の南端に接し、西浜町に近い、難波久保吉町の材木商の所有地を借り受け、一八八五年(明治一八)三月一八日、新田帯革を創業することになった。この土地は、木津川やその支流である十三間堀川に面しており水運面で利便性が高く、原料や製品を輸送するにはたいへん都合が良かったようである。ただ、新田帯革を立ち上げた後も、六月に正式に退職するまでしばらくの間、大倉組に籍を置いていた(『回顧七十有七年』)。

新田の製品は、初めのうちこそ業界内の他の製造所と競合するものもあったが、一八八八年(明治二一)に原材料、厚手牛革二五枚を仕入れ、初めて帯革を製造し、その後は、工業用の帯革が主力商品となった。おもに工場での動力機械用ベルトとして、大阪紡績会社や姫路紡績会社など当時近代産業の花形として成長しつつあった紡績業界での需要に応えていくことになる(『回顧七十有七年』)。とくに、一八八三年(明治一六)に開業した大阪紡績会社は、約一万五〇〇〇錘の設備をほこり、蒸気力を導入し、原料を輸入綿花(中国綿)に依存していたうえ、資本の回転もよく、自前の技術者を擁するなど、近代紡績業の先鞭をつけた企業として注目されていた。

新田帯革創業時の新田長次郎(三十二歳)

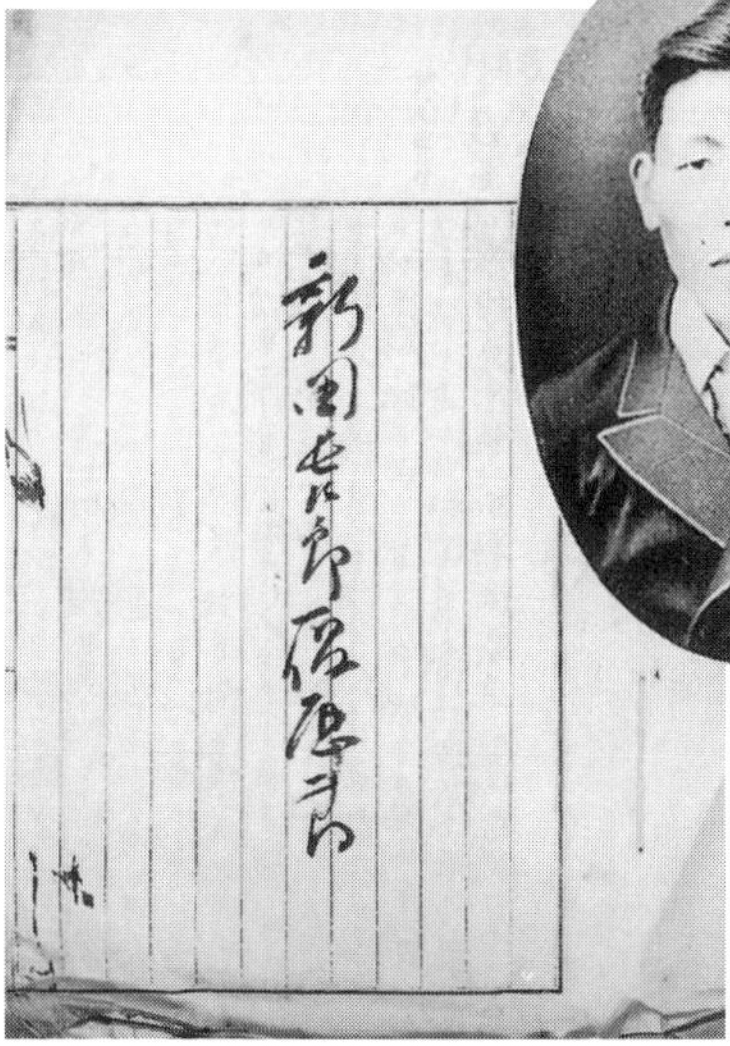

『新田長次郎履歴書』

こうした市場に目をつけたわけだから、まさに先見の明をもった商品戦略を展開したといえるが、新田が帯革製造に専業化したのには、もう一つ別の理由があったといわれている。それは、業界内における師弟関係にかかわることで、「心窃カニ藤田組ト大倉組ト同

創業当時の工場

一ノ目的ニ出デ、ハ両者事業ヲ阻害スルナク別ニ一新生面ヲ開クコトヲ誓ヒ帯革等工業用具ノミヲ製造スルコト、セリ」という心情だった（『大阪商業史資料』）。つまり、当時「物産」として公的に認識されていた「靴」（『第四回共武政表』）業者への製品供給ではなく、動力機械用ベルト市場に特化することによって、藤田組や大倉組との対立を回避し、業界内の棲み分けを図ったのである。とともに、大阪に出てきて以来、見習「職工」として世話になった両事業所への恩義を返礼したともいえる。

起業後も新田は、手を抜くことなくひたすら研鑽を積み、業界内での勢力拡大につとめている。遠く亀山（三重）、福知山（京都）、篠山（兵庫）等へ牛革商を訪ねて歩き、有力な問屋であった吉比商店との取引関係をつくり、赤井嘉助、吉比為之助、由良小一の三人とともに匿名組合「新田組」を創立し、資金援助や業界情報の共有化につとめた（『回顧七十有七年』）。この新田組は、一八九七年（明治三〇）に諸般の事情により解散するが（『ニッタ株式会社百年史』）、その存在は新田の精神的のみならず財政的支柱ともなっていた。

その後、一八八七年（明治二〇）、八八年、九〇年と、三度にわたって工場を拡張し、九二年（明治二五）には工場棟も新設する（『回顧七十有七年』）。「日夜工場ニ望ミテ職工ヲ監督教導シ益々斯業ニ熱中シテ其改善ヲ勉メケレハ日ナラスシテ難波ニ新田長次郎テウ製革者アルヲ社会ニ知ラル、ニ至ル」までになったのである（『新田長次郎履歴書』)。

3　事業拡大と金融資本との関係

創業から八年が経ち、事業も軌道にのった一八九三年(明治二六)五〜一一月にかけて新田は、ロンドンやパリなどを視察してまわった。視察時の苦労とその成果は自叙伝にも詳しく触れられているが、半年間にわたる長期視察の結果、新田は、座業から立働への転換、機械の購入と考案、製造方法および作業方法の改良、という三つのことを決意する(『回顧七十有七年』)。座っておこなっていた工程をやめ、立った状態で稼働することにした。と同時に、生産性は、職人の技だけに頼っていては限界があり、効率化と量産化には、作業工程と製品特性に見合って考案された機械の導入が不可欠であることも承知していた。そして、拡大する需要には量産のみならず品質の確保も重要な案件であり、それを担保する作業方法、つまり技術水準の向上が不可避であることも自覚していたのである。

このように決意した新田は、一八九四年(明治二七)、二年前に引き続いて工場を新築し、同年、革製パッキングを考案する。この革製パッキングは、大阪紡績会社からの受注で、綿糸を輸出する際の水圧機用のパッキングで、新田帯革の技術上の挑戦という意味をもっていた。翌九五年には、ボイラー室を新築し、鐵工部も新設する。九七には、さらに工場棟を新築し、事業規模はますます拡大していく。

こうした事業規模の拡大を、実際の経常収支の数字でみていくことにする。

表1は、一八九三〜九八年(明治二六〜三一)までの製品売上高と所得額とを対照したものである。上段の売上高(a)にたいする所得額(b)が下段に示されており、ここからaをbで除して得られる一〇〇円当りの所得額(c)が判る。九三年度では一二円五九銭だった所得額は年々減少し、九六年度に一度だけ増加するが、九

表1　製品売上高と所得額

単位:円(円.銭)

年度	1893年(明治26)	1894年(明治27)	1895年(明治28)	1896年(明治29)	1897年(明治30)	1898年(明治31)
売上高　a	8,170	8,720	12,000	12,850	14,165	15,216
所得額　b	1,058	1,049	1,128	1,246	1,313	1,158
100円当り所得額 c(a/b)	(12.95)	(12.02)※	(9.40)	(9.70)※	(9.27)	(7.61)

（註）※印　1894年度は「11円52銭」、96年度は「10円31銭」となっており、帳簿上の記載間違いがあるが、本欄には、計算上正確な数値を記しておいた。

〈出典〉『所得金高届』明治28～32年提出（『新田文書』）より作成

表2　製品売上高と利益

単位:円

年度	1893年(明治26)	1894年(明治27)	1895年(明治28)	1896年(明治29)	1897年(明治30)	1898年(明治31)
売上高　a	8,170	8,720	12,000	12,850	14,165	15,216
経費　b	7,393	7,858	9,398	10,686	11,188	11,331
経常利益　c(a-b)	777	862	1,128	1,246	1,313	1,158
利益率　d(a/b)	(9.5%)	(9.9%)	(21.6%)	(16.8%)	(21.0%)	(25.5%)

〈出典〉『所得金高届』明治28～32年提出（『新田文書』）より作成

八年にはふたたび七円六一銭と下がる。六年間で五八%まで所得額が落ち込んでいるという計算になる。

つぎに表2は、製品売上高との比較で、利益を対照したものである。売上高（a）から経費（b）、つまり仕入代や税金、賃金などを差し引いた金額を、経常利益（c）として算出したものである。経常利益は年々増加し、九三年の七七七円から、九八年には三八八五円へと膨れあがっている。実に五倍の利益が計上されていることになる。さらに注目されるのは、利益率（d）であり、当初一〇%弱だったものが、二五%を凌ぐまでに成長している。実に売上高の四分の一が利益ということになる。ただし、ここには設備投資の金額やその償却費、あるいは、工場建設・用地買収時の金額やその償還金などについては一切計上されていないので、あくまでも粗利益としてみておいた方がよいだろう。

この二つの表から、新田帯革は所得割合でごそ低額となっているものの、大きな収益をあげているということが判る。つまり、製品単価の儲けは減少しているものの、売上高の伸びに象徴されているように、利益は着実に増加しているのである。生産コストをさげて低価格化を実現し、受注量を増やして売り上げに反映させるという経営形態が実現していることの証左といえる。工場新設など生産ラインの拡大と、ボイラーなど設備投資、そしてパッキング製法などの技術革新によって、新田の製品は確実に販路を拡大していった。折から日清戦後の好景気に煽られ、殖産興業政策の転換による産業保護育成策、すなわち一八九七年(明治三〇)の重要輸出品同業組合法、一九〇〇年(明治三三)の重要物産同業組合法の施行による在来産業への政府投資に背中をあと押しされる格好で、成長をつづけることになった。

なお、経費の内訳は、「製造品原質物代金」つまり原料の仕入れ代費が最も多く、いずれの年度も全体の五五%前後、ついで「職工」の賃金および「雇人」の給料がおよそ二五%となっている。ちなみに税金は、久保吉町を含む難波村が大阪市南区に編入された九七年以降、府県税として付加される「営業割」(営業税)はそれまでの三〇円弱から九五円強に、また府県税付加税として課税される「村税」(市税)もそれまでの一〇円台から六六円強へと一挙に跳ね上がる(『所得金高届』)。こうした高額の課税にも耐えうる財力を新田帯革はもっていたのである。

こうして新田帯革は、「新田氏堅忍不抜ヲ以テ着々効ヲ収メ事業ヲ拡張シ明治廿六年シカゴ博覧会ニ熟皮及ヒ輪環帯革ヲ出品セシニ……審査員ガ疑フホド精巧ヲ極メタル品ヲ製産スルニ至」ったと評されるようになった(『大阪商業史資料』)。

そして、新田帯革の事業規模が拡大していった証として、「職工」数の増加が目にとまる。創業当初の一八八九年(明治二二)に二〇人だったのが、九六年には五〇人に、第五回内国勧業博覧会の開催された一九〇三年(明治三六)には七五人にふくれあがっている。大阪市南区の皮革製造業者三五事業所で働く男性「職工」の人数が、四〇三人(女性は七一人)であった一九〇〇年(明治三三)時点と比べても(『大阪府統計書』)、およそ二〇%が新田帯革の「職工」であった計算となり、その規模の大きさが推察される。

二　西浜の皮革業と新田帯革

1　西浜の皮革業をめぐる需要と技術

近代の皮革業の歴史を繙くと、大雑把にいって、近世的な系譜をもつタイプ、士族授産事業のタイプ、政商の資本によるタイプの三つの類型にわかれる（『皮革産業沿革史』上巻）。そしてその後、幾多の業界再編を経て（『日本皮革株式会社五十年史』）、日清戦争を機に軍需物資を充足する産業として拡大し続けていく（『皮革産業沿革史』上巻）。

西浜の近代皮革業は、東京において西村勝三のもとで皮革製造を学んだ谷澤利右衛門が一八七三年（明治六）に起業したことにはじまるという。これによって、一〇人余りが皮革業に新規に参入し、政商や士族授産を背景にして近代的製法で成功をおさめた藤田組製革所、大倉組製革所などが相次いで創業する（『摂津役人村文書』）。

一八八七年（明治二〇）時点で西浜の近代的製革工場数は五工場だったが、九五年（明治二八）には一四工場と約三倍に増加している（中西　一九六〇）。九三年（明治二六）の統計に表れた生産量でみると、三一人の皮革製造業者の年間生産枚量は、国産牛革（牡牝）、朝鮮牛革、仔牛皮（国産・朝鮮）あわせて五万三四六〇枚で、金額に換算して一五万九七一四円余りにのぼっていた。これは全国の生産高の約三分の一を占める計算になる（『摂津役人村文書』）。

西浜における皮革業が隆盛を極めていたことは、最盛期の製革工場数五四という数字にも端的に表れていて、多くの「職工」をかかえる工場として、西浜町に工場を構える岩田光蔵、合坂五兵衛、篤田次郎兵衛、難波村に拠点をもつ井野清二郎、奥田禎助らの名があがっている（『大阪商業史資料』）。

この五事業所それぞれについて、さきほどみた新田帯革の場合と同様に、八九年（明治二二）→九六年（明治二九）→一九〇三年（明治三六）の各年次での「職工」数をみたところ、つぎのように記録されている。なお、資本金は、八九年の金額である。岩田（資本金五〇〇〇円）三〇→二五→二〇人、合阪（資本金三〇〇〇円）一九→二五→二四、篤田（資本金三〇〇〇円）二〇→二〇→一八人、井野（資本金一万円）二〇→三〇人→（不詳）、奥田（資本金五〇〇〇円）一〇→二〇→二〇人（『大阪府統計書』）。資料の制約から、井野の一九〇三年次の人数はつかめないが、概して横ばいか、増加傾向にあることが判る。また、西浜町全体の製革職人数も一八八四年（明治一七）に三二六人だったが、一九〇〇年（明治三三）には一一九七人と激増していく（『大阪商業史資料』）。

ところで、西浜の皮革業がこれほど繁栄をみた理由としては、主に次の二点が考えられる。

一つは、製品の需要（流通網）である。「日清戦役軍備拡張計画、及ヒ諸工業ノ隆昌ニツレテ、特ニ著シク増加シタリ」と記され、軍需を背景としてきたことが知られる。その生産量も「近時大阪ニ吸集シツ、アル処ノ関西地方産ノ牛皮ハ、年々増加ハアレト、一ヶ年約一二万一千二百枚」にのぼると記録されている。実際のところ、「熟皮」の生産額は「全国第一位」で、一九〇〇年に至ると、生産量二七万七五〇〇枚、金額にして一一九万八〇〇〇円となっている（『摂津役人村文書』）。

二つには、技術の向上があげられる。近代の皮革業、とくにタンニン鞣し技術を導入してしばらくの間は「少ナクモ千枚中ニ二三百枚ノ廃物ヲ出」すような惨憺たる内容であった。その原因すらも石炭、タンニン、水、染め上げのいずれの工程が悪いのか「同業ノ多年ノ苦心ヲ以テスルモ」判別しないという状況であった。しかし、軍需および一部民需の高まりによって、技術水準も徐々に向上していったようである（『摂津役人村文書』）。

このような需要構造と技術水準をもつ西浜町に隣接する位置で操業していたことが、新田帯革の業績の伸びに大きな影響を与えていたと考えられる。殖産興業政策は、軍需物資だけではなく、新田の主な納品先である紡績業界へも「諸工業ノ隆昌」として及んでいたわけである。

西浜の皮革業の繁栄は、多くの金融機関の開設が雄弁に物語っている。早くも一八七九年(明治一二)三月には、第五十八国立銀行西浜出張所が開設され、しばらくおいて、日本中立銀行が一八九五年(明治二八)三月に西浜出張所を開設している(『大阪府統計書』)。この第五十八国立銀行と日本中立銀行は、後にみるように新田革帯の主力銀行となる。さらに、奈良に本店を置く大和銀行も一八九八年(明治三一)一一月、木津北島町に西浜出張所を構えている(『第九回銀行総覧』)。

なかでも、西浜町が大阪市南区に編入される一八九七年(明治三〇)九月八日に株式会社として開業した西浜銀行(『第五回銀行総覧』)は、こうした国立銀行や普通銀行の支店とは違い、西浜町に本拠を構える銀行で、まさに地元資本によって経営されていた。頭取には町内旧家の佐々木吉五郎が就任し、西浜町の多くの有力者が株主だった。

2 皮革関連業者と新田の経済的地位

成長を続ける皮革関連業者は、多額の所得税を納め、さまざまな業界団体や経済団体と繋がり、社会的威信を獲得するようになっていく。もとより、そのことは皮革業への蔑視や偏見が解消されたことを意味しているのではなく、逆に侮蔑観を煽り立てる回路すら開くこともあった。

ところで、表3は、ここでみた西浜町とその周辺町の皮革関連業者の経済的地位をみるために、一九〇三年(明治三六)を基準として一覧にし、所得税額の多い順に整序したものである。職種をみると明らかなように、上位のほとんどを皮革商(原皮商および高利貸資本などを含む)が占めているのが特徴である。皮革製造業者も若干いるものの、合坂、井畑など有力業者ばかりで、商工業者の名鑑に名を連ねていることも判る。彼らの財力については、他のいくつかの産業資料にも個別に名があげられていて、岩田、合坂、井野、奥田、里見虎吉、橋本正一の六人については「富拾萬を有するもの確かに八九名はあるやに聞く」と評されている（『大阪商業史資料』）。新田の名前も上位に登場しており、納税額は八〇円に上り、一皮革製造業者というよりもむしろ、総合的な「皮革商」とみられていたことも判る。西浜町の皮革業の軌跡はまさに新田帯革の歩みでもあった。

表3　西浜町とその周辺町の皮革関連業者

氏　名	住　所	職　種	所	同	商	大	興	協
橋本兼次郎	西浜北通3-1305	皮革製造業及び質商	90円				○	
岩田　光造	西浜南通2-285	皮革商	90円	○	○			
津本與之吉	西浜南通3-44	皮革商	81円	○	○			○
荒木　栄蔵	木津北島町2-2097	皮革商	80円	○	○	○		○
新田長次郎	難波久保吉町5-160	皮革製造業	80円		○	○	○	
真田吉之助	西浜中通2-693	（未詳）	64円	○				
合坂五兵衛	西浜中通2-695	皮革製造業	60円	○	○	○		○
津田　正男	西浜□通2-160	皮革卸商	42円					
仲西久兵衛	西浜中通3-86	皮革商	27円					
竹田　由松	木津北島町1-23	皮革商	24円	○				○
有本楠次郎	西浜南通1-88	皮革商	22円					○
成瀬　新吉	西浜北通1-63	皮革商	22円	○				○
奥田　禎助	木津北島町2-2056	皮革商	16円	○				◎
鍵岡惣太郎	木津北島町2-2058	皮革商	15円					
岩田佐重郎	西浜南通3-63	（未詳）	15円					
宇田慶次郎	西浜南通3-34	皮革商	10円					
中井松次郎	木津北島町1-19	皮革商	9円	○				
早瀬　時松	西浜北通4-1372	皮革製造業	9円					
荒木聰之助	木津北島町2-□	（未詳）	8円					
沼田　勇吉	西浜北通4-1372	皮革商	8円					○
松下彌三吉	木津北島町2-273	（未詳）	7円					
井畑徳次郎	西浜南通1-333	皮革製造業	6円					○
津田政次郎	西浜□通□-160	製靴業	−	○				
鈴鹿　佐蔵	西浜南通2-64	皮革商	−					
森　　音吉	西浜南通3-69	皮革貿易商	−		○	○		
和田　時蔵	西浜中通1-512	靴製造業	−					○
小川　福松	西浜北通3-1168	皮革商	−					○

（備考）「所」＝所得税額
「同」＝大阪皮革商同業組合発起人（1902年4月設立←重要物産同業組合法1900年）
「商」＝『大阪商工名録』明治44年版（大阪商業会議所、1911年9月3日刊）
「大」＝『大阪市商工名鑑』大正10年版（大阪市役所商工課、1921年11月10日刊）
「興」＝『人事興信録』第3版（人事興信所、1925年1月10日刊）
「協」＝「大日本皮革協会」出席者（◎は発起人）（『皮革産業沿革史』上巻）
（補註）①同業組合発起人はほかに、西森源兵衛（町長）、清阪作之助、篤田治郎兵衛、木田保次郎、山村新蔵、花岡丈蔵、泉原吉治郎、三浦緊太郎、岡田弥三松、竜野房次郎、松村重太郎（＝大阪商工名録、大阪市商工名鑑とも記載、－大阪商工名録のみ）
②氏名の下の〰〰は1894年（明治27）、1897年（明治30）時点の町議。うち、仲西は94年時点、合坂は97年時点。なお、「西浜町」は、1897年4月1日に大阪市南区に編入。
③「住所」の□は活字の欠落をあらわしている。

〈出典〉『日本紳士録』第9版（交詢社、1903年12月18日刊）をもとに作成

ただ、一九〇三年に「大日本皮革協会」が設立された折、発起人として西浜町からも西森源兵衛町長ほか四人が名を連ね、設立総会には東京や兵庫から多数出席し、開催地の大阪からも九一人（発起人を除く）が臨席したが、新田の名前はそこには登場していない（『皮革産業沿革史』上巻）。

3　新田帯革の経済効果と社会的認知

ところで、新田帯革は一八八八年（明治二一）の西成郡製産物品評会を皮切りに、八九年の私立製産物品評会、翌年の第三回内国勧業博覧会へと出品を重ね、新田ブランドに対する社会的認知も格段に広まった。そして、九二年（明治二五）の工産物品評会では二等賞を、九四年の私立大阪府西成郡物産品評会では一等賞を、翌年の第四回内国勧業博覧会でも二等賞を、九六年の全国品評会では有功賞を相次いで受賞した（『回顧七十有七年』）。さらに、一九〇三年（明治三六）に大阪の天王寺一帯で開催された第五回内国勧業博覧会では、博覧会史上空前の五三〇万人が来場するなか「銀杯」を受賞し、新聞社からの広告の掲載や受賞者名鑑への掲載の依頼も相次いだ（『新田文書』）。

一九〇〇年代にはいると、新田帯革はさらに事業を拡大し、相次いで支店を開設し（一九〇一年東京出張店、〇八年名古屋出張店、一〇年福岡出張店）、販売網を全国展開する（『ニッタ株式会社百年史』）。

こうした新田帯革の事業展開は、皮革業界から社会全体への経済効果を及ぼし、さらに西浜を核とする皮革製品の社会的認知に向けて一定の役割を果たしていたとみてもよいだろう。

三　新田帯革と新田の社会的地位

1　立身出世と経営理念

新田は少年期、福沢諭吉の『学問のす、め』（一八七二〜七六年刊）を読み、その内容について「大に啓発せらる、所あり」と感銘を受けたことを記している。さらに「後日志立て、大阪に出て更に海外に視察旅行をなすの決心を成すに至りしは、本書による薫育を受けし所最も多大なり」と、のちの進路の出発点になったことも同時に明言している（『回顧七十有七年』）。

福沢のみならず、近代初頭の啓蒙思想家たちの記した著作は、版を重ねいずれもベストセラーとなっていた。西周「人世三宝説」（『偶評　西周先生論集』一八八〇年刊に所載。「三宝」とは、「健康《マメ》・知識《チエ》・富有《トミ》」）や中村正直『西国立志編』（一八七一年刊、サミュエル＝スマイルズ『自助論』の日本語訳）は、近代日本の教育や思想実践を語る上では、現在でも必ずといってよいほど、引用される古典的な文献である。

新田もまたこれらの啓蒙書を読み、立身出世を心の糧として日々研鑽に励んだ。私立有隣小学校の開設などは、こうした新田の思想的営為から考えると肯けることだが、経営理念にもそれは如実に現れていた。

すなわち自らの経営方針について、「常ニ素朴ヲ者トシテ浪費ヲ避ケ朝ハ工人ニ先チテ工場ニ入リ夜ハ工人ニ後レテ場ヲ出デ以テ間断ナク工人ヲ監督奨励ス亦寄宿人ノ如キハ出入時間ヲ守ラシメ萬一賭博或ハ賭博類似ノ所行アルモノ、如キハ即時ニ解雇スト雖モ未タ手芸遅鈍等ノ故ヲ以テ解雇セシ事ナク仮令一日タリトモ使用セシ者ノ疾病ニ罹リ或ハ死亡スル等ノ事アル時ハ医療ヲ加エ或ハ遺族ヲ扶助シテ方向ニ迷ワザラシムル等懇篤親切ヲ極ム是ヲ以テ傭人皆進ンデ用ヲ為スヲ娯ミ絶エテ仝盟罷工等ノ紛擾ヲ見ザルハ亦タ因ル所アルヲ信セリ」と語っている（『新田長次郎履歴書』）。

ここには、新田の思想の一面が集約的に語られている。昼夜を問わず努力をするという姿勢は、新田が少年期に体得した実践方法であったのだろうが、その反面、「職工」の監督という立場が終始貫かれていた。ただ、「同盟罷業」（いわゆるストライキ、文面では「仝盟罷工」）が起こらなかった理由などは、「職工」たち労働者の見解ではなく、他の事業所の労働環境・労働条件との比較もできない。そのため、客観的な判断はできないが、懐柔と強硬を併せもつ経営方針を固持し、徹底的な労務管理を実践していた様子がうかがえる。

2　社会的地位と威信

新田が、感化救済・貧民教育の一環として難波警察署長らとともに、私立有隣小学校を開設し（一九一一年）、貧困家庭の児童にも教育の機会を開いたことは、よく知られている。校舎用の民家の借り受けはもとより、学業に必要な日用品についても、その多くが有償であった時代に無償で提供している。同校はのちに、木津連合学区から木津大国町一丁目の木造建物を寄附されて、新校舎へ移転する（『大阪同和教育史料集』第五巻）。新田の社会的地位は教育部門だけにとどまらなかった。

まず、政界と深いつながりをもっていた。一八九五年（明治二七）には、初代大阪市長の田村太兵衛から退職にあたっての「礼状」が届けられている。九九年九月には大阪府会議員選挙に際して、難波村と木津村の有志者から高田實議員の当選「礼状」が送られている。また、一九〇一年（明治三四）六月の大阪市会選挙（半数改選）での植村治良兵衛議員から当選の「礼状」が寄せられている。年代は不詳だが、同じく大阪市会選挙において南区予選会の西森源兵衛ら九人から「礼状」も送られている（『新田文書』）。この「予選会」とは、市会議員や府会議員などの名誉職を選挙に際してあらかじめ選出する団体（派閥）のことで、基本的には「学区」単位の有力者で構成されていた。

また、財界での地位も確立していた。財力は、さきにみた西浜の皮革関連業者とも比肩していたし、確たる社会的威信を保っていたといえる。大阪商工会議所（一八七八年に大阪商法会議所として設立、八三年に改組）の構成員でもあり、一八九九年（明治三二）一一月にはペストの流行に際して同会議所が発した「注意書」が新田のもとにも届けられている（『新田文書』）。

事業規模と資本力の指標とされるのが、金融界での位置、つまり取引銀行の多さだが、新田も多くの銀行と取引関係にあった。伝票や通帳には、さきにみた日本中立銀行、第五十八国立銀行や大阪実業銀行のほか、住友銀行、三井銀行、第一銀行、鴻池銀行など財閥系銀行の名が登場する。また、江津銀行や出身地の伊予農業銀行など地域資本の銀行とも取り引きしていた（『新田文書』）。

このうち、主力銀行は、日本中立銀行と第五十八国立銀行の二行で、売上金の預け入れや材料費の払い戻しなど、日々の取引状況が通帳に記録されている（『新田文書』）。また、一八九五年（明治二八）からは、松山紡績会社とともに、日本中立銀行（九七年まで）、大阪実業銀行の株式を、九八年（明治三一）からは日本勧業銀行、第百三十銀行の株式をそれぞれ保有し、毎年一四〇円前後の「株券利益配当」を受けている（『新田文書』）。

債権者であることだけをクローズアップすると、実業家としての新田の「顔」しか見えてこないが、社会事業へも積極的にかかわっていた。日本赤十字社大阪支部への一円の寄附（一八九八年）、大阪慈恵院への一円の寄附（九九年）など一連の寄附行為をはじめ、大阪婦人慈善会が主催する第一二回慈善市（会場は、常安町の大阪博物場）へも出品している（一九〇一年）。そして、さきにもみた私立有隣小学校の開校へと、その活動範囲は拡大していく。福利厚生面でも一八九九年（明治三二）には「健康施行処施者」を代表して、設置許可願を難波警察署あてに提出している（『新田文書』）。

一方で、帝国主義の膨張過程にあった当時、大阪台湾協力支部の評議員にも名を連ねている。「台湾ニ関スル諸般ノ事項ヲ講究シ台湾の経営ヲ裨補スル」ことを目的として設置されたこの支部で新田がどのような具体的な活動をおこなったかは明確ではないが（『新田文書』）、おそらく化学工業分野での役割を担っていたと推察される。当該期の政府や大阪府の方針からは皮革業もまた自由ではなく、その対外政策に積極的に関与していたことのひとつの現れであるといえる。

3 〝中心〟と〝周縁〟

ところで、新田帯革と西浜町の皮革関連業者との間に具体的にどれほどの取引関係があったか、今のところ判然としない。松下、西森、竹田、荒木、篤田、合坂など主要な皮革業者から原皮を調達し、強い結びつきをもっていたことは指摘されているが（福原 一九八六）、資料上は断片的に「踵革」「鞄革」などを仕入れたことが記されているだけである。当時の西浜町をめぐる生産構造では、五〇数軒の「原料小売屋」へ新田帯革の製品が販売されていたということだが、その詳しい内実は明らかになっていない（まつお 一九五六）。

一方、新田帯革の人事面での西浜との関係も問題となる。従来の通説として『部落問題・人権事典』（部落解放・人権研究所編、解放出版社、二〇〇一年）の「新田長次郎」の項では、「ほとんど部落民を採用しなかった」とし、部落民不採用説を明示している。たしかに、新田は、創業三年目のある日、西浜町の某人物から工場主任として招聘したい旨の相談を受けたとき、面識もない人物の恣意的な雰囲気を察して不快となり、きっぱりと断ったといっている（『回顧七十有七年』）。この回想だけを取り出せば、部落と疎遠であった可能性が高いが、某人物の人となりについて真偽のほどは判らない。また、一方で、新田の「職工」待遇面での資料や、労働力と労働賃金をめぐる西浜との相互依存性の分析から、部落民不採用方針をとっていたという指摘もあり（福原 一九八六）、今のところ疑問をさしはさむ余地はないといえる。

ただ、この雇用方針が新田帯革の創業当初からのことなのか、あるいは西浜の皮革業が繁栄し新田帯革の業容が拡大してからのことなのか、その経緯は不明であり、今後の研究課題ということになる。確かなことは、新田帯革の本社屋、工場等は、西浜の北に隣接する難波久保吉町とその周縁部に位置していたわけであり、業界内の生産構造の基幹からもやや外れた存在であったともいえる。むしろ、西浜外とのつながりの方が強かったようである。

成長しつつある皮革業の〝中心〟でありながら、拡大しつつある西浜町の〝周縁〟にあるという、微妙な関係が新田の位置をその後も規定していくことになる。

おわりに

以上にみてきたように、新田には実業家のほかにも篤志家、名望家といったさまざまな「顔」があった。そうした多様な活動を通して政財界のみならず教育や救済事業を実践的に展開してきた。従来どちらかといえば、実業家としての側面、つまり新田帯革との関係だけから新田の存在を位置づけがちだった。しかも、新田帯革の事業内容などあまり詳細な検討を経ずに、自叙伝などからする評価だけが一人歩きしている感さえある。

たしかに、新田の活動や新田帯革の事業展開が、部落や皮革業への社会認識の転換にすぐさまつながったかというと、そうではない。まして、「賤視」「侮蔑」を払拭するということにはならなかった。

しかし、部落産業として成長していく皮革業や、都市部落である西浜町と新田帯革について語るとき、より深く広い視野、つまり、部落差別を生み出す社会関係とその拠ってたつ論理構想の視点から、新田の足跡や新田帯革の企業的位置を評価する必要があることだけは確かなようである。

［引用資料］

『大阪商業史資料』（第三〇巻）〈復刻〉一九六四年。

『大阪同和教育史料集』第五巻、一九八六年。

『大阪府統計書』（明治二二、二八、二九、三三、三六年）

『回顧七十有七年』板東富夫編、一九三五年。

『銀行総覧』（第五、九回）〈復刻〉コンパニオン出版、一九八五年。

『共武政表』（第四回）〈復刻〉クレス出版、一九八五年。

『摂津役人村文書』盛田嘉徳編、大阪市浪速同和教育推進協議会、一九七〇年。

『新田革帯製作所文書』（大阪市史編纂所蔵）このうち、とくに、『新田長次郎履歴書』一八九七年カ？および『所得金高届』一八九五～九九年提出。

『ニッタ株式会社百年史』一九八五年。

『日本皮革株式会社五十年史』一九五七年。

『皮革産業沿革史』上巻、一九五九年。

［引用文献］

中西義雄「日本皮革産業の史的発展（1）」『部落問題研究』第五号、一九六〇年。

福原宏幸「都市部落住民の労働＝生活過程―西浜地区を中心に」杉原薫・玉井金五編『大阪・大正・スラム―もう一つの日本近代史』新評論、一九八六年。

まつおたかよし「米騒動前後の摂津西浜部落」『部落』第七六号、一九五六年。

［付記］

本章の作成にあたっては、資料調査に際して、大阪府公文書館、大阪府立中之島図書館、部落解放・人権研究所図書室にたいへんお世話になった。とりわけ大阪市史編纂所（堀田暁生所長）に多大な協力をいただいた。記して感謝したい。なお、同編纂所の所蔵にかかる新田帯革製造所の関係資料のうち、今回、わたしが利用しえたものはほんのわずかである。その総量は膨大で、かつ歴史資料としても一級の質を有している。したがって、同資料を用いた体系だった研究が今後のぞまれることを、最後に明記しておきたい。

第7章

西浜皮革産業で働く人々

福原宏幸
Fukuhara Hiroyuki

一　都市部落西浜の特徴

西浜地区（以下では、町名の「西浜」とその周辺の町名「木津北島町」をあわせてこの呼び名を使う）の人口は、一八七九年（明治一二）に四八〇〇人を数えたが、一九一七年（大正六）には一万四二四六人と、約四〇年間に三倍近くの著しい増加が見られた。また、大正期から昭和期にかけて、さらにその周辺地域へと部落民の居住地域が拡大していった。たとえば、一九二〇年（大正九）前後、東部の一帯には約一八〇〇人、西部の津守村には約二〇〇〇人、そして南部方面でも部落民の新たな居住地域「西成」が生まれようとしていた。

この西浜地区の急激な人口膨張と部落民居住地域の拡大を可能にしたのは、三つの要因があると考えられる。第一は、西浜皮革産業の発展による労働力需要と、第二に西浜有力者による借家経営の拡大、そして最後にそれらを基礎にできあがった西浜地区と地方部落の地縁・血縁にもとづく人的ネットワークの形成・拡大であった。

明治期以降、全国の都市部落はおしなべて人口が増加したが、西浜地区ほど急激で莫大な人口増加は他に見られない。その観点から見れば、西浜皮革産業の発展がとりわけ大きな影響を及ぼしたと言って過言ではないだろう。

また、近代社会になって、軍靴や馬具などの軍需産業の一環として、また電力モーターがそれほど普及していない第二次大戦前の時代には蒸気によっておこされた動力を工場内各所の機械に伝えるための工業用伝導ベルトが広く使われた。また、市民生活の近代化にともなって革靴も徐々に普及していった。

以下では、こうした製品の生産によって大きく発展した西浜皮革産業のもとで働く人々の実態を明らかにしていきたい。

表1　大阪府下における皮革製造業Ⅰ

	1894年	1900年	1905年	1910年	1915年	1920年
製造戸数	28	53	50	66	42	44
職工数	1,544	576	2,655	1,105	633	533
一戸平均職工数	55	11	53	17	15	12
生産枚数(枚)	100,837	88,522	498,534	315,017	459,547	284,562
生産額(円)	440,772	624,508	5,165,045	4,331,307	6,064,474	5,386,313

〈出典〉『大阪府統計書』

一　皮革産業の盛衰と労働者数

皮革産業は、大きく分けて、皮革製造業と皮革製品加工業がある。前者は、原皮（生皮）から皮革を製造するもので、後者はその皮革から革靴、革鞄、馬具、工業用伝動ベルトなどを製造するものである。

表1は、一八九四年（明治二七）から一九二〇年（大正九）までの大阪府皮革製造業の動向を簡単に示したものである。日清・日露の両戦争期には軍需用革の需要が急増し、西浜皮革製造業者も繁盛し、生産枚数の伸びと職工数の大幅な伸びが見られた。一戸平均職工数も五〇人以上と増加した。しかし、それ以外の時期は、おおむね一〇～一五名程度で小規模生産が主流であった。

また、一九二〇年代後半以降の動向は表2に示したが、一九二〇年代には、不況によって生産は減少し、西浜の皮革職工四三〇人中、失業者が五〇人で「同町における各種職業中最も多数の失業者を出」したと言われた。しかし、満州事変勃発によって一度は活況を取り戻したが、一九三七年（昭和一二）の日中戦争勃発後は中国からの輸入原皮の調達が思うに任せず、生産は低調であった（三原　一九九六）。

表3は、大阪府において生産されていた革製品の品目別生産割合である。これを見ると、工業用の帯革（ベルト）の生産額の割合が七割以上を占めた。これに対し靴の生産はごくわずかであったが、一九〇九年（明治四二）の一・六%に比べ一九二〇年（大正九）には

表2　大阪府下における皮革製造業Ⅱ

		1929年	1934年			1929年	1934年
大阪市	製造場数	22	21	その他	製造場数	1	4
	職工数	264	725		職工数	5	62
	生産額(円)	3,475,201	6,532,259		生産額(円)	17,378	202,286
三島郡	製造場数	22	31	合計	製造場数	45	56
	職工数	53	63		職工数	322	850
	生産額(円)	26,000	72,825		生産額(円)	32,518,579	6,807,370

〈出典〉三原 1996

表3　大阪府下皮革製品の品目別生産割合　　%

品　目	1909年	1920年
帯革(ベルト)	76.9	70.8
靴	1.6	6.3
鞄	—	1.2
袋物	—	2.1
馬具	—	—
その他革製品	20.2	19.6
合　計	100.0	100.0

〈出典〉木村 1981

六・三%と、一〇年余りの間に四倍もの増加が見られた。

工業用ベルトの生産は、とくに西浜地区に隣接して工場が設立された新田帯革製造所によるところが大きかった。大規模な工場生産によって、日本の工業発展の一翼を支えたと言ってよいだろう。

これに対し、靴の生産は、軍靴は明治期以降政府のテコ入れによって大企業での生産が独占的に進められてきた。これに対し、民間需要用の靴の生産は、部落の零細業者によって担われ、表4は、大阪市内——そのほとんどは西浜地区——の靴製造業事業所の動向を示しているが、従業員数一〇人未満の零細企業が多い。民間の靴需要の増加は、大阪で靴の卸売業が興った明治末期からであったが、靴が爆発的に売れるのは、関東大震災後の服装革命を待たなければならなかった（木村 一九八一）。

一九二九年（昭和四）の全国統計によれば、靴その他の皮革製品製造額は、大阪府が第一位で、製造場六〇七、職工一七一九人、一工場あたり平均二・七人であった。とくに、手縫靴の生産は、大阪が日本の中心であった。そして、同年の統計によれば、大阪府の製造場の八二・四%、生産

表4　大阪市内靴製造業の事業所数と雇用者数

		1900年	1904年	1908年	1912年	1916年	1920年
10人未満	戸数	—	44	74	66	180	4
	男	—	118	173	140	326	18
	女	—	6	5	1	23	1
	計	—	124	178	141	349	19
10～50人	戸数	—	4	1	1	6	4
	男	—	51	14	11	133	376
	女	—	6	—	—	41	20
	計	—	57	14	11	174	396
計	戸数	38	48	75	67	186	8
	男	600	169	187	151	459	394
	女	313	12	5	2	64	21
	計	913	181	192	153	523	415
一社平均従業者数		24.0	3.8	2.6	2.3	2.9	51.9

〈出典〉『大阪市統計書』

額の九五・七%を大阪市が占め、西浜がその一大拠点であった（三原 一九九六）。

三　西浜皮革産業の生産関係

西浜地区の表街路では、「何の家を窺きこんでも、判で捺したように獣皮の製造を生業としている店ばかり」と言われ、これに対し「裏通りトンネル長屋の住民の多くは、下駄直し、雪駄職、靴直し、紙屑拾いの類」（『中央新聞』一九一八年〈大正七〉九月一〇日）であったと言われた。では、具体的に、西浜地区の人々はどのような職業に就いていたのだろうか。

表5は、一九一七年（大正六）当時のその実情を示している。最も高い割合を占めている職業は、「皮革及び関連職種」三五・五%で、次いで「履物修繕などの雑業」一七・五%（このうち履物修繕業だけで一〇・七%を占めた）、「靴製造及び販売業」一五・〇%、「靴以外の履物製造・販売業」九・四%、さらに「仲仕などの力役」八・八%の順であった。とくに、獣皮にかかわる三つの職業、「皮革産業及び関連職種」、「屠畜業及び関連職種」、そして「靴製造及び販売業」を合わせると、五二・四%と半数以上になる。皮革産業とその関連産業こそが、西浜地区の経

表5　西浜地区の就業者の職業構成（1917年）

	男（%）	女（%）	計（%）
皮革産業及び関連職種	1,269（ 36.8）	433（ 32.2）	1,702（ 35.5）
屠畜業及び関連職種	63（ 1.8）	28（ 2.1）	91（ 1.9）
靴製造及び販売業	567（ 16.4）	154（ 11.4）	721（ 15.0）
靴以外の履物製造・販売業	268（ 7.8）	182（ 13.7）	450（ 9.4）
履物修繕などの雑業	590（ 17.1）	251（ 18.6）	841（ 17.5）
仲仕などの力役	312（ 9.0）	110（ 8.1）	422（ 8.8）
生活必需品販売業	132（ 3.8）	61（ 4.5）	193（ 4.0）
その他の商業	71（ 2.1）	28（ 2.1）	99（ 2.1）
皮革・屠畜・履物以外の工業	135（ 3.9）	71（ 5.3）	206（ 4.3）
その他の有業者	37（ 1.1）	16（ 1.2）	53（ 1.1）
無職	6（ 0.2）	12（ 0.9）	18（ 0.4）
計	3,450（100.0）	1,346（100.0）	4,796（100.0）

〈出典〉大阪府救済課『部落台帳』、1918年、西浜・木津北島町の職業調の項から作成。

済基盤であったことを示している。また、これ以外に、「履物修繕業などの雑業」、「仲仕などの力役」を合わせると二六・三%になり、西浜地区へ地方部落から多くの人々が流入するなかで、皮革産業とその関連職種に就職できなかった人々はこうした雑業・力役に従事した。昭和期に入ると、こうした就業者はさらに増加し、彼らの収入は不安定であったことから、低所得層を形成することになった。

では、西浜地区の皮革産業の生産関係は、どのようになっていたのだろうか。それを示すと、図1のとおりである。

これによれば、松下、西森、竹田、荒木、そのほか篤田、合坂などが、西浜地区の皮革産業における原皮調達と皮革製造の主要な事業者であった。彼らは、また同時に高利貸し・家主を兼ね、地域に暮らす部落住民の職業だけでなく、住居、金融などの生活領域においても大きな影響を持っていたと言われる（中西 一九六〇）。また、日本の五大皮革企業の一つで、工業用ベルトの生産で成長した新田帯革は、西浜のこれらの業者から皮革を調達し、西浜皮革業者と強い結びつきを持っていた。

この図1にしたがって、西浜皮革産業の生産関係を見ていこう。西浜のすぐ南に位置する今宮村営屠畜場や地方から、さらに中国などの海外から集められた原皮は、数人の仲買人（ブローカー）や原皮商の元に集められる。原皮商は自ら皮革の製造にもたずさわった。また、良質な原皮は新田帯革に納められ、それ以外のものは中小の皮革製造業者に販売された。

とくに一九一七年（大正六）に地域の衛生上の問題から中小の皮革工場を一カ所に集めて共同工場が設立され、ここには一区画三〇坪程度の作業所が約八〇カ所あった。以前は自宅で営業していた親方たちがこの共同工場の一区画を賃借りして、そこで鞣革生産、染色、表皮や底革の仕上げなどを行い、靴・鞄の原料を分業で生産した。彼らは、平均三〇〇〇円ほどの資本しか持たない小規模の経営者で、数人から三〇人の職工を雇っていた。

ここで生産された原料皮革は、仲買業者の手を通じて大部分は同地区内の小野・松本・伏見屋などの原料卸問屋に納入され、一部は地区外の皮革業者にも売り渡された。さらに原料問屋は、全国の小売網を通じて販売するとともに、同地区内の五十余軒の原料小売屋にも販売した。この小売屋は、職人を雇って靴や鞄などの材料を製造するために、皮革に二次加工を施し、同地区内外の靴製造業者、靴小売商、独立の靴職人や靴直し職人に販売した。あるいは、下請け関係にある職人に原料を提供し、出来高払いで完成品を製造してもらい、それを引き取って販売すること

図１　西浜地区皮革産業の生産構造

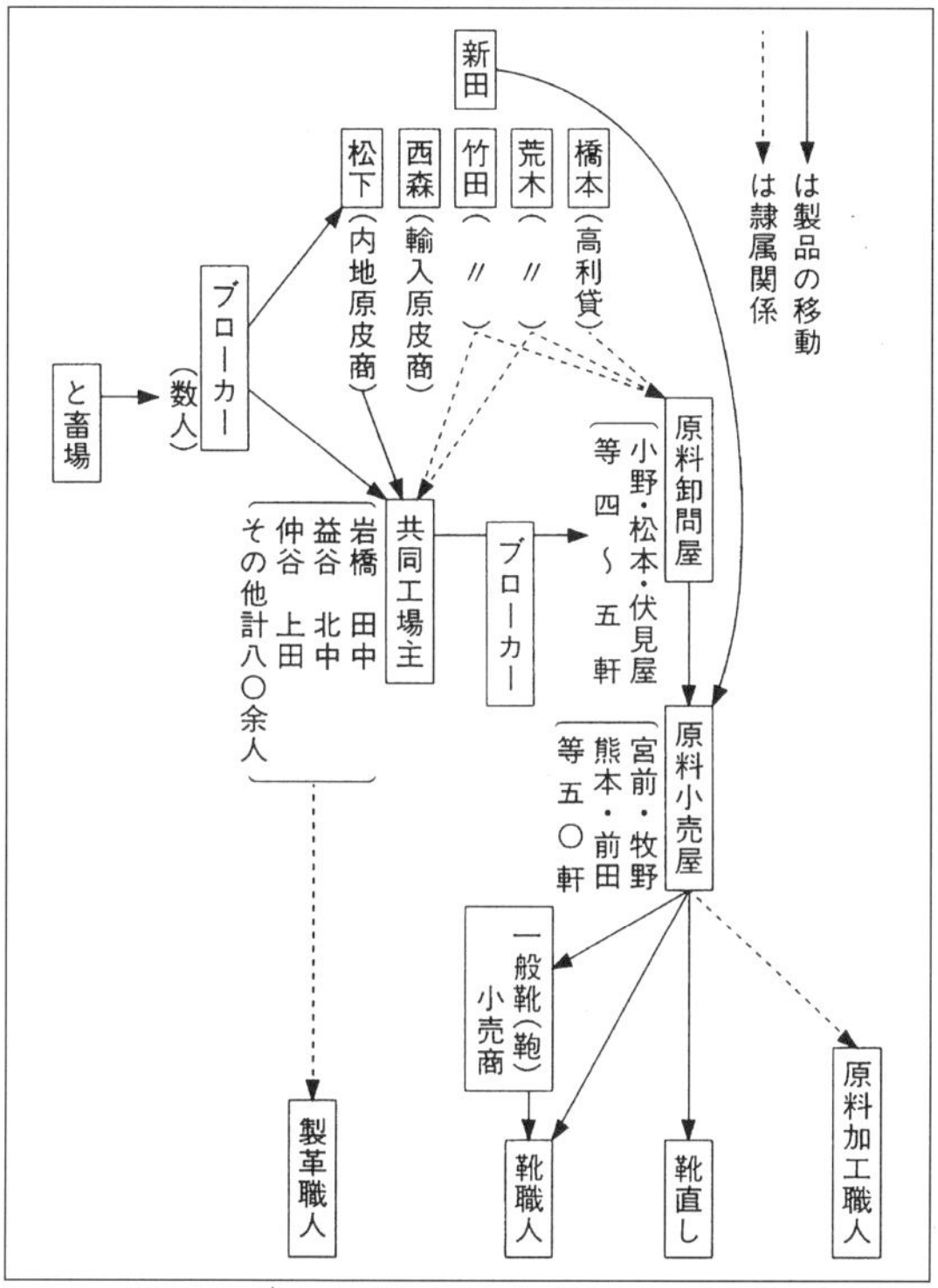

〈出典〉まつお 1956 をもとに作成。

もあった。

また、独立職人は、原料小売商から原料を購入し、靴を自宅の小さな作業場で製造し、それを靴小売商に買い取ってもらい、自営業者として営業する者もいた。この他、原料小売商から、修理用皮革を購入して仕事をする靴直し職人も多くいた。

以上が、西成地区皮革産業の生産関係である。この中で、松下などの主要事業者は西浜皮革業者の中心である。そして、原料仲買業者、原料卸問屋、小売商、中小の皮革製造業者は、この生産関係の中で中間層的な位置にいた。そして、その元に、多くの皮革職工や自営の皮革加工職人、さらに靴直し職人などがいた。

四　皮革産業の労働者たち

では、西浜地区の皮革労働者たちは、どのような人々であったのだろうか。同地区の職工の多くは、小学校卒業あるいは中途退学の後、徒弟として幼い頃から皮革工場に入った人々であった。「全国の少年たちを呼び集め、徒弟として養成」し、年季奉公を終えると同地区内で職工として皮革産業に従事する者もいれば、「郷里に帰って都市で靴屋を開いたり、製靴・製甲などの職人となって、縁故の少年たちを徒弟として、その技術を教え」たりしたという（卒田 一九八四）。とくに、大正期になると、地方の部落から西浜の靴職人に徒弟奉公に入る者が増え、彼らの中にはその技術を生かして各地の部落で靴店として独立する者も多くなった。すなわち、西浜の皮革産業は、地方部落の過剰労働力とりわけ若年労働力を受け入れ、彼らを活用することで繁栄を維持し、同時に地方部落の経済基盤の安定にも一定の貢献を果たしたといえよう。

他方、こうした地方部落出身の職工の中からは、西浜で職工から叩き上げられて有力皮革製造業者・皮革商に

表6　西浜地区皮革産業就業者の構成（1917年）

	西浜		北島町		合計		
	男	女	男	女	男	女	計
皮革製造業者	29	2	0	0	29	2	31
同・家族従業者	12	11	0	0	12	11	23
皮革職工	171	52	425	130	596	182	778
帯革職	0	0	15	2	15	2	17
その他皮革関連職工	38	13	40	23	78	36	114
皮革商・業者	131	5	156	0	287	5	292
屑革商・業者	18	1	20	5	38	6	44
帯革商・獣毛商	0	0	5	0	5	0	5
皮革商等・家族従業者	47	64	24	80	71	144	215
爪角職工	3	0	0	0	3	0	3
同・家族従業者	3	3	0	0	3	3	6
爪角職工	14	5	0	0	14	5	19
牛骨職	37	10	29	4	66	14	80
太鼓商	2	0	2	1	4	1	5
太鼓職	6	3	16	8	22	11	33
その他皮革関連販売業	9	0	16	3	25	3	28
同・家族従業者	2	4	0	3	2	7	9
靴製造業・業者	23	0	0	0	23	0	23
同・家族従業者	8	9	0	0	8	9	17
靴職工	182	65	352	80	534	145	679
靴商	0	0	2	0	2	0	2
屠畜業・業者	5	0	0	0	5	0	5
同・家族従業者	3	4	0	0	3	4	7
屠夫	18	12	35	12	53	24	77
牛馬商	0	0	2	0	2	0	2
合計	761	263	1,138	352	1,899	615	2,514

〈出典〉大阪救済課『部落台帳』、西浜・木津北島町の職業の項より作成。

なった荒木栄蔵・竹田由松・木田要蔵などの人物もいた。

表6は、一九一七年（大正六）調査の『部落台帳』に記載されていた西浜地区皮革産業、靴製造業および屠畜業の従事者の構成である。すでに述べたように、西浜地区就業者の中で皮革産業およびその関連産業に従事する者は、二五一四人で全体の五二・四％にのぼった。この内訳をさらに詳しく見ておこう。皮革産業関係事業者は、皮革製造業三一人、皮革商二九二人、靴製造業二三人、屠畜業五人で合計三五一人、全従事者の一四％を占めた。彼らは、いわば西浜皮革産業の中核的担い手と言ってよいだろう。また、彼らのもとで働いた職工は、男性一三七八人、女性四一九人、合計一七九七人で、

全体の七二%を占めた。とりわけ、皮革職工と靴職工は、それぞれ七七八人、六七九人ときわめて多い。

　これら職工と業者や親方との関係は、少年期からの徒弟奉公を媒介として家父長的な従属関係が出来上がっており、これによって徒弟期間はもちろん「一人前になってからも非常に安価な賃金で、労働力を売ることを余儀なくされ」たと言われる（まつお 一九五六）。こうした中で、旧態依然とした雇用関係を改善することを求めて一九一五年（大正四）頃には、一部の職工たちが「主家の業務多忙なる機会に乗じ、或いは前借、或いは賃金増給の要求」を行った。これに対し、大阪皮革商同業組合や製造業者団体は、「使用人手帳を作製し、各工場の職工は悉く之を登録し、該手帳を所持せざる者は使用せざる事」とした（福原 一九八六）。このようにして、雇用主と労働者の関係は、家父長的な従属関係から対等性のあるものへの変化を求める動きも見られた。しかし、事態は必ずしも大きく変化したとは言えず、西浜地区内だけの閉鎖的な労働力需給構造をつくりあげ、家父長的な関係はその後も西浜の皮革労働者の世界に残ったようである。

　この表6では、江戸時代からの部落住民の居住地区であった西浜と、明治期以降人口流入によって出来上がった居住地区の木津北島町に分けて、就業者の構成を示している。これを見ると、皮革製造業・靴製造業・屠畜業など事業者はほとんどが西浜に居住している。皮革商などになると両地区にまたがって見られるが、職工層は北島町の方が圧倒的に多いという傾向も読みとれる。これは、江戸時代からの部落民の居住地であった西浜には、裕福な事業者などが多く住んでいたことを示している。これに対し、その周辺地域にあたる北島町には、職工などが多く住んだことを示している。すでに一九〇二年（明治三五）、西浜には「銀行、皮革会社、寺院、病院の類から、あらゆる旧家資産家」が居住し、「西浜以外に居を移した者は、悉く同族中の細民ばかり」と言われた（『大阪毎日新聞』一九〇二年一〇月一七日。福原 一九八六）。

五　新田帯革と皮革労働者像

他方、西浜地区の北に隣接する新田帯革の工場には、大正から昭和にかけて三五〇～六〇〇人の職工が働いていた。しかし、表6では、帯革職はわずか一七人の数字しか挙げられていない。彼らは新田帯革の職工であったと推測されるが、それにしても少ない人数である。

西浜地区から皮革大会社へ採用される者は、日本皮革大阪支所には多くいたが、新田帯革にはほとんどいず、そのわずかな職工はいわばエリートであったと言われる（福原 一九八六）。また、一九二六年の大阪府水平社大会においても、新田帯革工場が「部落民を採用ないのは以ての外だから、委員を設けて該工場に抗議する事」を可決した（渡辺・秋定 一九七四）。筆者が一九八三～八四年に実施したインタビュー調査では、「新田帯革工場に通う労働者は、南海高野線を使って通う労働者が多かった」という証言も得ている。

では、なぜ新田帯革は西浜地区の部落出身職工を採用しなかったのだろうか。新田帯革の職工採用について次のような記録が残っている。職工の「採用方法は極めて厳格にして、一切信認する者の紹介により断じて募集の法を採らず」、「而して志願者に履歴書或いは申込書並びに写真等を提出せしめた上採用」した。さらに、採用された職工に対しては「完全な人格を作る主義」によって「飽くまで愛撫、奨励し、訓育」したという。この新田帯革の労務管理の考え方は、日本の近代的労務管理思想の構築とその実践に取り組んだ工業教育会の宇野利右衛門によって「師弟的待遇もしくは家長主義と名づくべきもの」と高く評価されていた。また、当時の労働組合の主流であった友愛会の鈴木文治も、新田帯革の労務管理を紹介し、称賛している（福原 一九八六）。

これに対し、同じ西浜地区にある中小の皮革会社や零細企業での経営者と職人の関係は、閉鎖的労働需給構造の中での家父長的な関係であり、事業主・親方が徒弟・職人の生活の面倒を見つつ、一人前の職人として育てあげていくといったものである。

新田帯革にしろ、西浜地区の皮革業者にしろ、家父長主義的管理、生活も含めた世話（あるいは教育）がなされていることにおいて、共通している。また、新田帯革と西浜皮革業界の中心的な企業とは密接な関係を持っていた。しかし、新田帯革は、西浜地区の職人を雇うことはしなかった。では、その理由は何であろうか。

それは、次の二つではないかと推測される。一つは、上記のような「完全な人格を作る主義」の視点を重視する新田帯革は、部落出身者をその可能性のない人々とみなしていたためではないかというものである。もう一つは、同社が西浜地区の職工を採用しないことは、西浜皮革産業の閉鎖的労働市場における労働供給を相対的に過剰化せしめ、西浜皮革業者に安定的な職工需要体制を保障し、ひいては賃金等を相対的に低い水準に維持することが可能となる。すなわち、西浜皮革業者と新田帯革の相互依存と共存の関係を維持するために、西浜地区の職工をあえて採用しなかったということかも知れない。

この点は、さらに検討を必要とするであろう。

六　その他の就業者

第三節の表5で示したように、西浜地区には皮革関連業種に従事する者の他に、「靴以外の履物製造・販売業」従事者四五〇人（九・四％）、「履物修繕などの雑業」従事者八四一人（一七・五％）、「仲仕などの力役」従事者四二二人（八・八％）が多い。

「靴以外の履物製造・販売業」は、下駄や雪駄、鼻緒の製造業で多くの部落で見られた。また、雑業の中では

「下駄直し」「靴直し」従事者は五一五人と、西浜地区全就業者の一〇・七%を占めた。このように、履物にかかわる就業者は、皮革関連業種従事者に次いで多く、合計九六五人、二〇・一%に達した。これらは一般に、都市部落に多く見られる職業である。

この履物修繕業は、江戸時代から存在したが、親方層による縄張り支配とその下で職人が許可を得て修繕業を営むという構造ができあがっていた。したがって、明治期から大正期にかけては、下働きの雇い人たちが、「哀音を含んだ調子で丸卜直《まるとなおし》とか吉兵衛直《なおし》とか、自家親方の屋号を呼びながら市中を歩く、斯して集め得た靴や下駄は、その付近に頑張って居る親方のところへ持て」行き、修繕された。そして、親方層の中には「絹布《おかいこ》ぐるみの贅を尽くす立派な旦那で、何れも相当の金を蔵入《しまいこ》んである」者もいた。その一方で、下働きの雇い人の生活は貧しかったといわれる（『大阪毎日新聞』一九〇二年一一月一九日。福原 一九八六）。

しかし、大正時代になると、都市での需要増加にともなって部落では自営で修繕業を営む者が増えるとともに、いわゆるスラム地区の人々の中でもこれに従事する者が増えた。大正後期に至ると、不況が深刻化したことにともなって、いっそう業者間競争が激しくなり、大阪北部の部落から「直し賃、半額」の声があがるなどして、これら修繕業者の収入は減少した。

このようにして、昭和の時代に入ると、履物修繕業従事者の多くは貧困層であったと言ってよいだろう。西浜地区では、履物修繕業従事者の他に、按摩、駄菓子商、行商人、古物商などの都市雑業に従事する者もいた。

他方、力役には、港湾荷役従事者である仲仕のほか、車夫、その日その日に荷車引きや建設現場の人夫として雇われ手伝い仕事をする「日稼」「手伝」といった仕事に従事する者も多かった。

このような雑業・力役に従事する従事者は、西浜地区では一貫して増加傾向にあった。

一般に都市部落では、西浜地区の皮革産業のような中核となる産業を持たないところが圧倒的に多い。そのような部落では、雑業・力役といった職業従事者が過半数を占めていた。たとえば、一九一七年（大正六）の調査によれば、大阪市近郊の西成郡八部落全体で力役・雑業従事世帯数は六六・六％、東成郡七部落全体で六九・三％にのぼった。

このような他の都市部落と同様に、西浜地区でも、こうした職業に従事する者が増える傾向があった。

七　むすび

江戸時代からの皮革産業の一大拠点であるという伝統を引き継ぎ、そしてまた近代社会に入って皮革に対する需要が増加したことにともなって、明治時代以降、西浜の皮革産業は大きく発展した。それにともなって、西浜地区内だけでなく地方部落からも多くの若者たちを皮革職工・靴職工の徒弟として呼び集め、一九一七年（大正六）当時には、西浜地区の人口規模も拡大し、西浜地区全就業者の約半数が皮革産業に従事していた。

この皮革産業の職工の世界は、中小規模の企業が多かったことにともなって、基本的には地縁・血縁による採用に始まって、親方と職人・徒弟との間の生活も含めた家父長的関係であった。

西浜地区には、工業用伝動ベルトで成功した新田帯革があったが、皮革産業の中では大企業に属した。しかし、日本皮革大阪支所は西浜地区の皮革職工を採用していたといわれるのに対して、この新田帯革はほとんど雇わなかった。本文中で述べたように、このことの意味は大きい。

他方、西浜地区には、これ以外には下駄や雪駄などの履物製造・販売並びに下駄直し・靴直し職人も多数いた。とくに履物修繕業従事者は、西浜地区以外の都市部落やスラム地区でも従事者が次第に増加し、過当競争が生じた。

また、地方から職を求めて西浜地区をはじめとする都市部落にやって来る地方部落出身者が増加していったが、誰もが安定した仕事に就けたわけではない。その結果、雑業や力役といった、あまり技能を必要とせず、低収入な仕事に従事する者が増えることになる。このようにして、部落の中では、低所得層が滞留し、増加していくことになった。

西浜地区には、依然として事業実績を持つ皮革業者がひしめき合っていたが、第二次世界大戦が近づくにつれ、次第に衰退せざるをえなかった。

一九三七年の日中戦争の本格化によって、製造原皮の四割近くを占める中国からの輸入が一時期途絶え、その後再開されたとはいえ、中国原皮は軍の統制下におかれて、皮革の欠乏と高騰を招いた。さらに翌三八年には、軍需品以外の製造への牛革使用が禁止され、配給制度が始まり、民間向け製品を多く作っていた西浜地区の皮革産業は原料不足と高騰の中で大きな打撃を受けた。これによって、多くの皮革職工たちが失業していった。戦時下大空襲で浪速区の九四%が罹災し、西浜地区の皮革産業は壊滅的打撃を受け、戦後は、この西浜地区で皮革産業が大きく再開されることはなかった。一部の業者は、西成区同和地区をはじめ大阪市近郊の各地へと移動していった（三原　一九九六）。

［参考文献］
木村吾郎「大阪皮革産業小史」鶴嶋雪嶺編『部落産業の現状と課題』解放出版社、一九八一年。
卒田正直「私の思い出から」『解放新聞』第五九九号、一九八四年五月七日。
中西義雄「日本皮革産業の史的発展(1)」『部落問題研究』第五号、一九六〇年。

福原宏幸「都市部落住民の労働＝生活過程―西浜地区を中心に」杉原薫・玉井金五編『大正・大阪・スラム―もう一つの日本近代史』新評論、一九八六年。

同「水平社創立以前の仕事生活」「大阪の部落史」編纂委員会編『新修 大阪の部落史』下巻、解放出版社、一九九六年。

三原容子「水平社創立後の仕事と生活」「大阪の部落史」編纂委員会編『新修 大阪の部落史』下巻、解放出版社、一九九六年。

まつおたかよし「米騒動前後の摂津西浜部落」『部落』第七六号、一九五六年。

渡部徹・秋定嘉和編『部落問題・水平運動資料集成』第二巻、三一書房、一九七四年。

［付記］
本稿は、福原の二論文（福原 一九八六・一九九六）を「浪速部落の歴史」編纂委員会の責任において、再構成したものである。

第8章

西浜水平社と差別投書事件

朝治　武
Asaji Takeshi

はじめに

今から五年前に『渡辺・西浜・浪速―浪速部落の歴史』が発刊され、そこでは他の分野に比して西浜水平社についてはスペースが多く割かれ、皮革産業を基盤とした大都市部落における成立から消滅にいたるまでの水平運動の展開が記述された。しかし通史叙述であることから重要な事項についても概略の域を出ておらず、必ずしも具体的な運動的・組織的実態や特質が明らかになっているとはいえない。

そこで西浜水平社の具体的な運動的・組織的実態や特質を探るためのひとつの試みとして、本稿では一九二〇年代中頃における西浜水平社による差別投書事件の取り組みに絞りたい。しかし、ここでは差別投書事件についての差別糺弾闘争の経緯を時期を追って記述するのみではなく、むしろ西浜水平社の差別投書事件に対する取り組みが孕んでいた問題点の析出に努めたい。というのも、この事件は明確な差別事件であったが、西浜水平社は有効な闘いを展開することができず、結果として十分な成果をあげることもできない、いわば差別糺弾闘争の失敗例と思われるものであった。しかし失敗であったから意味がないのではなく、その失敗には固有の問題性があると思われ、その問題性にこそ当時における水平運動の特質が明瞭に表れているといえる。

とはいえ叙述にあたっては、これまでの研究においてさえも手薄であった差別投書事件について、まず経過の大筋を示しておきたい。そして次に差別投書事件における諸問題を浮き彫りにするために、①差別投書の特異性、②地域社会における西浜部落、③差別投書事件をめぐる対抗関係、④西浜水平社の影響力、⑤栗須七郎の対応など五点について検討する。これらにアプローチすることによって、差別投書事件が生起した原因や水平社の対応である差別糺弾闘争の特質が明らかになり、またこの時期の西浜水平社の組織実態や地域社会における位置が明確になるものと思われる。なお以下の記述にあたっては、行政区としては西浜町をつかい、被差別部落としては西浜町と栄町（木津北島町）をあわせて西浜部落とし、区別することにする。

一　差別投書事件の経過

一九二五年（大正一四）九月二七日、木津第二小学校において、木津勘助町二丁目の織貞蔵の次男である一年生の貞一が、受持の栗山芳雄訓導から夏休みの宿題ができていないとして叱責・殴打されるという事件が起こった。織貞蔵は区会議員の松田、学務委員の常盤とともに学校側に抗議した。当初は栗山訓導は謝罪しようとしなかったが、学校側は今後は同様の事件を起こさないよう注意するという陳謝をおこない、叱責・殴打については円満に解決した。

しかし一〇月五日になって、高津郵便局の一〇月四日付消印のある差別投書が織貞蔵宛に届いた。これが、第一の差別投書である。織はこの事実を地元の親隣会という団体の役員に示し、そして親隣会の役員はこの投書は西浜部落全体に関係しているとして、西浜町の各区会議員に知らせた。親隣会では協議によって学校側に抗議した。六日、親隣会や戸主会の役員、松田、西浜町の各区会議員ら交渉団が学校側を訪れたが、校長が不在のため翌日に松田宅において責任ある回答をすることになった。七日、校長らは松田宅へ訪れ、校長が学校内の全責任を負い、学校外におけることは四人の区会議員が責任を負うことになった。八日、親隣会や戸主会の役員らによる交渉団が学校を訪れたが、学校側は全生徒の筆跡からは同一人物はいなかったという回答であった。この日、今宮町の郷友会において父兄会が開かれ、経過が報告された。九日になると学校側は松田に自分たちだけで事件を解決することは困難なので警察の手に委ねるといってきたが、交渉団はあくまでも学校側と区会議員に全責任があることを確認した。

こうして交渉は進展をみなかったが、すでに事件は西浜町および栄町に知れ渡っていたため、親隣会と戸主会は自分たちの力だけで解決することは困難であるとして、九日の夜に西浜町と栄町の一三の団体に回状を送った。この日のうちに各団体代表者の集会が開かれたが、議論百出となって具体的なことは決められなかった。それに追い打ちをかけるように、一〇日には難波局の消印のある第二の差別投書が、一三日には同じく難波局の消印のある第三の差別投書が織貞蔵宛に届いた。親隣会では町内一三の会の意見を求めて廻ったが、この時に初めて西浜水平社も訪問を受けた。これより以前に西浜水平社は声明書を発表し、一二日の夜に差別投書事件に関して演説会を開いていた。

そして一三日の夜に、全町約六〇団体の代表者が栄幼稚園において協議会を開き、一五日に町民大会を開くことになった。一五日の正午には西浜町の阿弥陀寺で町民大会が開かれ、①差別投書事件の徹底的な解決を図る、②差別的行為に対しては町民の糾弾によって根絶する、の二項目が決議され、あわせて各団体から二人を選んだ半永久的な対策委員会を設置することも決定された。夜になって対策委員の中から二〇人の実行委員が選出され、解決方法は実質的には実行委員の手に託されることになった。対策委員会は参謀部、内偵部、交渉部、経済部の四部門に分けられ、活発な活動をおこなった。この模様は、二〇日の全国水平社機関紙『水平新聞』第二号において報道された。しかし、これに水を差すかのように、一〇月二八日になって神戸三宮局の消印のある第四の差別投書が織貞蔵宛に届いた。

ここにいたって差別投書事件に対する取り組みは暗礁に乗り上げることになり、西浜水平社が前面に登場することになった。一一月八日、栗須七郎は一八人の筆跡などをもって東京の弁護士や学者、書家を訪ねて相談し、とくに布施辰治弁護士の紹介により専門的な筆跡鑑定まで依頼した。一五日には『大阪水平新聞』第四号において、巻頭の栗須七郎「我が同族を侮辱したる匿名書簡事件に就て」をはじめ差別投書事件が大きく取り上げられた。また栗須ら西浜水平社は引き続き学校側および教員の何人かへの働きかけをおこない、約一五回にわたる批判報告および糺弾演説会などの活動をおこなった。

年が明けた一九二六年に入っても、差別投書事件に対する取り組みがおこなわれた。一月二六日には東京水平社本部から西浜水平社宛に差別投書事件についての檄文が送られ、九州水平社在京同人会からも檄文が届いた。また差別投書事件についての演説会が、二四日には松井説教場において、二五日には栄幼稚園においておこなわれた。これらの取り組みは、二月一日の『水平新聞』第四号では「不眠不休の大活動を続けてゐる」と報じられた。しかし差別投書事件の行為者は判明せず、また西浜町民の関心も次第に薄れ、西浜水平社は二月一五日の『大阪水平新聞』第七号における記事を最後に差別投書事件に対する取り組みを続けられなくなり、自然消滅することになったのである。

二　差別投書の特異性

差別投書事件は、他の差別事件とは大きく異なっていた。当時、「穢多」や「四つ」などの言辞を用いた差別的言辞や四本の指を出すなどする差別的動作などが、部落民衆に対する直接的な差別事件としては一般的であった。例えば、一九二五年の大阪における差別糺弾件数は一〇四件であったが、そのうち九〇件が差別的言辞であり、一四件が差別的動作であった。差別投書は、当時としては極めて少ない差別事件の形態であった。また言辞や動作であれば差別者が誰であるか一目瞭然であったが、差別投書の場合は行為者の特定が困難であった。この行為者が特定できないという事態が、差別投書事件の解決を引き延ばし、はてには自然消滅させることになった

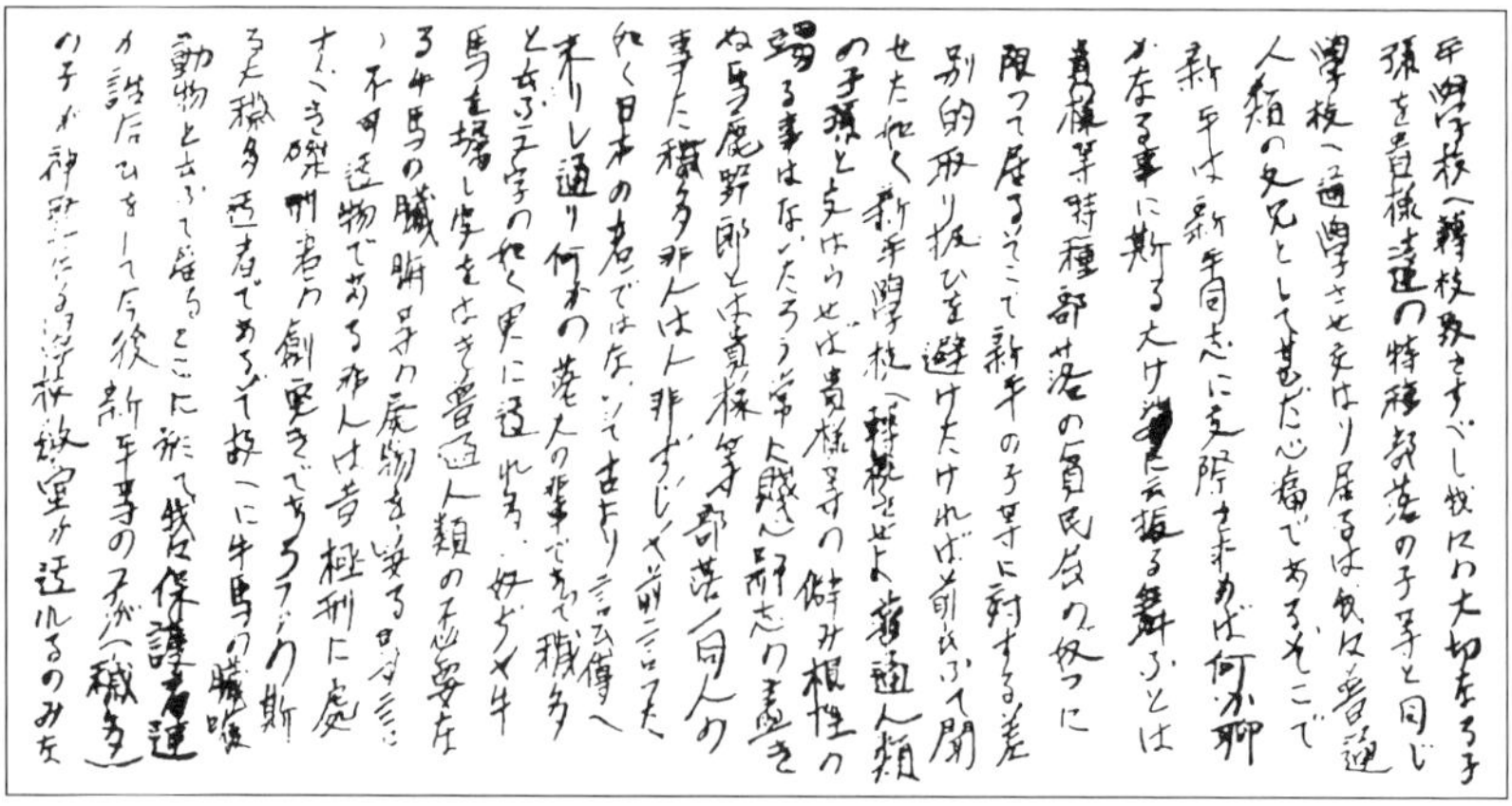
平四小学校へ転校さすべし我々は大切なる子
孫を貴様達の特殊部落の子等と同じ
学校へ通学させ又は居るは我は普通
人類の父兄として甚だ心痛であるそこで
新平は新平同志に交際するならば何か卿
如なる事に斯る大け[illegible]云振る舞ふとは
貴様等特種部落の貧民共の奴つに
限つて居るそこで新平の子等に対する差
別的取り扱ひを避けたければ前もつて閉
せたしく新平学校（特殊にせよ）普通人類
の子孫と交はらせは貴様等の僻み根性の
現る事はないだろう常（人賤）部志の尽き
ぬ馬鹿野郎とは貴様等部落同人の
事だ穢多非人は人非ずじや前に言つた
如く日本の者ではないして古より言ひ伝へ
来りし通り何本の落人の輩であつて穢多
と云ふ二字の如く実に汚れ者。故ちや牛
馬を殺し皮をはぎ普通人類の不必要な
る牛馬の臓腑等の廃物を喰ふる可からざ
る汚物である非人は昔極刑に処
せられた罪人の創[illegible]であろうの斯
る大穢多汚者であるが故に牛馬の臓腑
動物と云ふて居るここに於て我々保護者達
が話合ひをして今後新平等の子供（穢多）
の子が神聖なる学校教室が汚れるのみな

第１の差別投書（『大阪水平新聞』第１号）

大きな要因であったと考えられる。

四通の差別投書は、同一人物のものであると思われる。差別投書であることから本名ではなく「保護者一同」を名乗り、とくに第一投書では宛名の織貞蔵の後に「奴」を付けて嫌悪と敵意を露にしたものであった。また行為者は木津第二小学校の校区在住者もしくは学校関係者と思われるが、消印からは他の郵便局に投函していたことがわかる。

差別投書は嫌悪と敵意を露にしているだけに、その内容は極めて悪質なものであった。第一は、差別用語を多用していることである。差別用語では「部落人」「新平民」「新平」「穢多」「エタ」「特殊部落」「ヨツ」「大穢多汚物者」を使い、また「貴様」「子奴」「馬鹿野郎」「大馬鹿野郎奴」などの用語も用いている。このように部落民衆に対して差別用語を使いながら、自分たちに対しては「普通人類」を用いている。すなわち、部落民衆は人間以下のものと見なしているのである。

第二は、部落差別を穢れ意識によって合理化していることである。部落民衆についての説明では、「エタと言ふは字の如し、実にケガレ多い奴じや牛馬を殺し皮を剥ぎ普通人類の不必要なる牛馬の臓腑の廃物を啜る等云ふ可からざる汚物である」という。つまり近世以来の斃牛馬処理を牛馬殺しと認識し、そして皮革業や食肉業などを穢れた仕事であり、それゆえに部落民衆は汚物であるとしたのである。そして揚げ句には、織に向かって「キサマ新平等の貧民部落が勘助町二丁目に住居して居るは甚だ遺憾に思ふ」として、「速やかに退去した方がよからう」というのである。

第三は、一貫して学校側を擁護し、木津第二小学校から部落の子どもを排除しようとしていることである。差別投書の引き金となった訓導の叱責・殴打を「教育的指導」と擁護し、抗議したことに対しては「まことに不都合」といい、「学校に迷惑をかけるのは貴様等の部落人即ち新平民にかぎつて有る事」を教師だけでなく一般的にもいわれているという。そして「何か珍し相に騒ぎ立てるから特殊部落の品質を表はす」から、「水平は水平『特殊』らしくしてゐればい〻」としている。また、部落民衆は「エタや非人の部類」であるから、「常に低頭平身してペコペコ頭を下ぐればよいのだ」という。そして「貴様等の子を普通人類の仲間に入りて交はると言ふのが抑々《そもそも》間違てゐる」として、「貴様等の子奴は新平部落即ち栄町のエタ学校へ入学させるのが上分別である」としているのである。

第二から第四の差別投書についても触れておこう。第二と第三の差別投書は第一の差別投書について動きが活発になってくるにしたがって、差別投書の行為者捜しを撹乱させるために出されたものであったと思われる。それは、特定の区会議員こそ怪しいとするものであった。第四の差別投書も差別投書の行為者捜しの動向を多分に意識したものであり、また織貞蔵は学校側に迷惑をかけているので謝罪すべきであるというものであった。

このように、差別投書は部落民衆に対して嫌悪と敵意を露にした極めて差別的なものであった。そして一般民衆の立場から木津勘助町二丁目から部落民衆を追い出し、そして部落の子どもを西浜町にある栄小学校に行かせようとするのが差別投書の目的であった。

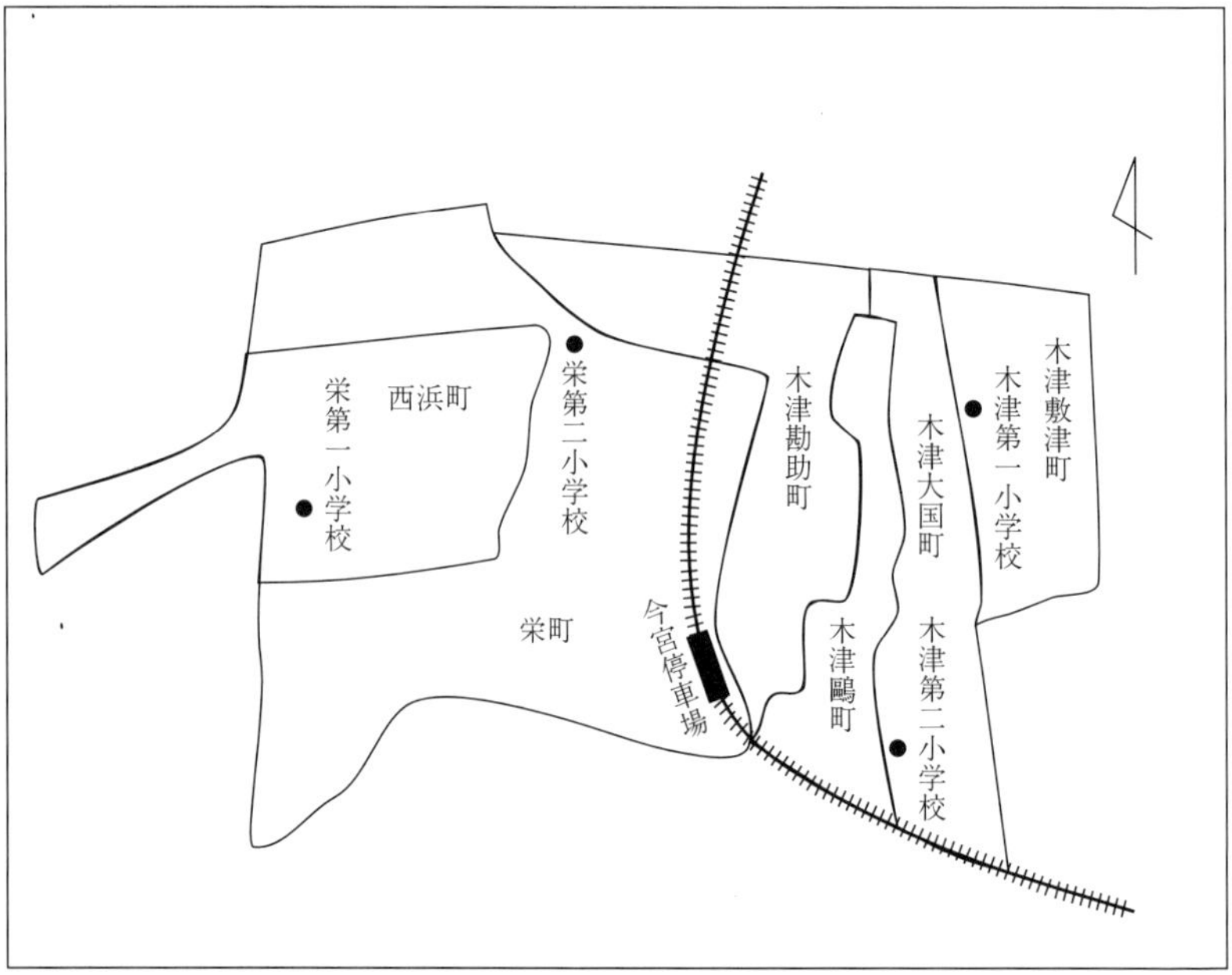

差別投書事件関係地図

三　地域社会における西浜部落

近世以来の部落は、厳密にいえば近代においては西浜町だけであった。この西浜町の人口は近代に入ってからは四〇〇〇人から五〇〇〇人で、ほぼ一定していた。しかし急激な人口増加は、西浜町の周辺にまで及んだ。これが一九〇〇年からの木津北島町であり、この木津北島町は一九二一年からは栄町となった。一九二五年では栄町の人口は約一万人を越え、西浜町の倍となっていたように、栄町の人口は爆発的に増加した。しかし、この栄町の一万人という人口も過密であり、これ以上の増加を許す状況ではなかった。西浜部落を目指してやって来た人びとは、栄町より周辺である南側の津守町、中開町、南開町、北開町、東側の木津勘助町、木津鷗町、木津大国町、木津敷津町、木津三島町、北側の小田町、芦原町、西側の津守町などへと広がっていったのである。

栄町や木津勘助町などに移り住んできた人は部落外の民衆は少なく、そのほとんどが部落民衆であった。約三割が泉南郡島村や泉北郡南王子村をはじめとした大阪府内の部落からであり、残りの七割が奈良、和歌山、兵庫、京都、滋賀など近隣府県の部落からであった。これらの部落民衆は、仕事を求めてやってきた人びとであった。すなわち皮革業で栄える西浜部落では、西浜町だけでなく栄町や周辺の町に新たな皮革工場が次々と生まれていったのである。そして移り住んできた部落民衆は、これらの皮革工場などで働くようになったのである。

織貞蔵が居住する木津勘助町二丁目は栄町に隣接し、部落民衆が移り住んできた所であった。しかし木津勘助町は西浜町や栄町のように部落民衆が多数を占めていたものの、部落共同体としてのまとまりは西浜町や栄町ほど強くなかったと思われる。そして一般民衆からすれば、部落民衆は近世以来の牛馬に関係する皮革業や食肉業を生業とする嫌悪すべき差別の対象としてだけでなく、これまでの秩序を維持してきた地域社会に参入してきて一般民衆だけの安定した生活を壊すものとして敵対すべき対象となったのである。

教育関係では、西浜町の子どもは一八七二年に開校した栄小学校に通学していた。西浜町は学区としては、西浜学区であった。一方、木津北島町の子どもは当初は一八七四年に開校した木津敷津町にある木津小学校に通学していた。木津北島町は、学区としては木津学区に属していたのである。しかし木津学区には部落民衆の子どもは少なく、また部落差別を受けることも多かったので、木津北島町の子どもは、栄小学校に越境入学することが多かった。この不正常な状態を正すため、一九〇九年に栄小学校では越境入学していた木津北島町の子どもを木津学区にある木津第一小学校と一九〇四年に開校した木津大国町四丁目にある木津第二小学校への転校手続きをとらせた。しかし木津北島町の子どもは、木津学区の小学校へ登校することは多くなかった。

そして結局、一九二一年に木津北島町は栄町と改称され、また従来の栄小学校は栄第一小学校となり、新たに栄町二丁目に栄第二小学校が開校されて栄町の子どもが通学するようになったのである。つまり木津北島町は栄町と改称されることによって、木津学区から切り離されて栄学区へ編入されたのである。これは木津学区の住民による部落差別の結果であったが、大阪市としても要らぬ軋轢《あつれき》を避けるためにおこなった措置であった。差別投書事件が起こっていた時期、木津第二小学校においては、部落民衆の子どもは四割を占めていたという。このような状況があったため、木津学区の一般民衆にとっては木津学区の各町に居住する部落民衆を栄学区へ移転させることが、次なる大きな課題となっていたのである。

四　差別投書事件をめぐる対抗関係

差別投書事件をめぐっては木津第二小学校が関係していたものの、学校側の差別投書事件に対する対応は一貫して鈍いものであった。当初、差別投書の行為者とされたのは、叱責・殴打した栗山訓導であった。しかし栗山は新聞記者に向かって、「目下問題はデリケートになっているので一切を打明ける訳には行かぬが学校から投書するような事は絶対にない」と投書の行為者であること、および学校関係者の投書であることを否定したのである。そして叱責の事実は認めながら殴打を否定し、父兄が了解しているといい、はてには「校長が責任を持ってやっているから知らぬ」と語る始末であった。まったく、逃げの一手であった。

その校長も、栗山と大差はなかった。校長は差別投書事件の発覚直後には交渉団に対して学校内に関することについては全責任は自らが負うといっておきながら全生徒に対して筆跡を調べただけであり、すぐさま自分たちでは解決することは困難であるとして警察の手に委ねることを交渉団に伝えている。内容的には大人の文章である差別投書事件からして全生徒の筆跡を調べるというのは無理な話であり、まず調べるべきは全教員であった。というのも、後に述べるように西浜水平社から見ても問題とされるべき教員が七人もいたからである。

そして地域社会における学校という存在を重視して、学校側を擁護していたのが警察であった。警察は差別投書事件の行為者特定には全く関心を寄せず、もっぱら差別投書事件を問題化させようとする住民や水平社に対して警戒心をもっていただけであった。とくに一〇月一三日の町民大会によって差別的行為に対しては糾弾することを決定すると、難波署は険悪な状況になったとして警戒を強めただけであった。また責任を逃れようとする校長とは常に連絡を取り、何人かの区会議員ともつながっていたのである。

当初から学校側との交渉や町内のまとめ役などの役割を果たしたのは、区会議員であった。西浜町や栄町などは、浪速区会議員であり、西浜町において最も勢力をもっていたのは沼田嘉一郎であった。当然、区会議員になるのは、旧来からの住民に対して政治的支配力をもった有力者や経済的に裕福な地主や資本家らであった。西浜水平社では、一九二五年三月一五日と一七日に、来るべき区会議員選挙に立候補者を出すかどうか協議をおこなった。しかし「議会に這入れるから這入る」というのは駄目であり、あくまでも「無産階級的意識を持って闘争に臨まなければ無用である」として立候補を中止することに決定した。つまり、西浜水平社にとって無産階級の立場こそ重要なのであった。区会議員の中には、差別投書事件については、松田や堀川らのように比較的熱心に解決に向けて取り組んでいた者もいたが、沼田嘉一郎のように全く関心を示さない者もあり、この事実を西浜水平社は厳しく批判したのであった。

また一〇月一五日に解決方法の一切を任された二〇人の実行委員が選ばれたが、栗須喜一郎など西浜水平社の活動家を除いて、多くが西浜町の有力者であった。当初は実行委員の多くは解決に向けて努力を惜しまなかったものの、西浜水平社が前面に立って活動を開始すると姿勢を後退させていった。

むしろ差別投書事件に対して積極的な姿勢を示したのは、西浜町の部落民衆であった。日頃は部落差別撤廃に立ち上がっているわけではなかったが、あまりにも差別投書が悪質であったため部落民衆として許せなかったのである。とくに官製青年団のひとつである栄連合第八分団は、差別投書事件の発覚直後に檄文を発するほどであった。檄文では、まず「本問題は優柔不断な一部の有力者の手に託すべきものではない全町民自身の手によつて解決すべきである」とした。そして、「教育は凡ゆる差別、凡ゆる支配、凡ゆる搾取を当然のものとして教へてゐる」から「単なる徹底的の糺弾では駄目」であり、「此の根底に横はる階級対立、差別を支持する社会制度、教育制度に大きい眼を開かねばならぬ」と訴えたのである。この檄文は内容的に階級的視点を明確にしたものであったため、西浜水平社の活動家、とくに全国水平社青年同盟のメンバーが関係していたものと思われる。そして、この青年団の檄文に明瞭に表れているように、部落民衆の差別投書に対する怒りが一〇月一三日の町民大会や、解決へ向けての全町あげての活動となったのである。

五　西浜水平社の影響力

差別投書事件に対して西浜水平社は、発覚当初から事件そのものについては知っていたものの、解決に向けて努力している町内の交渉団を見守るだけであった。しかし西浜水平社にも意見の聴取があり、一二日になって西浜水平社として声明書を発表した。声明書は残されていないが、おそらく投書の差別性を厳しく批判し、解決のためにあらゆる努力を惜しまないという内容であったと思われる。これは、差別投書事件の約一年前に西浜水平社の大西伝次郎が奈良の岩崎水平社機関誌『水平運動』創刊号に「特殊部落民と教育」を寄せて学校教育は資本主義に合致した階級的なものであり、無産階級に属する部落民衆にとっては耐え難いものであり、社会の改造が必要であるという主張と軌を一にしたものであったと思われる。

それでも西浜水平社として表立って活動することなく、青年団に入って活動するとともに、一〇月一五日に選

大阪水平新聞　（四）　大正十四年十一月十五日

木津第二學校事件と
徹底的糺彈について
大西遼太郎

水平運動を川向ひの火事の様に思つて居つた人々を、水平運動の主旨はよいが、徹底的糺彈—はどうも……と云つて反對して居つたドエライ人々も徹底的に糺彈せねばならない様な不祥事が突發した今までは川向ひの火事のやうに思つて居つたが自分の家に火がついたから平氣ですまされない。

それツと云ふので町民大會と云ふ大きなポンプを持ち出したが日頃使ひなれてゐないものだから徹底的糺彈の筒先きを何處へ持つて行つてよいやらサッパリ譯がわからない。何でも火元へかけたらよいと云ふので風上から水をかけた處が火事は益々大きくなり、四十日過ぎた今日尚ほ放火した犯人もわからねば、火事も消へぬと云ふのが木津第二小學校の事件の眞相である。大火事になつては如何に腕に覺ゑのある消防が出て來てもそう早く消すことができるものではない。

吾人は今、木津第二小學校事件を前にして常に色眼鏡をかけて水平運動を見て居つた人々に色眼鏡を取つて水平運動を見んことを要求する。賤視觀念の不合理を認むされるものではない。と同時に今の水平社には之れなくして水平運動はあり得ない。之は水平運動に取つて最も重大な問題である。處が運動の第一戦に立つてゐる同人の中でも、こゝの處の曖昧な人がかなり多い。

先に火事に例をとつたから火事に例へて話して見ろ。徹底的糺彈のみを水平運動と思つてゐる人々は、それ火事だと云へば無茶苦茶に火事を消すことのみを知つて、その火事跡へヨリ以上の家を建てねばならぬことを考へない人で水平運動には糺彈以外にモット重大な必然的使命のあることを知らない人々である。

このたびの木津第二小學校の、事件でも只單に一人の犯人を擧げることのみ考へず、かうした犯罪人を今日の警察が擧げ得ないとすればそれは警察の無能であり、犯人はわかつて居つても擧げた處で極刑にする法規がないとすればそれは法規の缺陷であり、一般社會がこれを許容するとせば社會道徳の罪であり、そうした罪を生んだとすればそれは現代社會組織の、どこかに缺陷があるに相違ないのである。といふ根本にまで突き進んで。教育界に一大暗影を投じた本問題の如きは全町民が死力を盡して決定的に解決なし、今後かゝる不祥事の再發せない樣に努力せねばならぬ。

（十一月十五日）

兄弟よ、團結せよ！
木津第二學校事件に就いて
宇野熊哉

一、空前の重大事件

織貞織氏の息にかゝはる、所謂木津第二學校事件とも稱すべき科學的投書事件の顛末に就いては、旣に「西濱聯合水平社」の名に於て、普く諸君の座右にその檄文を發しておいたところであります。

はありませんでした。

然るに、今度の事件は、血を流すまでの形体こそ備へてゐないが投書の文面によつて考ふるに、その計畫が文化的意識に仕組まれてゐること、それからその意志の發動か、神聖なるべき學校當事者側

『大阪水平新聞』第４号（1925年11月15日）

出された実行委員に解決を委ねたのであった。これは西浜水平社の成立から反対派との激しい対立が存在し、いまだ西浜町住民全体の西浜水平社への信頼が強くなかったためである。しかし実行委員の活動が停滞してくると、『大阪水平新聞』を舞台に西浜水平社を名乗って活動するようになった。西浜水平社は、差別投書事件を虐殺的差別意識が生み出したものと捉え、「手紙の文面に表れたる思想が、学校当局者及普通民全体の思想を、代表的に表白したものである」としたのである。そして学校側に誠意ある解決を求め、部落民衆に対しては部落差別がいかに厳しいものであり、解決のためには団結が必要であることを訴えたのであった。なによりも、これまで強い影響力を持ち得なかった西浜町において、この差別投書事件を契機に水平運動の思想を普及させようとしたのであった。

事実、西浜水平社の活動は西浜町内において影響力は決して大きいものとはいえなかった。全国水平社は一九二五年（大正一四）五月の第四回大会において規約を改正し、維持員制度をとるようになった。維持員とは、水平社に登録された構成員であった。一九二六年一月現在、西浜水平社において月に二〇銭を納入する維持員数は四三三人であった。西浜町と栄町だけで人口は約一万六〇〇〇人であったことからすると、水平社の維持員数はわずか三％という状況であった。そして維持員のうち六三％が栄町で占め、西浜町では二五％という少なさであり、その他が一二％という状況であった。西浜部落全体において最も中心である西浜町において、西浜水平社の影響力は極めて限定されたものであったのである。

差別投書の相手であった織貞蔵が居住する木津勘助町二丁目では、西浜水平社の維持員数は一〇人という取るに足らない数であった。もっとも木津勘助町二丁目を含む地域には一九二三年四月二三日に木津水平社が結成され、一〇二人の会員を擁して事務所を木津勘助町に隣接した木津鷗町四丁目に置いていた。中心は石田正治や松谷功らであり、当初は西浜連合水平社として西浜水平社を中心に今宮水平社や難波水平社とともに行動を共にしていた。しかし一九二五年頃には西浜水平社の一員となり、木津水平社としての独自の活動はおこなわれなくなっていたのである。

これに加えて、西浜水平社としてはまとまりをもちつつも、内部には分岐が発生していた。西浜部落はマルクス・レーニン主義の立場から階級的立場を鮮明にした全国水平社青年同盟の拠点でもあり、西浜水平社では松田喜一や大西遼太郎らがそのメンバーであった。全国水平社青年同盟は一九二五年九月一八日には全国水平社無産者同盟と改称し、より階級的立場を明確にしていた。また石田正治や松谷功らは一九二五年五月一五日に結成された全国水平社自由青年連盟に参加し、アナキズム的傾向をもつ水平運動をおこないつつあった。しかし、あくまでも西浜水平社の中心は栗須七郎であり、栗須の指導力と影響力のもとに西浜水平社は統一を保たれていたというものの、西浜水平社が差別投書事件を西浜町全体に影響力を及ぼして闘える力量を持っていなかったのである。

六　栗須七郎の対応

西浜水平社のなかで差別投書事件の解決に向けて最も積極的に活動したのは、栗須七郎であった。差別投書事件が起こった時、栗須は有本敏和とともに徳島中学および商業学校における差別事件の解決のため九月一日から徳島に滞在し、水平社講演会を開くなどの糺弾闘争をおこなっていた。この結果、学校側が謝罪の意志を表すまでにいたったが、西浜水平社から差別投書事件の知らせが入り、栗須だけが帰阪することになったのである。

帰阪した栗須がまずおこなったのは、差別投書の行為者として嫌疑がかけられていた投書癖のある岩間為吉への面談であった。岩間に対しては、岩間の子どもを含めて筆跡をとり、一一月八日には東京を訪ねて専門的な筆跡鑑定まで依頼した。栗須が岩間に目をつけたのは、日頃から岩間が水平社を敵視し、区会議員の松田を差別投書の行為者に仕立てあげようとしていたからであった。その結果、栗須は松田からも筆跡をとっている。このように、あくまでも栗須は筆跡鑑定をおこなって、差別投書の行為者を取り押さえようとしたのである。

差別投書事件の解決が長引くにつれ、一般民衆や警察、学校関係者から差別投書の行為者は水平社内の者ではないかという声もあがってきた。この部落犯人説ともいうべきものは、栗須ら西浜水平社の活動を封じ込めようとするものであった。このような噂に対しては、全国水平社創立と水平運動を援助していた三浦参玄洞が一〇月二七日の『中外日報』において危惧を示しつつ、早期に差別投書の行為者が明らかになることを期待した。また一九二六年一月二六日の東京府水平社本部の西浜水平社宛の檄文でも、水平社内の者が差別投書の行為者でない

大阪水平新聞　大正十四年十一月十五日　（大正十四年七月廿一日　第三種郵便物認可）

大阪水平新聞

大阪府南河内郡新堂村新堂
発行所　大阪水平新聞社
大阪市浪速区栄町二ノ五三
事務所　大阪西浜水平社本部
振替大阪六七四三六番
発行編輯兼印刷人　北井正一
一部五銭　一年六十銭
月一回発行

我が同族を侮辱したる匿名書簡事件に就て

栗須七郎

（一）事件の根本

去月二十七日、木津勘助町二丁目織貞蔵氏の息貞一君が、木津第二小学校に於て、受持教師栗山訓導から無法なる体罰を加へられた事件は、学校側に於て、今後同様の事件を引起さぬ様、注意すべき旨の釈明に依つて、一応の落着を告げた。

然るに十月五日、織氏方に郵送された匿名の一書簡は、この事件に就いて織氏父子、及び我が同族一般を侮辱し、悪言を極め、罵詈を逞し、我々をして殆んど読むに堪へざらしめるものであつた。

右の事実、及び右の書簡の文面は、栄聯合青年団第八分団、及び西浜聯合水平社の発表した檄文等に依つて、本誌読者諸君の既に知らるゝ通りであります。

そも／＼この陋劣無頼なる、頑冥無智なる、そして又卑怯千万なる、匿名書簡の差出人は何者であらうか。又その起草者、執筆者、若しくば共犯者は誰々であらうか我々は先づそれを突きとめたいのである。

私の帰阪後、先づ耳にしたのは岩間氏に対する多くの人々の嫌疑であつた。岩間氏は従来、投書癖のある人として知られ、斯かる場合、如何にも斯かる事をしさうな人だと云はれてゐるのであつた。そして実際の執筆者は、同氏の息栄一、正一の二氏の中ではあるまいかと云はれてゐた。それで私は若し真実、岩間氏父子が犯罪者であるならば、飽くまで其の責任を問はねばならぬし、又若しその嫌疑が無実であるならば、一面には気の毒に感じて、その方は中途にとゞめ栄一氏だけに全部を筆写して貰つた。そして私は今、その二氏の筆跡と、問題の手紙の原紙とにつき専門家の科学的鑑定を求めてゐる。右問題の原紙と栄一氏の筆跡との写真の一部分は、本紙の別項に載せてあります。諸君はこれを引き比べて何と判断されますか。私の知る多くの人々の判断では、両方が非常に善く似てゐると云ひます。確かに同一人の筆跡に相違ないと云ひます。然し我々は法の素人として、滅多な事は云はれぬ。軽々しく人に罪を着せるわけには行かぬ。私は只だ一つの参考として、これをこゝに載せたまでであります。

『大阪水平新聞』第４号（1925年11月15日）

ことを主張し、西浜水平社の奮闘を期待した。この各方面からの部落犯人説に対しては、栗須も証拠が明らかでないデマであると厳しく批判し、その宣伝をおこなっている人びとに対して悪意からであるとして責任を明らかにするよう求めた。

また栗須は学校側の責任をも問うていたが、一教員からの要請により秘密裏に面談もおこなった。そして栗須は、この教員は自らは部落の生まれであると名乗り、六人の教員が差別投書事件の鍵を握っているといったことを明かしたのであった。しかし、栗須の個人的ともとれる一教員との面談は、西浜水平社には知らされていなかった。そして、このことを『大阪水平新聞』で知った宇野熊哉は、栗須は教員の名前を公表すべきであり、また栗須が六人の教員と直接会って糺問すべきであると主張したのである。しかし、あくまでも栗須は六人の教員に会おうとはせず、宇野の批判を受けても自分に託してほしいというだけであった。

しかし栗須は宇野の批判直後の『大阪水平新聞』において一教員は三木勇助であり、六人の教員とは、叱責・殴打事件を起こした栗山をはじめ山田、岩橋、福田、豊田、藤井であることを明かした。そして、これらの教員の中には日頃から部落の子どもを差別的に扱う者もあることを明かし、山口校長とともに三木を含む七人が責任を明確にすることを要求したのであった。栗須は直接的に事の真偽と責任を糺すというよりも、あくまでも教員としての自覚を促すことによって自発的な責任を果たさせようとしたのである。しかし、この栗須の問いかけに対しても、学校側や教員は誠意ある姿勢を示そうとはしなかったのである。

当初においては西浜水平社は差別投書事件に取り組み、演説会などを開いて積極的な活動をおこなっていた。しかし徐々に解決への見通しが長引くにつれ、実際は栗須が中心となっていった。そして、その栗須の活動は差別投書の行為者の割り出しと水平社に対する嫌疑への批判に集中したのであった。それも最も解決の鍵を握っていると思われる学校側や教員に対して大衆的な行動を起こしたり、直接会って問い糺すということもなく、ひたすら学校側に自発的に責任を果たすよう間接的に迫るというものであった。しかし、この栗須の対応は宇野にとって「寛大なる性格」や「宏《（ママ）》大なる温情」ではあったが、一方では「煮切らない態度」にも写ったのである。このような宇野の批判や疑問の背景には、差別投書事件への取り組みが栗須自身が必要性を説く差別糺弾闘争にさえならずに栗須の個人的な行動に任されてしまい、ましてや栗須の行動は階級的視点とは程遠いものであるという認識があったと思われる。

おわりに

差別投書事件は、一九二六年（大正一五）二月一五日の『大阪水平新聞』第七号をもって全く触れられることはなくなった。つまり、この時点で西浜水平社は差別投書事件の取り組みをおこなえなくなり、事件としては解決を見ないまま自然消滅してしまったのである。

では最後に、なぜ差別投書事件の取り組みは失敗に終わり、また差別糺弾闘争として闘われなかったのかを西浜水平社の運動的・組織的実態と特質と関連づけて指摘しておきたい。第一は、この事件が行為者が誰であるかということが明確にならない差別投書であったという特異性である。解決への取り組みが差別投書の行為者を捜し出すということに集中されるようになったのは、この事件の特異性に起因するものであったのである。第二は、この差別投書事件は地域社会における西浜部落の位置と深く関係していたことである。すなわち、人口流入によって西浜部落が拡大し、部落民衆と一般民衆との軋轢が激しくなり、それが学校および学区をめぐる問題へと発展したことである。そして、一般民衆の部落および部落民衆に対する差別意識が顕在化したのである。

そして第三は、差別投書事件をめぐってはさまざまな対抗関係が複雑に交差していたことである。当初は西浜町全体で闘うことになり、その中心は区会議員や実行委員であったが、必ずしも全員が解決に熱心ではなかった。また本来は真っ先に責任を負うべき学校や教員も有効な手を打たず、ただ警察などを頼るだけであった。第四は、当初は青年団の一部が解決に向けて声を上げ、また次第に西浜水平社も取り組むようになったが、その影響力は小さく、有効な闘いを展開できなかったことである。これは、西浜水平社の組織構成と基盤が大きく関係していたのである。第五は、差別投書の行為者を筆跡鑑定で探し、一部教員と秘密裏に面談をおこなって学校側や教員に自主的な責任を果たさせようとする栗須七郎の対応である。この栗須の個人的とも思える行動は、西浜水平社の仲間からさえ疑問や批判が起こるくらいであった。

まとめると、この五点の問題性のなかに差別投書事件における取り組みの失敗の直接的な原因があったのである。まことに厳しい表現であるが、西浜水平社は差別投書事件の取り組みをおこなったものの、それは実質的には差別糺弾闘争とさえ呼べるものではなかったといえよう。全国水平社および西浜水平社の創立八〇周年という年にあたって水平運動の問題点を探る結果となってしまったが、これは創立八〇周年を単なる顕彰や記念に終わらせることなく、今日から見て肯定的と思われることだけでなく、否定的と思われることも含めて水平運動全体や先人の闘いから、汲み取り学ぶべき課題があると考えているからにほかならない。

[参照史料]

『水平運動』創刊号、一九二四年一〇月。
『選民』第一六号、一九二五年五月一五日。
『大阪時事新報』一九二五年一〇月一五日付。
『水平新聞』第二号、一九二五年一〇月二〇日。
『中外日報』一九二五年一〇月二七日付。
『大阪水平新聞』第四号、一九二五年一一月一五日。
『大阪水平新聞』第五号、一九二五年一二月一五日。
『同愛』第二九号、一九二五年一二月。

『大阪水平新聞』第六号、一九二六年一月一五日。

『水平新聞』第四号、一九二六年二月一日。

『大阪水平新聞』第七号、一九二六年二月一五日。

［参考文献］

秋定嘉和・西田秀秋編『水平社運動―一九二〇年代』、一九七〇年。

朝治武「大阪・西浜の水平運動」「大阪の部落史」編纂委員会編『大阪の部落史』下巻、解放出版社、一九九六年。

全国解放教育研究会編『部落解放教育資料集成』第三巻〈全国水平社と教育差別糾弾闘争〉、明治図書、一九八三年。

「浪速部落の歴史」編纂委員会編『渡辺・西浜・浪速―浪速部落の歴史』解放出版社、一九九七年。

福原宏幸「都市部落住民の労働＝生活過程―西浜地区を中心に」杉原薫・玉井金五編『大正・大阪・スラム―もうひとつの日本近代史』新評論、一九八六年。

吉村智博「大阪における都市部落と学区―南区西浜町をめぐる『学区分合』問題」『大阪人権博物館紀要』第五号、二〇〇一年一二月。

渡部徹編『大阪水平社運動史』解放出版社、一九九三年。

第Ⅲ部　現代編

浪速

第9章

太鼓集団「怒」と文化活動

浅居明彦
Asai Akehiko

一　太鼓の町に太鼓の響き

1　結成一五周年の日

大阪・浪速の地に誕生した太鼓集団「怒」は、二〇〇二年に結成一五周年を迎えた。一九八七年一〇月に産声をあげてから、早いもので、一つの節目がおとずれようとしている。私はいま、結成一五周年の記念コンサートが盛況のうちに終わり、その余韻にひたっている。これまで、たびたび太鼓集団「怒」について、私の書いた文章を目の前にして、いま一度「怒」とともに歩んできた足跡を振り返り、今後の活動について思いを巡らせてみたいと思う。

2　打ち手が芽生える

一九八七年八月、盛夏の暑い日差しが照りつけるなか、大阪市立浪速解放会館（現、大阪市立浪速人権文化センター）で「大阪と沖縄をむすぶ太鼓コンサート」が催された。「怒」の出発点にもなるこのコンサートの開催にあたって、「地元からも出演を」という声がかかり、浪速子ども会の高学年の子どもたち二十数人が参加することになった。

しかし、いざ出演といっても、曲目選びや演奏の指導など、何から何まで初めての試みだったから、一から習うことになった。当然、地元で指導することはできなかった。コンサート当日までおよそ二カ月。この二カ月間は、当時、解放会館の職員で、太鼓グループ「鬼瓦」のメンバーでもあった吉井さんが指導にあたってくれた。懇切、そして丁寧に、初めてバチをもつ子どもたちにもわかりやすく、そして時には厳しく、指導してくれたお

1987年８月　「大阪と沖縄をむすぶ太鼓コンサート」での子どもたちの演奏

かげで、「地元からも出演を」の多くの期待に応え、無事、晴れの舞台を踏むことができた。

太鼓のコンサートに初めて参加してみて、ふとこのとき、脳裏をよぎったことがあった。それは、私たちのまち、浪速部落には三〇〇年以上もの昔から太鼓づくりの歴史があるにもかかわらず、太鼓の打ち手が育ち、育てる文化や風土がないのではないか、ということだった。皮革業と太鼓づくりの連綿とした歴史的な営みのなかで、なぜ、演奏という活動に、そのときまで誰も注目してこなかったのか。この疑問は、そのあとも私の頭から離れることはなかった。

3　浪速部落の歴史と太鼓づくり

そもそも、浪速部落は、いまをさかのぼることおよそ三〇〇年前の一七〇一～五年（元禄一四～宝永二）にかけて、たびたびの強制移転の結果、現在の地に移転してきた。当時の村の名称は「渡辺村」といい、役人足、斃《たおれ》牛馬の処理、火消しなどの役目を奉行所から命じられていたので、「摂津役人村」とも呼ばれていた。皮革業が盛んで、西日本の諸国から大阪へ移送される獣皮のうち、鹿皮を除く原皮のすべてを渡辺村の商人が買い受けており、その数は年間一〇万枚にものぼっていたという。

ちなみに皮一枚を一両として換算すると、年一〇万両もの商いであり、一両＝一石とすると一〇万石の計算になり、小さな大名にも劣らないものだった。さらに綱貫《つなぬき》や雪駄《せった》など皮革を使った細工の仕事も手がけており、経済力も豊かで、その結果、人口も増加し、生活圏も拡大していったのである。こうしてみると、近世の渡辺村は、差別をうけてはいたものの、生活はかなり豊かであったと思われる。

このように、移転当初から、皮革とは切っても切り離せない村で、当時、たくさんの革細工の技術をもつ職人が住んでいた。役目としては、ほかにも太鼓皮の張り替えが命じられており、四天王寺の聖霊会《しょうりょうえ》の火焔太鼓や大阪城の天守閣の時間を告げる太鼓なども、渡辺村がおこなったものであった。

現在、太鼓の皮を張り替えるときに胴のなかをのぞくと、たしかに渡辺村にまつわる名前が墨で書かれており、花押《かおう》までそこに記されているのをよく見かける。近代以降の歴史については、他の執筆者にお任せすることにしたいが、全般的な歴史は、一九九六年に解放出版社から出された『渡辺・西浜・浪速―浪速部落の歴史』に詳しいので、そちらを参照していただきたい。

そして今もなお、太鼓正、田端太鼓工芸、板東太鼓店、中兼太鼓店の四軒の太鼓屋が経営を続けており、毎年七月二一、二二の両日に華々しくおこなわれる浪速神社の夏祭りには、九基の太鼓神輿が町を練り回している。こうして現在に至るまで、太鼓づくりは生活の糧であり続けてきたのだった。

4　太鼓集団、誕生する

そして、さきにふれた一九八七年の夏のコンサートが、生産とともに、太鼓を打ち鳴らすという新たな挑戦に火をつけることになった。やがてそれは、静かなうねりとなって子どもたちの間に太鼓演奏へのあこがれや楽しさを広めていった。今にして思えば、太鼓ブームのはじまりであった。

ただ、太鼓は、たいへん値が張り、子どもに特有の「熱しやすく冷めやすい」というクセも手伝って、なかなか本物の太鼓を子どもたちが手にする機会はおとずれなかった。いまでは、部落に限らず、太鼓グループが雨後の竹の子のように結成され、ほとんどが自前の太鼓を所有する時代となっているが、いまから二〇年近く前までは、そんな状況は想像さえできなかったのが本音である。

コンサート後も、子どもたちは、代用品として古タイヤや、漬け物桶などを各自で持ち寄り、来る日も来る日も叩き続けた。太鼓を生産する町でありながら、町に響くのは、使い古されたタイヤと乾いた木桶の音だけというのは、何とも皮肉な話だが、事実、当時は太鼓一台調達するのも大変だった。

そうまでして熱心に練習する子どもたちの姿を見て、皮革と慣れ親しみ、差別に立ち向かってきた大人たちの気持ちがほだされないはずはなかった。そしてついに、八台の太鼓を購入することになった。本物の太鼓を目の前にして、子どもたちの瞳が輝いたことはいうまでもない。幸い子どもたちの「熱」も冷めることなく、いや、それどころか、むしろ大きな熱意となって広がり、今日の今日まで、太鼓の響きが鳴りやむことはない。

大きな熱意に支えられた演奏活動は、コンサートの折に指導にあたっていた指導員や大学生、そして高校生など厚みをおびていき、同じコンサートに出演した「残波《ざんぱ》大獅子太鼓」のビデオなどを見て、まったく独学で、練習を重ねた。演奏技術も徐々にアップし、やがてそのメンバーのなかから、一六歳の高校生一人と大学生三人、そして社会人一人の五人が自らを打ち手として太鼓集団を結成し、そのスタートを切ったのである。一九八七年の秋も深まった神無月のことだった。

二　作り手の文化から海外公演へ

1　作り手にもスポットがあたる演奏を

私は当時から彼らの活動をサポートしてきた一人であるが、コンサートへの出演と太鼓集団の結成は、以前から胸の中で感じていた矛盾を、改めてはっきりと部落差別そのものであると私に気づかせてくれた。

太鼓職人さんは、自らの仕事にプライドを強くもっているのに、どうしても写真などでは顔を撮らせない。映像などにもぜったいに顔を出さないのである。それは、太鼓づくりという仕事に対して、部落民のする仕事であるという社会の目、偏見が存在しているからであった。太鼓づくりが世の中に誇れる仕事であることは判っていても、その前に厳然と立ちはだかる差別の眼差し、この現実を職人さんたちは、長くつらい経験からいやというほど知っていたのである。

できあがった製品はすばらしいものと賞賛されて使われ、太鼓の演奏のなかには国の重要無形文化財にまで指定されているものもありながら、その作り手には、差別の眼差しが平気で向けられる。この現実を部落差別そのものであるといわずして、何というのであろうか。このことをあらためて自覚し、胸に深く刻み込むきっかけをつくってくれたのが、打ち手の集まりであった。

それからの私は、差別の問題や地域の歴史により重きをおいて考えるようになった。彼らと話し合いながら、単に打ち手としての技量をあげるだけではなく、演奏者としてスポットを浴びることによって、作り手の職人さんにもスポットがあたるような活動をしていこう、そして部落差別がいかに不合理で、許すことのできない社会悪であるかをすべての人に知ってもらい、理解しもらうために活動しようと、ともに決意したのである。そして、

1990年８月　「国際花と緑の博覧会」にて大阪の地に和太鼓が響いた

この決意を心に刻みながら今日まで活動を続けている。

2　初舞台と「怒」の命名

さて、こうして歩みはじめた太鼓集団の初舞台は、一九八八年に大阪城公園で開催された「激サイティングコンサート」だった。このときはまだグループ名が決まっておらず、「部落解放同盟浪速支部青年部」の名でエントリーした。そのときに演奏した曲目が「怒」だった。たまたま司会の女性が「怒のみなさまの演奏です」と差し向けてくれたので、グループ名を「怒」とすることに決定した。ここに太鼓集団「怒」が誕生し、それから数々の舞台を踏むことになる。

一九九〇年八月鶴見緑地で開催されていた「国際花と緑の博覧会（花博）」での演奏を皮切りに、黒人解放運動の指導者ネルソン・マンデラの歓迎集会（九〇年）、著名な歌手桑名正博のニューイヤーコンサート（九一年）、地元の浪速神社の夏祭り（九二年）、ヒューマンライツセミナー（九三年）、九四年には、ボンジョヴィ、X－JAPANらとの共演でコンサート「あおによし」に出演するなど、次第に活動の幅を広げていった。

3　海外公演へのはばたき

そして、いよいよ演奏の輪は海外にも進出し、カナダで初の海外公演をおこなうことになった。一九九五年一一月二〇日から二八日までバンクーバーで開かれたマイノリティー会議がその舞台だった。これは前年に日系人学者のデヴィッド・鈴木氏が私を取材して、その内容を本にまとめたのがきっかけだった。この会議は明治学院大学とブリティッシュ・コロンビア大学が運営をリードしておこなわれたもので、現地では日系人協会の方たちにたいへんお世話になった。日系人会館でのイベントで演奏活動をすると、大入りの盛況だった。

この日、演奏に先立って、私が日本での部落問題と太鼓の関係について簡単に話す機会があった。日系人社会での部落差別を知っていた司会の女性が、演奏の前に私に部落問題について触れてもよいか、と質問した。私はもちろんそのことをちゃんと話に来たのだからと、了解した。日本から数千キロ以上離れた異国の地では、日本とは違うが、やはりそこにも日本社会における差別の論理がはたらいているのであり、部落差別の実態や太鼓づくりの歴史について、きっちりと話しておく必要があると考えていた。

さいわい、参加者はみな私の話に耳を傾けてくれ、打ち手の演奏だけでなく、作り手の技や誇りのことにも熱心に聞き入ってくれた。初日の公演が終わったあと、あるハンバーガーショップで日系人協会の会長が私たちに「日系人はここでは差別されているが、あなたたちの演奏を聴いて日本人としての誇りをもつことができた」と語ってくれたことが強く印象に残っている。演奏活動を通じて、異国の地での差別の現実と日本人同士の連帯をつよく感じたのだった。

翌一九九六年八月には、さきごろ開催されたＦＩＦＡワールドカップの開催国に日韓両国が決定したのをうけ

▲▼1996年９月　オーストラリアのメルボルンにて国際的な喝采をあびる

て、招致のオープニングセレモニーを韓国で催すことになり、それへの出演の要請があった。このときの思い出深い出来事をぜひ記しておきたい。

今日とはかなり違って、当時韓国では、日本の文化について相当の違和感と嫌悪感とをもっていた。日本社会の状況からすれば当たり前の反応だったのだろうが、韓国から演奏活動で参加していたメンバーとは、当初かなりのギャップがあり、正直あまり親しめなかった。ところが、演奏活動を繰り返すごとにお互いの溝が浅くなり、最後には互いの演奏に観客が涙し、打ち手もみな涙するというようにまでなり、終了後には抱き合って成功を喜びあった。太鼓を通して広がった輪を今後も大切にしていきたいと、このときしみじみ思った。

さらに同年九月二日から一一日にかけて、今度はオーストラリアのメルボルンでのコンサートが私たちを待ち受けていた。現地の百貨店大丸の開店五周年を祝う記念イベント「大阪伝統工芸展」が演奏の舞台だった。この催しでは大阪の物産に白羽の矢がたてられ、浪速部落の太鼓正が伝統工芸分野でも紹介されている関係で、物よりも演奏の方がよいのではということで、私たちが出演することになったのである。このときエントリーされたのは八人だった。

ここでもやはり思い出深いエピソードがある。はじめ同行していた他の参加者は、私たちにかなり距離感をもっているようで、私はすぐさま部落差別の壁を感じた。しかし、現地での「怒」の演奏を目の当たりにして、次第に距離を縮めるようになり、「勇気と誇りをありがとう」との言葉をかけてくれた時には、やはり活動を続けていてよかったと思った。さらに帰国後、このツアーの団長だった仏壇メーカー山中大仏堂の社長が、参加できなかったメンバーも含めて、自費で食事会を催して交流の輪を広める働きかけをしてくれたのは、ありがたかった。

1996年１月　「響け鎮魂と希望の太鼓」は被災者の心にとどいた

4　国内での活動と輪の広がり

一九九五年一月一七日の出来事は、みなさんの記憶にも新しいと思う。今では、多くの犠牲者を出した阪神・淡路大震災からようやく立ち直りつつある神戸の町で、翌九六年一月一七日に「響け鎮魂と希望の太鼓」という支援活動をおこなった。会場は、西神第七仮設住宅で、災害の爪痕も生々しい現地でのコンサートだった。

肉親を亡くしたり、友人と別れた人たち、一人暮らしの方たちなど、さまざまな立場の人たちに、悲しみや苦しみのなかにあって少しでも希望をもってもらえたら、との思いがあった。「怒」のメンバーの中にも震災で友人を失い、二カ月余り避難所で炊き出しや子どもたちの遊び相手をしたメンバーもいた。被災者と同じ思いがコンサートへ結びつけたのだろう。メンバーも震災直後から救援物資の配達を手伝っていた。物資の代わりに今度はトラックに太鼓を積んで支援に向かったのである。このコンサートの模様は、『朝日新聞』の朝刊に写真入りで掲載され、さらに反響を呼んだ。

『朝日新聞』一九九六年四月六日付

練習する太鼓グループ「怒」の人たち=大阪市浪速区の浪速青少年会館で

よみがえれ太鼓の街 18人、東奔西走

大阪・浪速区の若者演奏グループ

人権集会や被災地訪問

和太鼓の産地、大阪市浪速区の一角に若者らの演奏グループ「怒（いかり）」が生まれて九年。「太鼓打ち」だけではなく、伝統芸能を支える太鼓づくりの職人にも光が当たる「太鼓の音が聞こえる街」を目指して練習を重ねてきた。最近では、各地の人権集会に出演依頼が舞い込んだり、阪神大震災で被災した人たちとの交流が深まったり、活動の輪が広がっている。

タイヤで練習

毎週水曜の夜、浪速青少年会館の倉庫に十八人のメンバーが集まってくる。高校生や大学生、それに公務員、福祉施設の職員と、職種はさまざまだ。

五十畳ほどの広さに、直径約一㍍もの宮太鼓、約五十本の桶胴太鼓（おけどうだいこ）、やや小ぶりの締め太鼓などが並ぶ。

グループ結成のきっかけは、一九八六年に沖縄県読谷（よみたん）村からやってきた「残波大獅子太鼓」の力強い演奏だった。高校生だった大阪市職員の谷本直也さん（二五）らは「かっこいい」とうなった。

谷本さんは友人らと古タイヤや漬物の樽を使って練習を始めた。

差別乗り越え

「年配の太鼓職人の多くは、学校にも行けず、子どものときから見よう見まねで仕事を覚えてきた。でも、打ち手のように称賛されることはなかった。怒という名には、そうした太鼓づくりの歴史への思いが込められている」。グループ代表の浅井明彦さん（三〇）は語る。

「太鼓のふるさと」と言われる浪速区の一角には、近世、革細工などに携わってきた人たちが強制移住させられた。明治時代には年間七万三千個という記録が残る生産量はいま約一万個。二十年ほど前まで十軒ほどあった太鼓店も四軒に減った。

「地元に太鼓たたきが育つことは、私たち職人にとっても張り合いになる」と、この道三十五年の葛城小一郎さん（六〇）。二年前、怒のメンバーから「こんな音を出してほしい」と言われた。石川県松任市でつくられた太鼓だった。その張りのある音に近づけようと、葛城さんはそれまで以上に革や胴の選定に気を配るようになった。

怒の練習を見て、音色にこだわる職人が増えている。

「ありがとう。私も怒の活動に協力します」。浅井さんは、泣きながら話した若い太鼓職人の言葉が忘れられない。その職人と娘との結婚をずっと反対していた父親が、怒の演奏を見て、「お前のやっている仕事がわかった。籍を入れていい」と電話をくれたのだ。

被災地に拍手

阪神大震災の被災者を励ますために太鼓を打ち鳴らす「怒」のメンバーら=1月17日、神戸市西区の西神第七仮設住宅で

たいまつの火に照らされた夜空に、怒のメンバーが打ち鳴らす太鼓の音が響いた。大震災から一年後の一月十七日、神戸市西区の西神第七仮設住宅の一角。集まった人の多くは、家を失ったお年寄りたち。車いすやつえをついた人もいた。

大きな音は迷惑になるのでは、と谷本さんらは直前まで不安だった。しかし、一曲ごとに大きな拍手がわいた。

震災直後、怒のメンバーは救援物資の配達を手伝った。友人を失った関西学院大三年の下部竜太郎さん（二一）は二カ月余り、避難所で炊き出しや子どもの遊び相手を続けた。

大阪靴化学資材協同組合によると、関連業種の多い神戸市長田区の被災で半数以上が売り上げを落としたといわれる浪速区の中小業者にとって、震災は他人事ではなかった。

「被災地のお年寄りに喜んでもらった経験は大きい。怒が太鼓を打ち続ける意味が改めて分かったから」とメンバーたち。近く西神第七仮設住宅を再び訪れる。

それから毎年活動を続け、今年で七回目を数えている。

国内での演奏活動というと、私自身どうしても忘れられないエピソードがある。正確な年月は定かではないが、まだ「怒」が活動をはじめて数年目の頃だったと思う。大阪市内の部落を有さない区で開催されたイベントが終了した数日後の夜のことだった。お金がないのでめったにしないのだが、その日はたまたまメンバー全員が集まって近所で食事会をしていた。その時、ゲストで来ていた地域の青年が「ひとこと、『怒』のメンバーにお礼が言いたい」と言って話し始めた。

彼は、太鼓職人の息子で、当時彼自身も職人として、つれあいの女性と働いていた。つれあいの女性は部落の出身ではなく、結婚にあたって、その父親から反対されていた。母親は賛成だったので、「怒」の公演に父親を引っ張っていったらしく、その場で「怒」の打っている太鼓が浪速部落でつくられていることや、演奏活動が多くの人に感動を与え、賞賛されていることを、その父親は知ったのだという。

その夜、それまで猛烈に反対していた父親が彼に電話をかけてきて「君の仕事をようやく理解した。明日にでも入籍しておいで」と言ってくれたそうだ。それを聞いて一同涙したのを昨日のことのように思い出す。それまで、太鼓職人＝部落民という見方で娘の結婚に反対していた父親の心を変えることができたことで、「怒」のメンバーたちは自分たちの活動に強い確信をもつことができた、そんな記念すべき日になった。

三　部落の文化活動と太鼓演奏

1　「皷色祭饗」と太鼓集団の輪

そんな活動を繰り広げていくうちに、一九九七年、「怒」はもう一〇歳になった。大阪人権博物館（リバティ

1997年10月　リバティホールでの10周年記念講演の模様

おおさか）のホールで、一〇月一八、一九の両日、一〇周年記念公演をおこなった。大盛況で、「怒」の存在と太鼓の町浪速部落の歴史をあらためて広くアピールすることになった。

「怒」の活動に触発されて、大阪の部落にもたくさんの太鼓集団が誕生し、若い打ち手も多く芽を出している。はじめは興味本位や「格好良い」などであっても、太鼓を通じた文化活動が広まっていけば、これに越したことはない。もちろん、子どもから高齢者まで、幅広い層の人たちが参加しているスタイルもあり、今更ながら太鼓の根強い人気と、演奏活動への高い関心がうかがわれる。そうしてメンバーたち数グループと、世紀末の一九九九年一〇月二三日、厚生年金会館大ホールで催した「皷色祭饗《こしきさいきょう》」は、太鼓の演奏活動を部落の文化として、広く世間にピーアールすることに成功した。会場は満員で、参加したグループのそれぞれが、自信をつけたと思う。

一〇周年を迎えるころから、「怒」の活動もかなり忙しくなり、西日本を中心に今や年三〇回以上の公演

▲▼1999年10月　「皷色祭饗」には、大阪の打ち手たちが集った

をおこなっている。そして公演のたびごとに、「怒」のメンバーは感動を与えるだけでなく、観客から感動を得、これからも続けていこうというエネルギーを与えてもらっているのである。

2 「部落の技」への参加

「怒」の演奏活動は、太鼓集団との横のつながりだけではない。部落を支えてきた産業や生業との関係、いわば縦のつながりにも重要な役割を果たしている。部落は、決して差別されてきただけではなく、たくましく生計を立て、毅然と差別に立ち向かってもきた。部落解放運動の歴史は、そのことを雄弁に物語っているし、多くの文化的な活動もこれまでにたくさん生み出してきた。

しかし、部落の産業を支えてきた職人には、これまであまり光が当てられることがなかった。この文章でくりかえし触れているように、太鼓職人もそうだし、私たちの胃袋を満たしてくれる食肉業（と場での労働者や精肉店での従業員さん）、日々の足元を飾ってくれる靴製造（甲革師、底づけ師）、飾り物として誰もが一度は目にしたことのあるガラス細工などなど、脈々と息づいている職人の手仕事と誇り。こうした営みを私は「部落の技」と名づけ、部落解放同盟大阪府連や各支部にも広く呼びかけ、部落文化プロジェクトを立ち上げ、二〇〇一年一〇月一三日に大阪市立浪速人権文化センターで、一大プロジェクト「部落の技」を挙行した。

さまざまな人の応援と協力で、二〇〇〇人以上が参加し、あらためて部落を支えてきた生業と職人の技術に感動した。「怒」も大阪府内の太鼓集団とともに、この催しに花を添え、拍手喝采をうけた。部落民のアイデンティティを探りたいという、私の思い入れは、たくさんの人びととの協働によって、大きく実を結んだ。この「部落の技」の詳細は、雑誌『部落解放』四九四号（二〇〇一年一二月号）に特集されており、私も『部落の技』と部落民のアイデンティティ」という一文を書いているので、そちらを参考にしていただきたい。

3　浪速部落の変貌と文化への関心

いまでは、どこの部落でもムラの様子は、大きく変わった。とくに一九七〇年代以降の法律や行政施策の影響も大きいけれども、戦後部落解放運動の蓄積と、多くの先輩たちが、差別に立ち向かってきた歴史がそこには刻み込まれている。

私の住む浪速部落もまた、大きく町の様子を変えてきた。現在四五歳の私の生まれた頃はまさに、昼なお暗き路地裏があり、トタン葺きの屋根の上に石を置く家が多かった。共同水道、共同便所が当たり前で、いたるところに牛の皮が干してあり、町中に皮の臭いがしており、朝早くから夜遅くまで甲革をたたく音が響いていた。

そんな町も一九六九年七月に施行された同和対策事業特別措置法によって、様変わりしていった。道は整備され、団地が建設され、様々な施設ができた。解放奨学金によって高校進学率も飛躍的に伸びるというように、部落の生活は、外から見ると、一見どこに差別があるのか、と映ることだろう。先頃まとめられた二〇〇〇年大阪府の実態調査をみると、今日もなお差別が残っている原因の一つとして、「特別対策を受けているから」と答えた人が四九・一％も存在しているという事実がある。このことは、行政の啓発が不十分であるからだと思うが、それだけではない。

たしかに、ハード面での整備は一定進んではきたが、今日なお「結婚差別」をはじめとして、部落差別が厳しく存在している事実を一般地区の人たちや、国、行政はどう受け止めているのか。なぜ、二一世紀を迎えた今日、部落差別が存在しているのかという真の原因に迫っていくことが大切であろう。

4　もう一五年、いや、まだ一五年

最後に、現在の「怒」について、その活動の意義を私なりに考えてみたいと思う。打ち手のメンバーは現在、

▲▼2002年５月　海外公演も４度目のニューヨークでの演奏

高校生から三五歳の社会人の総勢二三人で、大半は浪速部落の住人だが、三人は他の地域の人である。学生以外はみな仕事をしながら、平日の数日を練習に、そして日曜・祝日は公演活動という非常に忙しい日々を過ごしている。海外での公演も今年五月におこなったニューヨーク公演を入れて四回になる。

当初の活動の動機については、さきにも触れたが、今日的な活動のフィールドは広がり、公演依頼もひっきりなしにあり、様々な層の人が「怒」の演奏を観てくれている。一五年間続けている大阪市立保育所の五歳児公演はもとより、私立の女子校や大学などの教育機関をはじめ、NPOなど民間の組織や個人の呼びかけによるイベント等々、という具合で、スケジュールの調整にスタッフも頭を抱えるほどである。

こうした高い評価を受けながらおこなっている「怒」の活動は、今まさに部落解放運動が提唱している「内から外へ」「人と人との豊かな関係づくり」という理念の実践そのものといっても過言ではないと思う。この一五年間には、決してよいことばかりではなく、つらいこと、悲しいこともたくさんあったが、そうした経験のすべてをエネルギーに「怒」は今後も日本各地のみならず、海外でも多様な活動を繰り広げていくだろう。これまでと同様に多くの人たちに支えられながら、部落の文化運動を担っていき、やがて二〇年、三〇年の実績を積んでいくことになる。

「怒」はいま、人間にたとえると、少年期を過ぎて、青年期にさしかかったあたりかと思う。太鼓集団「怒」のこれからにどうか注目していただき、広がりつつある演奏活動の輪を支援していただきたいと思う。

もう一五年、いや、まだ一五年。人の心を揺り動かし、感動を共有できる活動を目指したい。これが今の私の正直な感想であり、心の糧でもある。

第10章

「かわ」「皮」「皮革」

みんなが幸せに生きていくために

渡邊　実
Watanabe Minoru

一　なぜ、今「皮革産業」なのか

「渡辺村の渡邊です。」――私は、講演の最初にはよくこう言ってます。ムラの人たちの中には人前で話をすることが苦手な人が多いですが、部落差別をうけながらも人間としての尊厳を忘れず、精一杯生きている人びとであり、その人たちの代表として話をさせてもらってます。私がこうしていられるのは、このムラで生まれ育って、このムラの人たちのあったかみで育ててもらった自分がいるからです。多くの人権学習や部落問題学習は、何かかたいように感じることが多いです。しかし、部落問題学習というのは、人間が人間として当たり前に生きていくための勉強だと思っています。だから、楽しくしましょうと言ってます。いっしょに勉強していこうという思いでもいます。

ところで、「心温楽生」という言葉、これは私がつくった言葉（造語）で自分自身の生き方でもあります。意味は読んで字のごとく〃心温かく楽しく生きる〃です。最近の若者の多くは、楽してお金がもうかる仕事に従事したいとよく言います。楽してお金をもうける仕事も大切かもわかりませんが、本当に自分が希望する仕事をするべきだと思います。「楽しさ」といっても中身はいろいろで、たとえばマラソンや山登りなど、しんどさのなかに楽しさがあるものもあります。私自身にとっては解放運動が楽しいのです。運動は人のためとかではなく自分のためにやってます。

私の解放運動のきっかけは一九七〇年、高校二年生の時、狭山差別事件に出合った時からです。狭山差別事件の勉強をした時、私はこわいと感じました。なぜかと言うと、私自身も石川さんと同じ部落に生まれ育った者として、何も悪いことをしていないのに夜中に刑事が来て七年間も家に帰れない状況になる、私自身もそうなったらこわいと思った。だから自分の問題として部落差別と闘ってきました。

そんななかでも街宣やビラまき、集会等が楽しかったのは同じ仲間と同じ目的をもち、いっしょにそこにいること、闘争をすることが楽しかったからです。解放運動があるからいろんな人との出会いがあるのです。いろんな人と出会えることが自分の幸せ、出会いのなかでいろんな学びがあり感動があります。人類七〇億の人がいますが、生きている間に何人の人と出会えるでしょうか。人と人との出会いを大切に、人と出会うことが自分の勉強であり、喜びであると思っています。

二　歴史を客観的にとらえる

では、なぜ今「かわ」なのかということについて考えていきましょう。世の中では、皮革産業に対する認識が非常に悪いです。一九九八年に大阪にある興信所が多数の企業から依頼を受け、就職希望者が被差別部落出身かどうか、また、宗教・民族などについて調査をおこなっていた身元調査差別事件が起こりました。その事件は浪速地区にも関係しています。短大を出られた女性が、ある大手会社の就職試験を受けました。一九八五年に制定された大阪府身元調査等規制等条例があるために見ることができたのですが、その時の履歴書には成績優秀で性格が明るいと書いてありました。それなのに、父親の仕事が大国町で皮屋さんを営んでいるという理由で、就職できなかったのです。ここには、皮＝部落というとらえ方があります。そういう見方に対して、われわれが発信していかなくてはいけないと思いました。

私は、講演などの時には皮革でつくった名札を使っています。公教育でよく布や紙でものをつくる学習をしますが、「かわ」を使ったことはほとんどないのではないでしょうか。そこにも、「かわ」に対するまちがった社会意識があるのではないかと思います。なぜ学校で「かわ」を使わないのかについても、いっしょに考えたいと思います。

ここで皮をめぐる歴史を見てみましょう。もともと皮の仕事というのは、被差別の仕事ではなく、古くからの歴史をもち、むしろ重要視されてきたのです。奈良の大仏を建立した聖武天皇の遺品を納めている正倉院には漆《しっ》皮《ぴ》箱という、生皮に漆を塗り込んだ漆皮でつくった箱があります。部落は、皮を扱うから「穢れ」だという人が多いですが、この漆皮箱のひとつが四天王寺の宝物殿に展示してあるのです。この箱は、聖徳太子の衣服を入れていたといわれています。聖徳太子は五七四年に生まれ六二二年に亡くなったとされていますから、事実であればその時代には皮製品が、日本ですでに使われていたということです。

それでは、太鼓はいつ頃からあったのでしょうか。毎年、京都の壬生《みぶ》寺でおこなわれている無形文化財（民俗芸能）の壬生狂言に「炮烙《ほうらく》割り」という演目があります。これは、炮烙（素焼きの皿）売りと太鼓屋が新しくできた市場の一番乗りを競う話です。壬生狂言は円覚上人という人が一三〇〇年に仏の教えをわかりやすく伝えるために始めたといわれています。これが本当なら、七〇〇年以上も前から太鼓を売る太鼓屋があったことがわかります。そして、壬生狂言を京都の人はお囃子の音から「ガンデンデン」といっていることからもわかるように、壬生狂言にとっても太鼓は欠かせないものです。

ところで、天満の大川の近くに渡辺党という武士集団がいました。「渡辺」の語源は、川を渡る辺りということです。大坂夏の陣が終わった後に、その渡辺党の中で、皮の仕事や神事にかかわる仕事をしていた人たちを一カ所に集めて、一つの村を今の大阪市浪速区幸《さいわい》町一丁目のあたりにつくらされたのです。それが、いわゆる被差別の渡辺村で、摂津役人村とも言われ、大坂の町の治安や火消しなどの仕事をしていました。その役人の仕事の引き換えとして、西日本全体の皮の商いの権利を、この村がもつこととなったのです。部落は、江戸時代においては、閉鎖的であったとされてきましたが、そうではありません。他地域の人びととの交流も多くあり、いろいろな産業に携わっていたのです。

元禄一四年（一七〇一）、現在の浪速町に強制的に五年間かけて移転させられてきました。今年（二〇〇二年）でちょうど三〇〇年になります。こうして、渡辺村は全国でも有数の皮革の集散地、太鼓の生産地として知られるようになります。四天王寺の聖霊会《しょうりょうえ》で使われる火焔太鼓は現在重要文化財に指定されていますが、その張り替えは渡辺村がしています。太鼓の胴の中には、必ず職人の住んでいるところの地名や名前が書いてあります。渡辺村でつくられた太鼓の胴の中にも職人の名前が書かれています。たとえば、のびしょうじさんが、この本の九三頁で紹介している太鼓の胴には「享保二〇年（一七三五）正月吉日　摂州大坂渡辺村中之町　細工人　太鼓屋又兵衛」と書かれており、今でいうサインにあたる花押《かおう》もあります。差別があって当たり前の世の中で、差別する人が悪い、自分たちは何百年ももつ太鼓をつくっているんだという、人間として職人としての誇りをもっていたのです。別の胴の中には、「播磨屋源兵衛　渡辺村　安永六年（一七七七）」とあります。島根県の美保神社にある大太鼓は国の重要文化財になっていますが、そこにも太鼓屋又兵衛の名前が書かれています。太鼓は、リメイクすると、新品同様になり何百年ももつのです。アジア・太平洋戦争のときに焼けてしまいましたが、渡辺村の布団太鼓は有名で、国宝級だったといわれています。今では布団太鼓を毎年七月二一、二二日の夏祭りに出しています。

この渡辺村は江戸時代の資料にはどのように書かれているでしょう。江戸時代の古地図には、賤称用語で書いてありました。「穢れ」が多い村と書いて「穢多」村で、私は、この言葉が嫌いで、われわれにとっては死語にしないといけないと思っています。日本でその言葉が頻繁に使われるようになったのが一八世紀頃です。ところが、大阪城天守閣にある、五雲亭貞秀が慶応元年（一八六五）に描いた「大坂名所一覧」という錦絵の地図には、渡辺村と書いてあります。ということは、差別されているだけではなく、江戸時代には有名だったということです。学校教育などで、こういうところを教えてほしいのに、被差別の面を多く取り入れています。大阪城天守閣へ行かれたら、必ず見てほしいと思います。

また、渡辺村とその産業は大坂市中の生活と深いかかわりがありました。たとえば、夜回りです。夜回りで時を知らせるには拍子木でカチカチとします。どこでもそうだと思っていたら、違うのです。天保六年（一八三五）に刊行の『街能噂《ちまたのうわさ》』という本に「大坂にては夜の時を知らするには太鼓にて廻る」とあり、太鼓を使っていたことがわかります。そのことは、大阪市が建設した「住まいの博物館」においてある資料に記載されています。ほかにも、渡辺村が生産する太鼓はお城で時を告げる時太鼓、神社仏閣での祭りや法要、また落語や相撲などの庶民文化では欠かせないものです。そういったことを公教育や社会教育のなかで教えてくれたでしょうか。

これまで、部落は差別されているものという一面が強調されがちでしたが、われわれは部落に生まれて人から尊敬されても差別されるいわれはないという思いで、自分たちの住んでいる地域の歴史を客観的に分析した『渡辺・西浜・浪速―浪速部落の歴史』という本をつくりました。よく部落の歴史といわれますが、これは日本の歴史だから、正しく日本の歴史を知っていこうということです。

このような部落に対する差別は決して過去のことではありません。今も差別は生きてます。宅地建物取引業者に関する人権問題実態調査によりますと、取引物件が同和地区、または同和地区が同じ小学校区であるために取引不調になった経験があるというのが、一九九一年では二一・八％となっています。これは、家を買おうとして調べると同和地区の近くだったからやめるというものです。一切の差別はいけないという、「人権教育のための国連一〇年」が一九九四年に採択され、日本では、内閣総理大臣を本部長として一九九七年にこれに関する行動計画を策定しました。そんな時代なのに、一九九七年の取引不調経験は二七・四％になり、さらに五・六％も増えています。きっちりと啓発し、部落差別のことを伝えていかなくては、いまだにこのような偏見をもたれてしまうのです。

三　太鼓と皮革

日本の能楽は、二〇〇〇年にユネスコの世界無形遺産になっています。しかし、能楽を形成するには、鼓、締め太鼓などが欠かせないのに、多くの人は、そこに視点がいってないように思います。太鼓は、時を知らせたり、伝達をするためなどに使われ、奈良時代からありましたが、ほとんど取り上げられません。一〇〇〇年以上前からあり、打ち手は「かっこええ」とか「すばらしい」といわれ、なかには人間国宝になっている人もいます。出来上がった太鼓は、重要文化財になっているものもあります。太鼓をつくっている人はどこにいったのでしょうか。大阪の天神祭の時には、神輿渡御の先陣を切り、真紅の頭巾をかぶった「願人」と呼ばれる人が太鼓を叩く催太鼓をはじめ、船渡御の時のお囃子などで太鼓は欠かせません。

綱貫沓（大阪人権博物館蔵）

　太鼓のほかにも近世に皮を使ってつくられたものはたくさんあります。たとえば、綱貫沓《つなぬきぐつ》という靴があります。地元の栄小学校では、二〇〇〇年度、二〇〇一年度と二年間つづけて、綱貫沓づくりの授業をしました。その時、栄小学校の子どもたちが、「皮ってあったかいな」と言い、「ジャンパーになんねんなぁ」と言っていました。

そういった取り組みを、すべての学校でおこなってほしいと思っています。国立民族学博物館には、綱貫沓とともに、「綱貫のいぼの跡ある雪の上」という服部嵐雪（松尾芭蕉の弟子）の俳句が展示してあります。ということは、江戸時代に庶民文化として生きていたということです。大阪歴史博物館では、難波宮の時代にも皮でつくった靴があったことが展示されています。この頃すでに、日本には皮の靴があったのです。蹴鞠《けまり》で履く靴も牛の皮でできています。また、鞠も馬と鹿の皮でつくられています。そういうことを公教育や社会教育の場ではまったく教えられることがありませんでした。だから、発信していこうと思うのです。これは、部落の文化ではありません。雪駄、綱貫沓は、どちらも皮を使います。太鼓、雪駄、綱貫沓は日本の文化なのです。雪駄と綱貫靴は近世大坂の町人の生活に欠かせないもので、だから大阪歴史博物館でも展示されています。筍皮で編んだ履物は世界にはないそうです。また、綱貫沓は、ぼろぼろになれば回収します。それを端皮（はしの皮）や下駄の鼻緒として再利用していました。雪駄も雪駄を直す専門の職人がいました。牛は、鳴き声以外は無駄にしないという思いです。

太鼓産業は、『西成郡史』（一九一五年）によると、明治三年（一八七〇）頃において生産高七万三〇〇〇個と書かれています。私の小さい頃には、太鼓屋さんは、このあたりで十数軒ありました。今は四軒だけになり、見学できるのはその内の二軒だけです。「あとの二軒は、なぜ見学させないのか。意識が低いのではないか」などと地域現地学習会に来た人が言っていましたが、そうではないのです。太鼓づくりをしている職人さんはその仕事に誇りをもっていますが、この地区でも、数年前に太鼓職人ということで結婚差別を受けた人がいました。これは、その人たちが悪いのではなく、太鼓づくりに対して正しい認識をもっていないから、差別するのです。太鼓づくりに対する社会のありようを変えていかなければなりません。大阪市教育委員会では、そういう方向で、「大阪の伝統的な文化・産業を生かした教育活動のすすめ方」という、和太鼓などの活用を通した授業のすすめとなる手引き書を出しています。そうして、城東区にある城陽中学校では、太鼓を授業に取り入れて、音楽発表をしています。

私たちの小さいときに習った音楽は、鼓笛隊のようなものでした。私の持論ですが、これは、戦争を誇示するもので、明治維新の頃、日本は、アジアから脱してヨーロッパ文化を受け入れていこうとしていたのです。こうして植民地政策・侵略の歴史がはじまります。だから、和太鼓や三味線は取り上げていなかったのです。今は、文部科学省学習指導要領の中にも和太鼓をはじめ、日本の伝統的な楽器に親しもうと記載されています。それを受けて、大阪市教育委員会も、すべての幼稚園・小学校・中学校・高等学校に積極的に授業で活用していく方向ですすめています。また、皮革を使った工作をするという方法もあります。これらを公教育に取り入れることで、皮や太鼓に対する正しい認識を広めていかなければならないと考えています。

四　命を大切にする文化（自然・動物との共存）

ある保育士さんが、「でんでん太鼓で赤ちゃんをあやすと落ち着く」と言われました。鳴らすとやかましいように思いますが、赤ちゃんが泣いたり、寝かしたい時にはでんでん太鼓を鳴らしてあやすそうです。玩具太鼓は、幼児が叩きやすくなっています。この響《おと》は、子どもの癇の虫が出ないという特性があるそうです。また、太鼓の響きは、胎児が聞く母親の心音に近いと言われます。

太鼓は、音ではなく「響き」です。ある養護施設で太鼓集団「怒」が演奏をした後、聴覚障害の子どもたちが、感動して涙を流して握手を求めてきたのです。「怒」のメンバーも涙を流して、「響きやねんなぁ」と言っていました。「響」という字は、郷に音と書きます。太鼓は、郷の音なのです。二台の太鼓を一〇メートルほど離し、ひとつ太鼓を打ちます。すると、もうひとつの太鼓も共鳴し、手をかざすと手のひらに振動を感じます。これが響きです。保育所の子どもに響きを伝えるために、これを体験して「わぁ、響きや」と言っていたのです。その時、響きをどう子どもたちに伝えたらいいのか、保育所の子どもから教えてもらったのです。太鼓というのは世界のどこにでもあるのです。たとえばケニアにも、日本のでんでん太鼓に似たものがあります。むしろ、日本のものと似ているという見方は、日本人の一方的な見方でしょう。

次は、皮の特性についての話をします。生皮を水に漬けます。毛がはえていた方が、表で銀面といい、肉側の方を裏で床面といいます。爪で傷をつけてみるとよくわかります。表の銀面は強いので傷がつきません。裏は傷がはっきりとつきます。こういう特性があるのです。皮の特性を生かして、保育士さんが、生皮を使って、折り鶴やモビールをつくってくれました。皮に親しむのならば、皮の特性を大事にしようということです。生皮を「鞣《なめ》す」という工程で「皮革」となります。皮の特性を革《あらた》めているのです。革命という言葉がありますね。「命」を革めるから革命というらしいです。

生皮でつくった製品には、剣道の竹刀のつば、犬のガムなどがあります。また、生皮でランプシェードやぞうさんの小物などをつくる取り組みもあります。生皮でつくったものは水に漬けると元に戻ります。皮で折り鶴もつくりましたが、これをつくるのには三、四日はかかります。大阪府の鳴滝小学校では、太鼓づくりだけでなく皮の特性を知った上で、命の大切さをいっしょに勉強しようと言ってくれました。その実践の中で皮でつくった鶴の形が崩れてきたのを見た子どもが、「あひるやぁ」「皮のよさは、何回もつくり替えることができることだ」と言っていました。

カンボジアの影絵で使う人形にスエバクというのがあります。これは、水牛の生皮と角でできていて国立民族学博物館で展示しています。この発想から、地元の保育士さんにお願いして生皮でゾウ、カバ、ワニ、カメなどのペープサートをつくってもらいました。「皮ってあったかいな」のあったかいかどうかは、触ってみて、つくってみて自分で判断するものです。先にあったかいという固定的な題はいらないのです。触って体験することが大切なのです。

皮を使ってものをつくるときに、代用太鼓として、塩ビ管の太鼓をつくってほしいとよく言われます。でも、それは太鼓でも何でもないのです。塩ビ管の太鼓の音は、太鼓に近いように思われるかもしれませんが、太鼓というのは簡単にできるものではないのです。太鼓というのは響きですし、人のあたたかみでつくっているものです。現在も太鼓づくりは機械化されておらず、人の手作業でつくります。太鼓に張るための皮を水につけることひとつとっても季節によって気温が違うので、漬け方は職人さんが経験と勘できめます。機械では、決してこのような微妙な調節がききません。確かに太鼓づくりの技術はすばらしいですが、部落産業のすばらしさは生命を大切にする文化であるということにあるのです。

生皮でつくったペープサート（写真提供 浪速第一保育所）

もちろん、塩ビ管の太鼓にも素晴らしい部分があると思いますが、私は、「人権教育というのは見た目のよさも大事ですが、何をどのようにつくるかということも大事です」と言っています。塩ビ管の太鼓は、見た目がよいと感じる方が多いようで、安易に、塩ビ管の太鼓をつくろうとなりがちなことはありませんか。同じように生皮でつくった折り鶴、モビール、ペープサートも素晴らしいのです。

一生懸命その性質を利用して、一つも無駄にしないようにしてつくったものは、みんな素晴らしいです。人それぞれ考え方、姿、形、女性、男性、お年寄り、若い、「障害者」などは、違いではなく個性、民族が違う、国が違うのも個性、それらの個性が素晴らしいと、私はそう思っています。皮を通して言えることは生きているということです。

最後にもう一つ、皮の特性の話です。多くの人が皮・皮革を使う時に、ポンチなどで穴を開けます。穴を開けるとくずが出て、捨てなければならなくなります。しかし、千枚通しで開けると、捨てるところは一つもありません。太鼓をつくった時に残った端の皮も、張り替えで使い物にならなくなった皮も捨てません。最後まで使います。もう一度膠屋《にかわ》さんに出して、最後には、地球に返ります。

膠でも食用にとれる膠（ゼラチン）と接着剤になる膠があり、接着剤に使われる膠が墨づくりに使われています。和紙に墨で書くと一〇〇〇年以上はもちますし、火事の時に、乾いたものを井戸の中に投げ込んでも滲みません。日本絵の具や顔料の原材料には、膠と表示してあります。膠が入っているので、筆に水をつけてそのまま色が出せるのです。また、顔料を膠液と混ぜて、昔から日本画や壁画を描くのに使われており、千年以上もちます。太鼓づくりだけではなく、これも牛の命をもらっています。膠がなければ墨もできない。壁画や日本画など国宝になっているもの、世界遺産になっているものも、牛の皮がなければできませんでした。金閣寺が世界遺産になっていることは、公教育で教えてくれました。でも、膠を使っていることや命を大切にする思いがあること、それらは地球環境にいいということを教えてほしいのです。

今、アメリカで、飲む胃カメラができています。管がなく、カメラを包むカプセルがゼラチンでできているのです。それは、体にいいのです。飲むと胃カメラは排泄物と一緒に体外に出ます。そういう性質を胃カメラに利用しています。このような話をすると、懐古趣味の昔だけの話ではないとわかってもらえると思います。皮の鉋《かんな》くず、これも捨てずに膠にして利用します。膠には、粒状のものや棒状のものなどがあります。接着剤として日本建築に使用されており、奈良県の五重の塔にも使われてます。シックハウスとよく言われますが、これは、化学薬品やボンドを使うために起こります。ボンドなどは体に悪いものですが、膠は体に良いもので、水溶性ですので、地球の肥やしにもなります。仏壇にも金箔づくりにも、バイオリンの胴を貼るのにも膠を使っています。バイオリンづくりの職人さんは、「ボンドだったらだめだ」と言っていました。水溶性で、木の伸び縮みに合わせて、膠は伸び縮みします。だから、木が割れず、バイオリンも何百年ともちます。そのような膠の特質があるのです。写真のフィルムにも膠が入っています。人間が生活していくために、植物や動物、自然の命を頂いているということです。命を大切にするということが大切です。

この膠を精製したものが、ゼラチンです。「グミ」「ブレスケア」「シゲキックス」「ハイチュウ」「玉子スープ」「海の幸スープ」などの食べ物には、ゼラチンが入っています。「山の幸スープ」にも肉のエキスが入っています。このようにわたしたちは、牛の恩恵を受けているのです。

五　「本物」を追求し、「命」を大切にする「文化」

ものを最後まで使うのは皮だけではありません。鋳型に流してつくる昔の太鼓の鋲も何十年はもちますし、何回も使えます。昔の鋲の鉄は、溶かすと包丁などになるので鍛冶屋さんがほしがります。太鼓屋さんは、昔の鋲と現在の鋲を落として、音を比べてみると違うと言います。実際に落としてみると確かに違います。昔の鋲なら一回つくれば数十年以上もちますから、太鼓の皮を張り替えるたびに買い替えなくてもいいのに、なぜ昔のような鋲がなくなったのでしょう。今と昔の鉄の需要を比べるとどうでしょうか。昔なら、鍋は鉄鍋、釜は鉄の釜、包丁は鉄の刃です。今、その鉄の需要が少なくなってきています。ですから、鉄だけでは商売が成り立たないのです。一個つくれば数十年ももつようなものだけをつくる産業なんてできないですよね。

例えば、アルミの鍋を買ったら注意書きを見てください。「酢、重曹など、アルカリ性または酸性のものの使用は避けてください」とあります。酸やアルカリを使うとアルミ鍋の鍋の表面の色が変わり、鍋の表面が溶け出して体内に入る。鍋の色が変わったりすると、捨てますね。鉄の鍋を使っていた頃は捨てないで、いかけ屋といって、鍋などを直すことを専門とする職人さんがいました。また、最近は調理用として百貨店などで鉄玉というものを売っていますが、昔の鍋の多くは鉄だったので鉄分が溶けだし、自然に体内に取り入れることができました。だから、体に良かったのです。でも、今の鍋はアルミやステンレスなどになり、鉄分が不足しやすくなりました。それだったら、始めから鉄鍋でする。これが、地球環境を守るのではないかなと思います。

昔は傘を直す仕事もありました。今は、安いから買えばいいという考えです。そして、少し折れた傘をさしたからといって、雨にぬれるというわけでもないのに、少し折れたなと思えば捨てる人がいます。そのように捨てていたら、大変なことになります。ビニール傘は安いですが、捨てられたビニール傘が、一〇〇本でも二〇〇本でもあったとしましょう。そのビニール傘を燃やすとどうなりますか。このようなことについて、ある学校で話したときのことです。私が「傘の忘れ物は、多い？　少ない？」と聞くと、子どもたちは「多い！」と言いました。それで、「じゃあ、そのたくさんの傘を校庭で燃やすとどうですか」と問いかけたのです。すると、子どもたちは、「反対する！」と言いました。それは、環境に悪いからです。だから、ものを大切にしようと言うのです。

人権というのは地球を守っていこう、人の体に良いもの、地球にやさしいもの、そういうことだと思うのです。太鼓の鋲一つとってみてもそうなんです。私は鋲を見た時、最初はああ長持ちするからいいという認識でした。でも、よく回りを見たら、アルミやステンレスの鍋みたいなものが多い。傘もそうです。このままでは、大変なことになると思うようになりました。

次に、筍《たけのこ》の皮について考えてみましょう。筍の皮は、殺菌効果があるから昔はおにぎりを包んでいたり、肉屋さんでは肉を包んでいたりしていました。日本で竹を取っていたら人件費が高くつくので、今では雪駄づくりに使う筍の皮の多くは中国からの輸入です。この筍皮を伸ばす産業もありました。雪駄はこの筍皮と皮革を縫い合わせているので、呼吸しています。底がいたんでくると、直すのです。私は三〇年余り履き続けています。服も昔はそうでした。昔に戻るというのではなく、再利用すること、それが環境にとっていいんじゃないかと思います。

手づくりの革靴

次に、総手づくりの靴です。手づくりの靴は、縫い合わせをすべて、手縫いでします。今、大阪でつくれる方は一人だけだと思います。私の足型をとって靴をつくってもらいました。私は、足の指が上がっているから、市販の靴を履くと痛いのです。手づくりの靴だと、その部分を上げてくれているのです。上も皮革、中も皮革、底も皮革、さらに、それらを手縫いで縫い合わせているから、蒸れないし、足によく馴染むのです。三年以上履いていますが、それでも皮の匂いしかしません。

これが昔、この地区の産業だったのです。去年、栄小学校で「かわ」の話をさせてもらった時、お祖父さんやお祖母さん方、家族の方々の中に、靴づくりをしていたとか、皮革の仕事をしていたという方がずいぶんおられました。そういう産業が盛んだったのですね。手縫いの靴を一足買うとすると、三〇〇〇〇円の靴を二〇足余りは買えます。でも、手縫いの靴は、何十年ともちます。自分の足に合ってますから体にいい。この地域を一九七〇年に実態調査した時、「かわ」の仕事をしていた職人さんが七〇％を占めていました。さらに、その内の七〇％、つまり全体の半数近くの方は靴にかかわる仕事をしていたのです。その中には、靴直しの仕事もありました。

私は、手縫いの靴を一生履くつもりでいます。今の世の中、同じ靴を毎日毎日履いているより、色の違う、形の違う安い靴を二〇足買うほうがいいという価値観になってきています。そういう意識が環境破壊を生んでいるのではないでしょうか。大量生産は機械でするので、早いですね。でも、私の靴はつくるのに、その職人さんは一週間くらいかかるそうです。

六　人権教育とは

二〇〇一年の一〇月に、部落解放同盟大阪府連合会を中心に、「部落の技」という部落産業にかかわる職人さんの技を紹介するイベントをしました。そのときに加藤さんという方に来ていただきました。加藤さんは、底付け師という最後の仕上げをする方です。甲皮師、甲皮というのは靴の上の皮革のことで、手づくりで甲皮をつくることができるところは、大阪ではないのです。ですから、加藤さんは奈良まで行って手づくりの甲皮を買ってきて靴をつくり上げました。

私の靴の甲皮をつくってくれた方は、私の足型からつくって、最後まですべて手づくりで仕上げてくれました。高齢ですよ。じっと座ってやってきたので、痔になっているのです。病気です。だから、子どもさんが「もう辞めたら」と言うと、その方は「辞めない」と言われました。私が、「どうしてですか」ときくと、「私の靴しか履けない人がいてる。その人が注文を止めるまでは、辞めない」と言われました。そんなところに人権というもの

2001年度部落解放浪速地区教育研究集会で筬について話す筆者

があると思うのです。履けない人がいるというのは、既成の靴が合わない人がいるということです。その前にした話は、「私は、皮にこだわっており、皮革産業に対する正しい認識をもってもらうために、本物の靴が欲しいのです。それをもって、いろいろなところで皮や靴の話をしようと思ってるのです」と言いました。そうすると、その方は「あぁ、そう……」その後で、さっきの話だったのです。人権などと理屈を言わなくても、そういうふうに生きているムラの人がいっぱいいるのだなと、その時ふと、再認識しました。もし、その方が仕事を辞められたら、後を継ぐ人がいないのです。後継者がなくなれば、体に良いもの、地球に良いものが、なくなっていくということですね。

　次は、筬《おさ》です。江戸時代からのものです。筬は竹を薄く剥いでつくった数百枚の筬羽を糸で間隔をとって櫛の歯のように編み、枠に膠で貼り合わせてつくったものをいいます。機《はた》を織る時には、経糸《たていと》を筬の羽の間を通すことで糸を平行にし、緯糸《よこいと》を織り込みます。ですから、筬の善し悪しが製品としての反物の質を決めるといわれるほどの織機の主要部品です。筬づくりは膠と竹と糸を使っている産業です。今では西陣織りも衰退してきていますが、西陣織りでも筬が欠かせません。

西陣会館へ見学に行ったとき、機織りをしている方に、「竹、膠、植物、動物の命をもらって、自然のものっていいなぁ……」と話かけると、「そうですね。いいです」と言われました。そのような会話をしていたんです。そして、「金筬というのがあるらしいですね」と言うと、「そうですね、あります。でも、よくないです」「何で」「弱い糸だと、切れてしまうのです。また、静電気が起きてしまうのです。静電気が起きると、編み目の中に埃が入り込んでしまって取れないのです。だから、竹のものがいいんですよ」。そして、その時、小さなハンカチほどの大きさの反物を織っていたので、「どれくらいかかるの?」ときいたのです。「一カ月ぐらいです」。一カ月、人ががんばってつくった物を捨てられますか。さらに、「竹や膠と自然のものっていいですね」と私がいうと、ぽつっと「そうですね。でも、糸も命ですよ」。糸も命。生糸も命ですし、綿の糸も命ですね。部落差別のことも言わない、理屈も言わないけれど、黙々と織っている人がぽつっと「糸も命」と言った言葉の重み。すべての生命を大事に一本一本一生懸命黙々と織っている姿。人権というのは、こういうところにもあると思うのです。職人がいいとかではなくて、そういうものの見方、考え方です。自然のものの命をもらって、一カ月ぐらいかかって織ったものを使い捨てのようには捨てられません。

皮革でつくったミシンのベルトがあります。皮革というのは、夏は伸びます。冬は縮みます。ベルトには、「ニッタ」と書いてありますが、新田ベルトという会社名です。一九〇三年（明治三六）に大阪で万国博覧会が開催されました。その博覧会で新田ベルトが銀杯という賞をもらったのです。新田ベルトが、工場用のコンベアーベルトを国産で初めてつくったからです。このベルト、実はこの地域のある商店が新田の名で、下請けとしてつくっていたものです。つまり、日本の近代化も皮を通して、担ってきたんだということです。

日本は、一九〇〇年代の終わり頃から、大量生産とか大量消費の時代ではないというようになってきています。アメリカの企業では、早くからゴミ問題や環境の破壊が進んだこともあって大量生産・大量消費より、人体、環境に良いものを考えなくては企業が成り立たない状況になっています。その一つの例として、日本のある企業でもタンニン鞣しの皮でエコグラブを出しました。日本もやっと環境にいいもの、地球環境のことを考えなくては、業《なりわい》が成り立たなくなってきています。エコグラブの皮革はタンニンという木の樹液、自然の物を使って鞣したもので匂いが全然違います。この地域のある皮革の店で、「エコグラブのタンニン鞣しの皮革、知っていますか」ときいたのです。「いや、それうちでつくってんねん」て言われました。

そういうふうに、安かろう便利かろう、高かろう良かろう、など値段を言ってるのではなくて、人間というのは、すべて、動物や植物・自然の生命を頂いて生きてるんです。すべてのものを大切にしましょう。

コンビニで弁当を買うと、プラスティックのフォークが付いてますよね。私は、一回買うと、何カ月かは使ってるんです。次に買いに行った時は、「もういいで、あるのを使うから」と言ってます。

本物は、大切です。そして、フォークの話のように、本物でなくても、ものを大切にするという思いもまた、大切だと思います。昔は、着物は何度も縫い直したり、使い古したらおしめにしたりしていました。ほどいて、何回も何回もつくりかえていたんですね。現在、ものを大事しない気持ちが、ずさんな心を生んでいないかなと思うのです。

竹刀のつばや犬のチューイングガムなどは、この生皮なのです。それが、靴の甲皮やグラブのような柔らかく使いやすい皮革になるのに鞣すという工程がありますね。鞣すという字は、皮（革）を柔らかくすると書きます。この鞣すという工程、近代以降、欧米諸国から学んできた方法は、タンニン、クロム剤、ホルマリンを使う技術でした。現在、姫路の「白かわ」として県の指定をうけているのはホルマリン鞣しの革です。それまでの日本でおこなわれていた鞣しには、脳漿《のうしょう》鞣しという動物の脳を使うものと、塩と菜種油を使うものなどがありました。生皮を川に漬けたり、菜種油と塩を使ったりして自然を利用した鞣し方は白鞣しといい、塩と菜種油しか使いません。一頭分を白くするのに、夏と冬とでは違いますが、いずれにしても数カ月はかかります。白鞣し革は、自然にやさしいから、舐めても大丈夫。チャップリンの映画でも、靴を煮込んで食べるという場面がありましたが、この塩と菜種油で鞣した白鞣し革ならコラーゲン質ですから食べられます。

昔、硬式ボールも白鞣し革でした。ところが、現在ではプロ野球や高校野球のボールはクロム鞣しの皮革になっています。白鞣し革で硬式ボールをつくっていたときは、汚れたら磨き、破れたら縫って使っていました。ところが、最近では、ちょっとほつれたら捨てるというところを見かけます。安いから、次買えばいい。ところが、次買えばいい、と捨てたら、環境破壊につながります。だから日本の企業ではグローブの皮革は、タンニン鞣しにかえていっているところがあります。

このように、白鞣し革は地球環境を守ってきました。技術の保存・継承の努力がされていますが、日本で白鞣し革の技術で鞣しができるのは、姫路の森本さんだけで後継者はいませんでした。森本さんは学校などいろいろなところへ鞣しの話をしにいって、後継者が欲しいので「この白鞣し革って大事やで」と言っています。しかし、「話したらいろんな人が来てくれるねん。でも、辛いけど一カ月もったことない」とのことです。みんな仕事がきついから辞めていくのです。仕事がきつくても、そのことで生活できたらいいですが、安かろう、便利かろうがいいという今の世の中だから、白鞣し革の需要が次第になくなっていくんです。そうなれば、中国・朝鮮半島から渡ってきた日本独特の白鞣し革という伝統的な仕事がなくなり、日本の文化は消えていくのです。

その消えてしまった文化の一つが、生皮に漆を塗り込んだ「漆皮」です。もうつくる人がいないのです。兵庫県の御着《ごちゃく》の柏葉さんが、この漆皮を取り戻さなければいけないと言っています。

もう少し、漆皮について紹介します。太田道灌が持っていた軍配がありますね。あれは、漆皮でできているのです。私は、ずっと木だと思っていたのです。漆皮は、上質の牛皮に漆を重ねて塗ったもので、軽くて弾力があり、割れないだけでなく湿気や水、虫害に強いという特徴のある特別な工芸品です。もう日本にはないのです。途絶えてしまったのです。韓国はいまだに続いています。私は軍配と言えば木だと固定観念をもっていました。ところがそれが皮なのです。そういうふうに皮が使えるという、これは文化です。その文化が途絶えてしまいます。森本さんが仕事を辞めると、もう次の白鞣し革はなくなる恐れがあります。手縫い靴をつくってくれた方が、仕事を辞めると、もう次の靴はできない。次の後継者がでない。同じように、玩具太鼓の巴柄を描く方が、仕事を辞められたら、そういう文化はなくなってしまう。文化を守るということは、本当にいいもの、体にやさしいもの、人にやさしいものを大事にしていくことにつながるという思いがします。すべてのものを再利用して、大事に使ってきました。そういうことが重要だと思うのです。米を食べた時には、残したらだめと言いますね。そのように言うのは、もったいないからだけではないのです。それは、農業している方が一生懸命つくった米であるとともに、稲という生命をもらっているからです。それで、残したらだめと言うのです。人が一生懸命つくったものを無駄にするということは、人の心をも無駄にしていることになりませんか。

最近びっくりしたのですが、人を殺してみたらどんなになるだろうかと思って人を殺したという事件がありました。その発想は、使い捨ての時代に通じていませんか。気に入らないものがあれば、捨ててしまえばいい。ものを捨てる、ものを大事にしない心は、人を殺してみたら……というのと同じではないかなと思うのです。

太鼓は、木という生命、皮という牛の生命、鉄という生命に人間が命を吹き込んでできてるんです。ある小学校の子どもたちに、太鼓の話をした時の感想文の中に、「太鼓というのは、木や牛の命をもらって、新しく太鼓というものにして命を引き継いでる。今までは太鼓を叩いてると言ってましたが、今は、太鼓を叩かせてもらっているという思いでしています」と書いてあったのです。

七　固定観念に対して

地元の保育所で、皮革を丸く抜くとオセロになるよという話になり、それをつくっていたんです。ところが、私には固定観念があって、オセロの本質を見ないで形を見ていたのです。裏と表があって、分厚いですね。分厚いのは、プラスチックだからそうしてあるだけなのに、皮革を見て、薄いから、皮革を何枚か重ねたらいいでと言ってしまったのです。しかし、皮革は曲がりますから幼児にとっては厚いものよりも薄いものの方が取りやすいのです。オセロの本質からすれば、裏と表と色が違っていて、裏返せたらいいだけのことです。固定観念もったらいけないと人に言いながら、子どもに教えてもらったなぁとつくづく思った出来事でした。

太鼓、雪駄、墨や筬などのように、ものは何からできているのか知っていくと、私たちは、多くの生命をいただいて生きてることが、わかってきます。ものを大切にするということは、すべての生命を大切にしていくことにならないでしょうか。すべての人が幸せに生きていける社会をめざして、ものを大切にしましょう。文化・歴史があろうがなかろうが、自分の生まれたことを好きになろう、自分の住んでいるところを好きになろう、自分の友達を好きになろう、自分の回りの人を好きになろう、最後は、地球を好きになろう、ということを感じています。

八　自己実現に向けて

最後に、自己実現に向けての話です。人権文化センターの自動販売機は変わっているという人が多い。取る所が腰を曲げないで取れる位置にありますし、お金を入れるところも大きく皿のようになっていて入れやすくなっています。今ある多くの自動販売機なら、お金を入れるところも細いですが、私は手がふるえるので入れにくいのです。次は下に出てくるので、腰が痛いので取りにくいです。ところが、ここの自動販売機は、すっと取れる位置にあります。

大阪市立浪速人権文化センターの自動販売機

ノンステップバス（赤バス）もそうなのです。車椅子やベビーカーなどで乗れます。もともと、浪速区には区民が区役所に行くための交通アクセスがありませんでした。そこで、バスを走らせる闘いをし、その闘いのなかですべての人が利用しやすいバスを走らせることができたのです。でも、今の多くのバスは、段差があり、乗り口と通りも狭いですね。それが当たり前と思っている人がたくさんいます。自分にとって当たり前でも、千人のうち一人でもノンステップバスが必要なら、走らせないといけないというような世の中をつくること、私はそういったことが、私の自己実現だと思っています。

誰もが勉強できる学校へ行ける条件をつくっていかなければなりません。学びたいという気持ちを持っているすべての人に教育を受ける条件づくりとして、夜間中学を普及させる取り組みもしています。また、七〇代の浪速の読み書き教室（識字学級）で学んでいるある女性は英語を勉強したいと言いました。なぜですかと尋ねると子どもの時からの夢だったからとの返事でした。女性には昔は子どもの時は父親、結婚してからは夫、子どもが大きくなれば子どもに従えという「三従」の教えがあり、学ぶ機会も条件もなかったのでした。それが自分の時間ができたので学びたいというのです。そんな一人ひとりの夢が実現できる社会をつくっていくことが大事だと思います。

この地域に社会福祉法人スワンなにわという、地区の思いとしては「誰もが住み慣れた地域で安心して生活を送れる町」にし、さらには地区周辺や浪速区全域へと幅広く福祉を充実発展させることをめざして設立された施設があります。現在では、この施設は地区住民よりも地区外の人の利用の方が多いです。

多くの方がノンステップバスを変わったバスといいます。浪速人権文化センターの自動販売機を変わっているといいます。ですが、われわれはまだまだ不十分ではありますが運動してきてあのノンステップバスや自動販売機を実現し、それらのことが当たり前だと思っています。

いろんな個性があり、その個性によって一人でも不利益を被る世の中を、直していくこと、そしていろんな個性を持った一人ひとりが尊敬され自己実現できる社会をつくっていくことが大事だと思います。みんなでみんなが幸せに暮らせる世の中をいっしょにつくっていきましょう。

あとがき

　本書は、冒頭にも記したように、二〇〇二年が、渡辺村移転三〇〇年、西浜水平社創立八〇年にあたることを記念して出版されるものです。浪速部落のまとまった歴史書としては、一九九七年に刊行され各方面から好評を博している『渡辺・西浜・浪速―浪速部落の歴史』以来、二冊目となります。前書がいわゆる通史の体裁をとっていたのに対して、本書は一〇章からなる個別論文をあつめたスタイルとなっています。通史の姉妹編として、一般的にも読みやすいようなテーマ立てによって、浪速部落の三〇〇年を歴史的にみようと考えて、このような構成となりました。

　ところで、一九九六年九月、同和事業促進浪速地区協議会、部落解放浪速地区総合計画推進委員会、部落解放同盟浪速支部、浪速連合振興町会、浪速同和教育推進協議会、大阪人権博物館、高齢者和の会、浪速区役所、大阪市立浪速解放会館（現、大阪市立浪速人権文化センター）、浪速障害者会館の一〇者によって結成された「浪速部落の歴史」編纂委員会では、これまで資料の収集および調査研究は地道であるが今後の部落解放運動や教育、啓発にとって重要な課題のひとつであると考えてきましたし、『渡辺・西浜・浪速―浪速部落の歴史』の「あとがき」においても、「未発掘の資料などの調査が必要である」とも明記しました。

　それから五年の歳月が経過し、多くの方のご尽力により、幸いにして未発掘の資料の掘り起こしが実現しました。本書に収録したものだけでも、前近代では、古地図をもとにした渡辺村の景観や変遷、本願寺所蔵資料に記された寺院との関係や信仰、通過儀礼として重視される墓地や葬送、渡辺村の生業と役負担を担ってきた太鼓づくりについての資料などに、新たに光があてられることになりました。また、近代では、新田帯革や皮革労働者の実態あるいは水平社の活動と皮革業とのかかわりなど、西浜の皮革産業を考えるうえで、必要不可欠な資料を用いた新しい視点からする論文を掲載することができました。さらに、この間、太鼓演奏による部落文化のひろがりや、皮革製品を使った人権学習などが積極的に展開され、浪速部落はまさに太鼓と皮革の町として、あらためて全国にその名を知られるようになりました。

本書は、多くの人びとと地域でのこれまでの営みを、過去と現在の視点から再構成したものですが、意図するところは、浪速部落の未来像をさまざまな面から展望することであり、浪速部落の活動にとどまらない広い視野をもった内容となっているものと自負しています。そうした意味からも、部落問題のみならず差別問題の学習にあたって、ぜひとも、この『太鼓・皮革の町－浪速部落の三〇〇年』を活用していただきたいと考えております。

なお、編集に際しては、各執筆者の文体・表記を尊重し、字句の統一は最小限にとどめました。

最後になりましたが、編纂委員会の活動に賛同して、貴重な論文を寄せていただいた執筆者の皆様方、資料や写真の提供をご快諾いただいた所蔵機関や所蔵者の方々にあらためて御礼を申し上げますとともに、今後ともご協力をお願いする次第です。また、印刷製本に際して、ご無理を聞いていただいた浪速振興会、立派な装丁をしていただいた森本良成さん、編集実務に携わっていただいた宮武利正さん、出版事情の厳しいおりに発売を引き受けていただいた解放出版社に感謝申し上げます。

二〇〇二年一〇月

「浪速部落の歴史」編纂委員会

執筆者紹介（執筆順）

寺木　伸明　1944年生まれ。桃山学院大学文学部
中尾　健次　1950年生まれ。大阪教育大学附属教育実践総合センター
村上　紀夫　1970年生まれ。大阪人権博物館
左右田昌幸　1953年生まれ。種智院大学仏教学部
のびしょうじ　部落史研究者
吉村　智博　1965年生まれ。大阪人権博物館
福原　宏幸　1954年生まれ。大阪市立大学大学院経済学研究科
朝治　武　1955年生まれ。大阪人権博物館
浅居　明彦　1957年生まれ。「浪速部落の歴史」編纂委員会
渡邊　実　1953年生まれ。「浪速部落の歴史」編纂委員会

太鼓・皮革の町　―浪速部落の300年―

2002年11月11日　初版発行
編集・発行　「浪速部落の歴史」編纂委員会
大阪市浪速区浪速東１－９－20
大阪市立浪速人権文化センター内　電話06(6568)0791
発　売　解放出版社
大阪市浪速区久保吉１－６－12　電話06(6561)5273
振替（大阪）00900-7-311854
東京営業所／千代田区神田神保町１－９　電話03(3291)7586

印刷／浪速振興会

落丁・乱丁はお取替えいたします
ISBN4-7592-4217-1　NDC216.3　230P　21cm